브랜드
디자인
혁신

브랜드 디자인 혁신

BRAND-
DRIVEN
INNOVATION

에릭 로스캠 애빙 지음
샘파트너스, 이연준, 윤주현 옮김

싱굿

차례

한국어판을 출간하며

'좋은 브랜드는 무엇일까?'
이 질문에 쉽게 답할 수 없더라도, 좋은 브랜드를 떠올리고 그 이유에 대해 이야기 나누는 것은 우리 모두에게 익숙한 경험이다. 우리는 하루를 시작하고 다시 잠들 때까지 의도적이든 그렇지 않든 어떤 브랜드를 소비하고 이용하는 한 명의 영향력 있는 소비자이자 선택의 주체로서 관계 맺고 있기 때문이다.

오늘날의 브랜드는 기업의 정체성을 대변하는 상징의 역할을 넘어, 소비자와의 관계를 강화하고 기업 내부의 가치 혁신을 주도하는 기업 활동의 구심점으로서 그 중요성이 강조되고 있다. 빠르게 변해가는 시장 환경 속에서 남들과는 다른, 명확한 브랜드를 구축하는 것이 기업의 궁극적인 목적이므로, 좋은 브랜드의 역할은 기업 내부의 혁신을 이끌어내는 영감의 중심이 되어야 하며, 경영자와 내부 조직, 소비자에게 일관된 가치를 공유할 수 있어야 한다. 과거보다 확장된 브랜드의 역할은 글로벌 기업과 해외 혁신 기업을 중심으로 점차 넓게 수용되고 있으며, 한국에서도 여러 산업 분야의 기업들이 브랜드 역할의 확장을 인식하고 있다. 특히 오랜 시간에 걸쳐 조금씩 일어날 큰 변화라는 점을 강조하고 싶다.

샘파트너스는 오랫동안 많은 프로젝트를 통해 기업 내부의 가치를 구조화하고, 그 모습을 브랜드로 실체화해온 브랜드 경험 디자인 전문가 집단이다. 우리는 기업 내부의 혁신을 주도하는 브랜드의 역할과 중요성을 강조해왔으나 매우 국한된 기업과 프로젝트를 통해 공유할 수밖에 없는 상황에 항상 아쉬움을 느껴왔다. 이 책의 출간을 통해 새로운 변화의 기회를 찾는 많은 기업에 '브랜드 주도 혁신'이라는, 브랜드의 확장된 역할과 힘을 이해하고 활용할 계기를 제공할 수 있으리라 생각한다.

브랜드 주도 혁신에 대한 국내 독자들의 이해를 돕고자 네덜란드의 디자인 기업 질버Zilver의 사례 외에도, 한국 독자들의 이해를 돕고 좀더 생동감 있는 가치 혁신 과정을 전달하고자 샘파트너스의 브랜드 관련 프로젝트 사례를 추가로 수록하였다. 사례 수록을 허락해주신 한국민속촌, (주)교보문고핫트랙스, (주)공차코리아에 감사를 전한다. 더 많은 사례를 함께 소개하지 못하는 점은 아쉽지만, 이 책이 펼쳐지는 순간에도 계속 진화하고 있을 현장의 '브랜드 주도 혁신'을 다음 기회를 통해 꼭 소개하게 되길 바란다. 부족한 시간 속에서도 정성과 열정을 쏟아 번역 출간에 최선을 다해 참여해주신 분들의 수고에 감사하며, 이 책에 관심을 가져주신 독자 여러분께 깊은 감사를 전한다.

2018년 4월
샘파트너스sampartners

옮긴이 서문

이 책을 처음 마주했을 때, 그동안 디자이너로서 그리고 연구자로서 브랜드를 다루며 느꼈던 디자인의 한계를 극복할 수 있는 실마리를 찾은 것 같았다. 오늘날 브랜딩은 기업, 기관, 장소 등에 매우 당연한 활동으로 여겨지며 활용되고 있으나, 혁신적 변화를 주도하지 못한 채 디자인을 제한적으로만 사용할 때가 많기 때문이다.

산업혁명 이후 기업은 제품 및 기업에 대한 소비자 인식을 높이기 위해 차별화 전략의 일환으로 브랜드를 적극적으로 도입하기 시작했다. 그리고 이러한 브랜드 개발 및 관련 활동을 점차 필수적으로 받아들이게 되었다. 그러나 과거의 브랜드 개발과 활동들은 브랜드 비전을 내부적으로 합의하거나 브랜드 약속을 진정성 있게 이행하는 경우가 적었다. 즉 브랜드는 기업의 진정성 있는 약속brand promise을 실천하는 대신 기업의 허물을 덮어주고 가격을 높이기 위한 전략으로 활용되는 경우가 빈번했다. 그 결과 소비자들은 브랜드와 관련 활동들을 그다지 신뢰하지 못하거나 폄하하기도 했다. 결국 '노 로고 운동no-logo movement'과 같이 브랜드 자체를 반대하는 현상들이 나타나기에 이르렀다. 이는 브랜드가 조직의 진정성을 수립하고 소통하기보다 단순히 시각적 아이덴티티를 개발하는 것으로만 인식되고 활용되어왔기 때문이다.

그러나 브랜딩은 단순히 시각적 아이덴티티를 개발하는 과정이 아니라, 조직 내부의 아이덴티티를 정립하고 비전을 수립하는 활동에서부터 제품, 서비스 등을 통해 조직의 의지가 반영된 구체적인 활동에 대한 전략을 수립하는 과정이다. 즉 브랜드는 외형을 만드는 것이 아니라 영혼을 만들고, 그 영혼을 담을 수 있는 용기를 만들며, 이 용기가 소통하고 관계 맺을 수 있는 접점을 만드는 것이라 할 수 있다. 이러한 관점에서 이 책은 브랜딩을 통해 조직에 혁신을 일으키는 방법과, 이를 위해 디자인을 어떻게 활용해야 하는지를 말해준다.

이 책은 첫째로, 이러한 일련의 브랜딩 과정에서 혁신을 이루기 위한 동력이자 결과물로서 디자인의 역할에 대해 정의하고 있다. 디자인을 단순히 유형적 개발로 제한하지 않고, 조직이 처한 문제를 정의하고 혁신적으로 해결하는 일에 디자인적 태도와 방법이 얼마나 역할을 할 수 있는지 확장하여 설명하고 있다.

둘째로, 이 책은 저자가 제시하는 원리를 여러 사례들과 전문가들의 대담을 통해 좀더 현실적으로 설명하고 있다. 기업을 살리고 사람들과 진정으로 소통하기 위해 고군분투한 혁신적인 브랜딩 사례들을 생생하게 접하면서 브랜드, 혁신, 디자인의 관계성을 좀더 면밀히 이해할 수 있을 것이다. 특히 원서에서 다룬 해외 사례뿐만 아니라 각 장의 내용에 해당하는 국내 사례를 함께 싣고 있어 독자들의 이해를 돕는다.

마지막으로 이 책은 이렇게 변화한 디자인 역할이 브랜딩에서 어떻게 활용되고 혁신에 기여하는지 독자들이 연습해볼 수 있도록 구성되어 있다. 그러므로 독자들은 각 장의 개념과 사례, 연습, 그리고 최종 요약을 통해 핵심 내용을 되새기면서 디자인을 통한 브랜드 주도 혁신의 방법을 익힐 수 있을 것이다. 결과적으로 독자들은 이 책을 읽으며 자연스럽게 브랜드, 디자인, 혁신을 새로운 방식으로 인식하게 될 것이다.

이 책은 브랜드에 관심 있는 학생, 관련 실무자인 디자이너와 브랜드 매니저, 조직을 운영하는 CEO 등 여러 분야와 다양한 위치에서 '브랜드 주도 혁신'의 실마리를 찾는 사람들을 위한 책이다. 이 책을 처음 접했을 때 역자들이 브랜드, 디자인, 혁신의 보이지 않는 관계를 설명한 논리에 깊이 공감한 것과 같이, 여러 독자들도 이 책을 통해 자신의 경험과 인사이트를 확인하고, 나아가 이 책과의 만남이 더 나은 변화를 일으키는 시작점이 되기를 바라며 번역을 시작했다. 브랜딩 관련자뿐만 아니라 다양한 위치, 직무, 분야에 있는 사람들이 이 책을 읽고 디자인을 통한 브랜드 주도 혁신이 가져다주는 변화를 이해하고 함께 수행해나갈 수 있기를 기대해본다.

2018년 4월
이연준, 윤주현

추천의 말

브랜딩과 혁신이라는 주제에 대해 탐구할 때, 그 정의와 접근 방법은 매우 다양하다. 디자인, 브랜딩, 마케팅, R&D와 같은 창의적 비즈니스의 다양한 본질을 고려할 때, 디자인, 미술과 공예, 광고, 건축, 패션, 영화, 음악, TV, 라디오, 행위 예술, 출판과 인터랙티브 소프트웨어와 같은 창의적 산업에 관련된 분야를 고려할 때, 이 주제를 연구하는 학문적 맥락(미술대학 및 경영대학, 종합대학)을 고려할 때 이들은 각각 다르게 해석되고 있다. 따라서 학생들에게 이론과 실무를 어떻게 연결해야 하는지 가르치는 방법과, 학생들이 브랜딩과 혁신의 개념을 어떻게 바라보고 적용해야 하는지에 대한 접근 방법과 강조 방법은 다양하다. 오늘날 창의적인 산업에 종사하고 있거나 배우고 있는 사람들에게 접근 방법의 범주를 이해하고 인식하는 것은 필수적이다.

변화하는 세계 경제와 정치 상황, 이에 따른 지역적 영향, 환경과 사회에 대한 책임 증가로 인해 조직들은 어려움에 직면해 있다. 따라서 기업들은 더 적은 자원으로 더 많은 일을 할 수 있는 새로운 아이디어와 방법을 찾고 있다. '더 적은 것으로 더 많이 하기'를 위한 기회를 포착하는 것이 전 세계 기업과 국가에서 성장을 위한 미래 전략의 원동력이 될 것이다. 디자인 매니지먼트의 맥락에서 가치를 더하거나 창출해내는 방법으로 디자인이 창의성, 혁신, 브랜드를 연결하는 데 얼마나 도움이 되는지 보여줄 기회는 수없이 많다. 우리가 창의성을 새로운 아이디어를 개발하는 것으로 생각하고, 혁신을 이 새로운 아이디어를 사용하는 것으로 생각하며, 브랜딩을 차별화와 커뮤니케이션의 도구로 생각한다면, 디자인은 경험할 수 있고 만질 수 있는 실질적인 상품, 다시 말해 시장에 내놓을 수 있는 형태로 만들어내는 방식이 된다.

이 책은 이론과 실무에서, 기업 내외부에서 실제 인간의 필요와 연결되는 방식으로 브랜딩, 혁신, 디자인이 어떻게 서로 연결되는지를 보여준다. 브랜드 주도 혁신이라는 주제에 대한 시각적 접근은, 학문적 배움에서 지식과 의미를 탐구하는 데 실무 주도적 접근이 중요한 창의적 분야의 학생들에게 특히 적합하다. 브랜드 주도 혁신의 바탕이 되는 프레임워크를 학생들이 이해할 수 있게 함으로써, 이들이 혁신에 대한 새로운 융합 프로젝트와 프로세스, 담론을 일으키고 촉진시키며 '변화의 행위자'가 되게 한다.

캐서린 베스트Kathryn Best
디자인·경영 분야 전문가, 『디자인 매니지먼트』 저자

서문

문헌, 컨퍼런스, 온라인 토론과 실무에서 디자인은 종종 브랜딩의 맥락 안에서 논의되곤 한다. 다양한 형태의 디자인은 브랜드를 직접적으로 경험하도록 현실화하는 잠재력을 지니고 있다. 다른 요소와 동등하게 디자인 또한 혁신에서 선두적인 역할을 하며, 혁신이 의미, 사용성, 지속 가능성, 감성과 융합되도록 한다. 실제로 디자인은 브랜딩과 마케팅이라는 한 측면과 혁신, 제품 및 서비스 개발, R&D라는 다른 측면 간의 차이를 연결해준다.

그러나 브랜딩과 혁신 분야에 관한 기존 문헌에서는 이러한 연결에 대해 거의 언급하지 않는다. 브랜딩에 관한 문헌은 혁신의 역할에 대해 거의 언급하지 않고, 혁신에 관한 문헌은 브랜딩을 단순히 곁가지 정도로만 언급하고 있다.

이 책은 기본적으로 이러한 개념 차이를 채우기 위해 시작되었다. 브랜드 주도 혁신은 브랜딩과 혁신이 어떻게 근본적으로 연결되는지 보여주며, 디자인 매니지먼트와 디자인 사고를 이용하여 이 두 개념 사이에 강력한 시너지를 만들어내는 방법을 소개한다.

조직은 시장 변화와 사용자의 필요에 맞춰 새로운 제품과 서비스를 끊임없이 개발해야 한다. 이를 위해 조직은 특히 뛰어난 분야가 무엇인지, 사용자와 고객에게 어떻게 가치를 제공할 수 있는지 분명하게 알고 있어야 한다. 그들의 비전과 역량이 사용자의 필요와 욕구를 만나는 최적의 지점sweet spot을 찾아낼 필요가 있다. 브랜드 주도 혁신에서 최적의 지점은 바로 브랜드이다. 따라서 이 책에서는 차별화되지 않은 제품이나 서비스에 감성과 인식을 더하는 데 브랜딩을 이용하기보다는, 지속 가능하고 의미 있는 성장을 이끄는 비전을 만드는 데 브랜딩을 이용한다.

의미 있는 방식으로 혁신을 이루기 위해서는 깊이 내재된 비전이 필요한 것처럼, 그 비전을 실현시키고 비전이 제시한 약속을 실현하기 위해서는 이에 걸맞은 혁신이 필요하다. 이런 맥락에서 혁신은 반드시 첨단 기술이나 위험도 높은 시도가 아니어도 된다. 사용자의 삶에 가치나 의미를 더해줄 새로운 제품이나 서비스로 충분하다.

이 책의 첫번째 파트에서는 혁신, 브랜딩, 디자인의 의미가 시간에 따라 어떻게 변화해왔는지 살펴봄으로써 이 개념들 사이의 복잡한 관계를 설명한다. 먼저 브랜딩과 혁신을 연결하기 위해, 그리고 이 책에서 제안한 시너지 효과를 내는 관계를 이룰 발판을 마련하기 위해 두 분야의 문헌을 살펴본다. 그후 브랜딩과 혁신이 어떻게 서로에게 배울 수 있을까, 그리고 두 개념이 함께할 때 어떤 유익을 얻을 수 있을까와 같은 질문들로 계속해서 시너지에 대해 탐구한다.

그다음에는 이러한 협력 과정을 세워나갈 때 디자인 매니지먼트의 역할에 대해 탐구한다. 디자인 매니지먼트에 대한 기존 프레임워크를 살펴보고, 이를 최근 브랜딩과 혁신 담론에 개연성 있게 연결시킨다. 이 책은 디자이너들이 브랜딩과 혁신의 영역에 가치를 더하는 일과 이 둘을 의미 있게 연결시키는 일에 필요한 능력과 개성을 어떻게 이미 갖추고 있는지 보여주는 것이 목표다.

이 책의 두번째 파트는 브랜드 주도 혁신을 위한 과정을 제안한다. 이는 저자가 철저한 조사를 통해 개발하고 수많은 프로젝트를 통해 실무적으로 검증한 것이다. 이 4단계 과정은 브랜딩과 혁신의 관계가 실무에서 어떻게 효과적으로 작용하는지 설명하며, 이 새로운 접근법이 성공할 수 있는 실질적인 도구와 방법론을 탐구한다.

이 책은 여러 사례 연구와 디자인 매니지먼트, 브랜딩, 혁신 분야에서 활약하는 전문 실무자들과의 인터뷰로 깊이를 더했다. 이를 통해 각 분야가 어떻게 운영되고 서로 유용하게 연결되어 있는지에 대해 가치 있고 유용한 인사이트를 얻을 수 있을 것이다.

학문적으로 접근하는 독자를 염두에 두고 이 책을 집필했으므로 디자인, 디자인 매니지먼트, 마케팅, 비즈니스를 공부하는 독자들에게 유용할 것이다. 또한 현재 디자인 매니지먼트, 브랜딩, 또는 혁신 전략 분야에서 근무하고 있거나 컨설팅을 하고 있는 실무자에게도 마찬가지로 큰 도움이 될 것이다.

에릭 로스캠 애빙Erik Roscam Abbing

이 책을
최대한 활용하기 위한 팁!

용어 정의

사용자 User

이 책에서는 제품이나 서비스를 사용하는 개인이나 실체를 '사용자'라고 부른다. 이는 '소비자consumer' 또는 '고객customer'이라는 단어를 피하기 위해서이기도 하고, 사용자를 비즈니스 거래의 관점으로만 바라보지 않도록 하기 위해서이다.

브랜드 Brand

우리가 말하는 '브랜드'라는 용어는 사람들 사이에 공유되는 비전이자, 한 조직이 이해관계자들과 이루고자 하는 관계를 규정하는 비전을 의미한다.

제안 Offering

이 책에 등장하는 수많은 생각과 프레임워크는 제품과 서비스 모두에 적용된다. '제안(오퍼링)'이라는 용어가 종종 사용되는데, 이는 기업이 사용자에게 제품과 서비스, 이와 관련된 인터랙션에 대해 회사가 마련한 만큼 제공하는 것을 의미한다.

혁신 Innovation

이 책에서 혁신이란 가치 있고 독창적이며 의미 있는 새 제안을 창조하는 것을 직접적으로 가리킨다. 혁신은 제품, 서비스, 시장, 절차, 비즈니스모델에 관한 것일 수 있으며, 새로운 기술이 필수적인 것은 아니다.

조직 Organisation

이는 상업적 또는 비상업적인 회사나 기관을 말한다. B2B 시장이든 B2C 시장이든, 크든 작든 규모에 상관없이 제품이나 서비스 또는 둘 다 제공하고 있는 회사나 기관을 가리킨다.

디자인 Design

디자인이란 사람과 제품, 커뮤니케이션, 환경, 인터페이스, 서비스 사이에 의미 있는 상호작용을 만들어내는 과정이다.

이 책을 활용하는 법

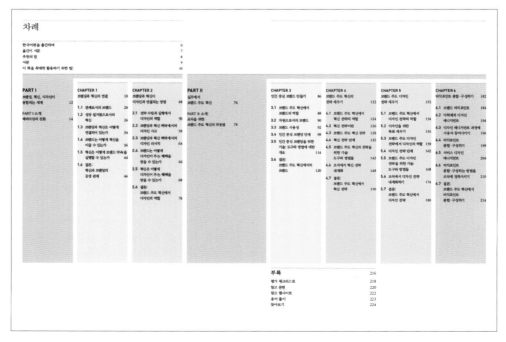

차례

이 책은 크게 두 부분으로 구성되어 있다. 파트 1에서는 브랜드 주도 혁신의 이론적 배경을 깊이 탐구하며, 파트 2에서는 브랜드 주도 혁신을 조직에 적용하는 실무적인 방법을 수립한다. 각 장은 색별 표식으로 쉽게 구별되도록 하였다.

일러두기

본문에 사용한 용어 'BDI'는 브랜드 주도 혁신(Brand-Driven Innovation)의 줄임말이다.
본문 속의 인터넷 주소는 한국어판 출간 시점을 기준으로 하였다.

이해를 돕기 위한 설명과
특징적 콘텐츠

서론

주제의 바탕이 되는 맥락과
전제를 논의하는 부분으로,
이 책의 두 파트를 소개한다.

연습해보기

학생 또는 동료들 사이의
워크숍이나 집단 토론에서
자료로 사용할 수 있도록
분명하고 확고한 목적과 실행
항목을 통해 구조화된 과제를
제시한다.

사례 연구

책에서 논의하는 이론이나
방법론에 대한 실질적인
사례를 소개한다. 이 책에는
해외 사례 12편과 한국 사례
3편이 실려 있다.

주요 인사이트 요약

모든 장은 해당 내용에 대한
주요 인사이트로 끝맺는다.
이는 각 장의 요약이자 결론
역할을 하며, 이 책의 중심
구조를 한눈에 조망하게
한다.

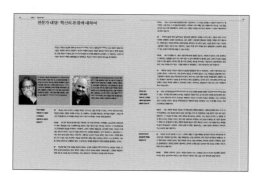

전문가 대담

특정 분야의 두 실무
전문가가 책의 이론을
뒷받침할 전문 주제에 대해
대담을 나눈다. 이를 통해
전문가의 관점이 어떻게
겹치고 어떻게 다른지
알 수 있다.

주요 인용구 소개

이 책의 주요 내용과 주제에
추가적인 인사이트를
전달한다.

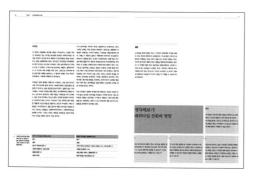

생각해보기

학생 또는 동료들 사이의
워크숍이나 집단 토론에서
자료로 사용할 수 있도록
분명하고 확고한 목적과 실행
항목을 통해 구조화된 과제
를 설명하는 섹션이다. www.
branddriveninnovation.
com/book에 결과를
올리고 다른 결과와
비교할 수 있다.

용어 풀이

이 책에서 소개되거나
사용된 핵심 용어의 의미를
설명한다.

PART I
브랜딩, 혁신, 디자인이 융합되는 세계

The merging worlds of branding,
innovation and design

브랜딩, 혁신, 디자인의 의미는 전적으로 이 용어들이
사용되는 맥락에 달려 있다. 우리는 서두에서
이러한 용어들의 의미를 브랜드 주도 혁신 맥락에서
확인하기 위해 이들의 다양한 맥락과 의미를
탐구할 것이다.

이 책에서는 브랜딩, 혁신, 디자인이 융합되고 있는 영역이라는 전제를 탐구한다. 각 개념은 서로에게 혜택을 얻고, 심지어 많은 경우 서로를 필요로 하는 개념이기 때문이다. 이 전제를 합리적이고 비판적인 방식으로 탐구하기 위해, 가장 먼저 '브랜딩', '혁신', '디자인'이 실제로 의미하는 바가 무엇인지 파악해야 한다. 이 세 단어는 현대 비즈니스 용어에서 일관성 없이 자유롭게 사용되고 있는데, 종종 광범위하게 해석되며 구체적인 정의는 피하고 있는 실정이다. 이는 주목받는 용어에서 나타나는 전형적인 단점이며, 의미의 정의가 구체적으로 제한되면 이들은 사람들의 관심에서 벗어나게 된다. 또한 이 세 용어는 사용되는 맥락에 따라 의미가 다르게 정의되기도 한다.

PART I 소개:
패러다임의 전환

브랜딩

'브랜드'에 대한 주제를 다룬 도서의 수만큼이나 이 단어에는 많은 의미가 있다(브랜딩에 관한 필독 도서 및 논문 목록은 이 책 220~221쪽 '참고 문헌'에서 찾아볼 수 있다). '브랜드'의 의미는 본질적으로 그 단어가 사용되는 맥락에 달려 있다. 전문가 또는 소비자에 의해 사용되는가? 전략적 측면인가 아니면 운영 차원에서 사용되는가? 마케팅, 영업, R&D 또는 디자인 분야에서 사용되는가? 일용 소비재FMCG, fast—moving consumer goods, 내구재 또는 서비스 맥락에서 사용되는가? B2C 맥락에서, 또는 B2B 맥락에서 사용되는가?

이러한 다양한 맥락과 각각의 독특한 환경에 따라 브랜드는 회사를 대표하는 로고로서 기능할 수 있다. 또는 그 로고와 더불어 기업의 아이덴티티로 보일 수도 있다. 누군가에게 브랜드란 영리한 광고의 영향을 받아 소비자의 마음속에 형성된 인식의 집합체이다(www.buildingbrands.com). 또다른 사람들에게 브랜드란 전적으로 마케팅 영역에 속한 것으로 여겨질 수도 있다. 브랜드의 기능은 회사의 핵심 제안에 무형의 혜택을 더하는 것으로 생각될 수도 있다. 또는 브랜드의 표현은 그래픽디자인, 광고, 패키지 디자인 분야에 제한되는 것으로 생각될 수도 있다. 대다수 사람들이 브랜드가 어떻게 기능하는지에 대한 이와 같은 관점을 전적으로 수용한다 해도, 브랜드 주도 혁신의 관점에서는 그렇지 않다. 브랜드가 혁신을 이끌기 원한다면 이 용어들에 대한 다른 이해가 필요하다.

첫째, 이 책의 맥락에서 브랜드는 단지 로고가 아니라 그 로고가 상징하는 것으로 본다. 대개 특정 가치나 인사이트의 집합이거나 비전이 될 수도 있다. 이러한 가치는 기업 아이덴티티에 내재되어 있을 수도 있지만, 그 기업이 하는 다른 모든 일에서 발견할 수도 있을 것이다. 기업이 비즈니스를 하는 방식, 직원을 고용하고 대우하는 방식, 환경과 사회적 이슈에 대처하는 방식, 그리고 새로운 제품과 서비스를 개발하는 방식에서도 발견할 수 있을 것이다(인드Ind, 2002; 로스캠 애빙, 2005). 이는 브랜드가 온전히 사용자의 마음에만 존재하는 것이 아니라는 것을 말해준다. 사용자는 그 조직의 행위를 기초로 하여 마음속에 그 조직에 대한 이미지를 갖게 될 것이다. 그러나 이 이미지는 브랜드가 아니며 단지 브랜드의 이미지일 뿐이다. 브랜드 자체가 사용자에게 초점을 맞출 수는 있지만 그것은 어디까지나 조직의 일부이다. 브랜드 혁신이 전적으로 마케팅 부서의 역할로만 국한되어서는 안 된다. 혁신 과정에 참여하는 모든 사람들이 이해하고 사용할 수 있어야 한다. 회사의 제품이나 서비스에 '무형의 혜택'을 더할 뿐만 아니라, 손에 잡히는 유형의 혜택을 더하고 상품과 서비스가 지향하는 바를 선두에서 이끌어나가야 한다. 이는 서비스, 제품, 유통, 인터랙션, 경험 디자인 등을 통해 다양한 방식으로 브랜드가 표현됨을 의미한다.

브랜드 주도 혁신의 맥락에서는 위에 소개한 방식으로 브랜드를 바라봐야 한다. 이러한 관점은 현대 디자인 매니지먼트의 담론에서 명확하게 나타나는 브랜드 개발과 매니지먼트의 패러다임 전환에 따른 것이다. 이는 브랜딩에 대한 생각이 어떻게 변화하고 있는지에 대한 연구에서 가장 잘 드러난다(아래 표 1 참조).

1   브랜딩의 과거와 현재

표에서 볼 수 있듯이, 이론과 실무에서 브랜드를 논의하는 방식은 시간이 흐르며 변화했다.

과거 브랜드를 인식하는 방식	현재 브랜드를 이해하는 방식
소유의 표시	비전의 표현
브랜드 소유자와 연결되어 있음	소유자와 사용자 모두에게 연결되어 있음
기업이 숨을 수 있는 외부 형태	기업을 더 명확하게 보여주는 렌즈
기업 소유주가 창조함	기업 소유주와 사용자가 함께 공동 창조함
기업에서 브랜드는 관리되고 통제되어야 함	기업은 브랜드를 통해 조언과 안내를 받을 수 있음
제품이나 서비스에 추가되는 것	막대한 재정적 가치를 가진 핵심 자산
사용자에게 영향을 미치기 위해 만들어진 것	기업 내부에서 스스로 성장한 것

혁신

혁신이라는 주제에서도 브랜딩 담론에서 이루어진 것과 같은 유사한 분석을 할 수 있다. 이 용어는 사용되는 맥락에 따라 용어와 연관된 다양한 의미와 함께 각기 다른 방식으로 사용된다(혁신 주제에 대해 다루고 있는 도서 목록은 220~221쪽 '참고 문헌'에서 찾아볼 수 있다).

맥락에 따라 혁신은 대개 매우 복합적인 기술과 관련된 것으로 여겨진다. 어떤 이들은 이 용어가 R&D의 독점적인 영역이라고 여긴다. 혁신의 결과는 흔히 새로운 제품이나 기술로 보이기도 한다. 많은 사람들이 조직이 왜 혁신적이어야 하는지에 대해 혁신이 불가피하기 때문이라고 생각한다. 예를 들어, 경쟁 구도를 유지하거나 변화하는 사용자의 필요를 충족시키기 위해서라고 보기도 한다. 게다가 혁신은 아이디어로 시작해 그 아이디어를 시장에 선보이기까지 진행되는 과정으로 자주 인식되기도 한다.

일반적으로 이와 같이 혁신을 바라보는 경향이 있지만, 브랜드 주도 혁신을 이루기 위해서는 이 개념을 약간 다른 방식으로 이해할 필요가 있다. 혁신을 새롭고 복합적인 기술과 연관시킬 수 있지만 그렇지 않은 경우도 많다. 혁신은 지속 가능한 가치를 만들어내는 일이며, 때로는 새로운 기술을 발명하는 것보다 기존의 기술을 새롭게 이용함으로써 더 많은 가치를 만들어낸다. 예를 들어, 혁신으로 유명한 애플Apple은 기존의 기술을 응용하는 데 있어 매우 현명한 모습을 보이고 있다. 혁신은 R&D 연구실에 제한되어 있지 않다. 인사부에 있든 회계부, 영업부나 마케팅 부서에 있든 누구나 혁신을 이룰 수 있다. 혁신의 결과물은 제품이나 새로운 기술이 될 수도 있지만, 많은 경우 일을 하는 새로운 방식과 같이 어떤 진행 과정이거나 서비스 또는 비즈니스 모델이다. 이 결과물 중에는 사용자가 결코 볼 수 없는 내부적 혁신도 있다.

마지막으로, 브랜드 주도 혁신 맥락에서의 혁신은 아이디어로 시작되지 않는다. 첫 아이디어가 만들어지기 오래전부터 시작된다. 아이디어를 끌어내는 과정과 인사이트, 즉 탐색exploration 과정은 아이디어 개발을 목표로 하는 개발exploitation 과정만큼 중요하다. 혁신을 바라보는 이러한 방식은 서구가 후기 산업사회에 접어들면서 그 의미가 바뀐 방향과 직접적으로 일치한다(아래 표 2 참조).

과거 혁신을 인식하는 방식	현재 혁신을 인식하는 방식
기술에 관한 것	가치에 관한 것
제품에 관한 것	가치를 전달할 수 있는 모든 것
관리하고 위험을 계산해야 하는 것	크리에이티비티(창조력), 기업가 정신, 비전에 관한 것
R&D 부서에 소속된 개념	조직 문화의 일부가 되는 개념
기업 테두리 안에서 발생하는 것	회사의 내외부 모두에서 일어나는 것
어렵고, 위험하고, 골칫거리인 것	어렵고, 위험하지만, 재미있는 것

2 혁신의 과거와 현재

표에서 볼 수 있듯이 이론과 실무에서 혁신에 대한 관점이 변화했다.

디자인

이 책에서 세번째로 탐구할 개념은 디자인이다. 다양한 의미로 정의되고 있는 단어를 꼽으라면 단연코 '디자인'이라는 단어일 것이다! 이러한 특성 때문에 디자이너들은 종종 자신이 하는 일을 설명해야만 한다. 디자인은 '무언가를 디자인하다'와 같이 동사로 쓰이거나 '디자인이 멋져 보인다'와 같이 명사로 쓰일 수 있으며, 디자이너는 엔지니어, 예술가, 철학가이거나 그 사이의 어떤 존재일 수도 있다. 그러므로 디자인에 대한 일반적인 이해를 살펴보고, 그 용어가 브랜드 주도 혁신의 관점에서는 어떻게 이해되는지 알아보자.

디자인은 흔히 물체의 외형으로 여겨진다. 이런 경우 디자인이란 미적 특성에 관한 것이며, 이러한 관점이 일반인들의 관점만이 아니라는 점을 언급할 필요가 있다. 실제로 많은 디자이너들이 자신의 직업을 제품, 환경, 아이덴티티의 외형을 다루는 것이라고 생각한다. 어떤 이들은 디자인을 이미 존재하는 어떤 것에 추가하는 것으로 본다. 이러한 관점에서 디자인은 '디자이너' 와인 오프너, '디자이너' 가든 체어와 같이 '평범한' 제품에 고급스러움을 덧붙이는 것으로 여겨진다. 어떤 사람들은 '디자인'이라는 말을 들으면 제품 디자인을 떠올릴 것이고, 또다른 사람들은 인테리어디자인이나 그래픽디자인을 생각할 것이다. 그러나 아마도 대부분 디자인을 개인의 취향이나 의견을 표현한 것으로 여길 것이다.

다시 말하지만, 이러한 시각은 일반적이고 당연하기도 하다. 그러나 브랜드 주도 혁신의 맥락에서 디자인을 정확하게 이해하기 위해서는 우리가 뜻하는 디자인을 재정의해야만 한다. 첫째, 이 책에서 말하는 맥락에서 디자인은 명사보다는 동사로서 역할을 한다. 우리가 '디자인'이라고 말할 때는 주로 실무적인 활동이나 개념적 과정으로서의 디자인하기를 의미한다. 이 과정은 미학적 특성 이상의 것과 연관이 있다. 이는 기능성, 인터랙션, 사용성, 재료의 사용과 구성에 관한 것이기도 하다. 이런 의미에서 디자인이란 이미 존재하는 뭔가에 덧입히는 것이 아니라 사물, 표현, 서비스, 환경의 본질을 정의하는 창의적인 과정이다. 이러한 관점에서 디자인은 세상에 대한 개인적인 관점을 표현하는 것이라기보다 문제를 해결하고 의미 있는 인터랙션을 만들어내며, 사용자와 조직을 위한 가치를 만드는 것이다.

비록 디자인이 실제로 무엇인가에 대해서는 여전히 의견이 모이지 않고 있지만, 디자인을 바라보는 이러한 방식은 최근 학자들과 수많은 실무자들 사이에서 진행되고 있는 디자인에 대한 담론과도 일치한다. 아래 표 3은 디자인에 대한 생각의 주요 변화를 요약하여 나타내고 있다.

3 디자인의 과거와 현재
표에서 볼 수 있듯이 이론과 실무에서 디자인을 대하는 관점은 최근 들어 변화하였다.

과거 디자인을 인식하는 방식	현재 디자인을 이해하는 방식
명사	동사
결과	과정
심미적 특성에 관한 것	미학적 특성, 인터랙션, 기능성, 사용성, 구조, 의미에 관한 것
사물에 덧붙이는 고급스러움	사물의 본질적인 가치
제품에 관한 것	과정, 제품, 서비스, 경험에 관한 것
개인의 표현	문제 해결을 위한 공동의 노력

결론

소개글을 통해 브랜딩, 혁신, 디자인의 광범위한 의미를 브랜드 주도 혁신의 맥락에서 살펴보았다. 이 용어들의 의미가 일반적인 이해와는 약간 거리가 있을 수도 있지만 브랜딩, 혁신, 디자인 분야에서 패러다임의 전환을 명확하게 반영하고 있으며, 이 주제에 대한 최근 담론과도 일맥상통한다. 이러한 논의의 목적은 독자들이 브랜딩, 혁신, 디자인이 맥락에 따라 어떻게 다른 뜻을 지니는지, 시간이 지나면서 그 의미가 어떻게 변화하여 오늘날의 의미가 되었는지 이해할 수 있도록 돕고자 함이다.

생각해보기: 패러다임 전환의 영향

목적

이 연습은 지금까지 읽은 내용을 비판적으로 생각해보고 자신의 경험과 지식이 되도록 할 것이다. 이 과정을 통해, 1장으로 본격적으로 들어가기 전에 브랜딩, 혁신, 디자인과 이 세 요소의 상관관계에 대해 명확히 이해할 수 있을 것이다.

1

브랜딩, 혁신, 디자인에 대한 앞의 설명에 동의하는가? 동의하지 않는다면, 왜 다른 관점으로 보는지 명확하게 설명할 수 있는가? 소개글의 논리에 상반되는 사례를 들 수 있는가?

2

이 세 용어를 설명할 때 사람들의 상반되는 다양한 시각을 인지하는가? 브랜딩, 혁신, 디자인의 개념을 이해하는 방식을 맥락이 어떻게 결정하는지 이해할 수 있는가? 이러한 다양한 맥락의 사례를 들 수 있는가?

3

세 용어의 의미가 시간이 지나면서 변화한 방향을 인식할 수 있는가? 이 변화가 학생 또는 실무자로서 브랜딩, 혁신, 디자인에 대한 본인의 인식에 어떻게 영향을 미쳤는가? 주변에서 브랜드, 혁신, 또는 디자인 표현을 볼 때, 실제 이와 같은 변화의 예를 소개할 수 있는가?

CHAPTER 1
브랜딩과 혁신의 연결

How branding and innovation
are connected

이번 장에서는 브랜딩과 혁신의 연결에 대해 깊이 있게 살펴볼 것이다. 브랜드는 사용자에게 암묵적으로 약속한 것을 이행하기 위해 혁신이 필요하다. 혁신은 방향을 제시하고 의미를 지니기 위해 브랜딩이 필요하다.

브랜드 주도 혁신의 맥락에서 브랜딩, 혁신, 디자인을 어떻게 이해할 수 있는지 살펴보았다면, 이제는 이 세 개념이 서로 어떻게 연결되는지 알아볼 때이다. 이들은 왜 서로를 필요로 하며, 어떤 방식으로 시너지가 형성되는가? 이번 장에서는 브랜딩과 혁신의 관계에 대해 깊이 다룰 것이다. 왜 이러한 상호 의존성이 존재하고, 브랜드가 어떻게 혁신을 이끄는지, 그리고 혁신이 어떻게 브랜드의 약속을 실행할 수 있는지 배울 것이다.

1.1 관계로서의 브랜드

브랜드 프로세스 및 브랜드 콘텐츠

지금까지 우리가 살펴보았듯이 브랜드 주도 혁신에서 브랜드는 독특한 특성을 지니고 있다. 그렇다면 브랜드 주도 혁신에서 브랜드가 수행하는 기능이 무엇인지, 그 기능이 브랜드가 갖추어야 하는 특성에 대해 무엇을 알려주는지 조사하고 이러한 특성들을 자세히 살펴보기로 하자.

브랜드가 혁신을 이끈다는 의미는, 그 브랜드가 상황 개선 또는 가치 창출을 목적으로 변화의 과정을 시작한다는 것이다. 이는 아래 두 가지 사항을 암시한다.

1 | 브랜드는 변화의 과정에 영감을 주고, 변화를 시작한다.
2 | 브랜드는 어떤 것을 개선하거나 특정 가치를 창조하기 위한 혁신 프로세스에 참여한 사람들에게 도전 의식을 북돋운다.

다시 말해서, 브랜드가 수행하는 것에는 두 가지 역할이 있다. 첫째는 프로세스 역할process role이며, 둘째는 콘텐츠 역할content role이다. 프로세스 역할은 변화의 분위기를 일으키고 이를 고무시키도록 계획되는 반면, 콘텐츠 역할은 필요한 변화의 방향을 제시한다. 이노센트 스무디innocent smoothies의 사례 연구(22~25쪽)를 예로 살펴보면, 이 두 역할이 실무에서 어떻게 실행되고 있는지 파악할 수 있다. 이 브랜드는 프로세스상 새로운 음료 개발에 지속적으로 몰두할 수 있도록 영감을 주기도 하고, 콘텐츠를 위해서는 어떤 종류의 음료를 개발해야 하는지 방향을 제시하기도 한다. 구체적으로, 새로운 음료는 건강에 좋으면서도 친환경적이어야 하며, 궁극적으로는 그 안에 재미 요소를 포함해야 한다.

1   관계로서의 브랜드

브랜드는 조직 내부와 외부 세계 사이의 관계를 형성한다. 그것은 또한 한 조직 내에서 마케팅 기능과 혁신 기능 사이의 관계를 형성하기도 한다.

브랜드는 조직이 외부 세계와 맺고 있는 관계로 정의될 수 있다.
이는 마케팅과 혁신, 조직과 사용자 사이에 공통적인 이해를
이루게 하는 플랫폼이라고 할 수 있다.

브랜드에는 연결 기능이 있다

브랜드의 두 가지 기능을 좀더 세밀하게 살펴보면 흥미로운 패턴이 눈에 들어온다. 프로세스를 운영하고 혁신하도록 영감을 주는 브랜드 프로세스 역할의 관점에서 볼 때, 브랜드는 대부분의 조직에서 브랜드 관련 업무를 담당하는 마케팅 부서와 혁신이 일어나는 R&D, 디자인, 또는 제조 부서들 사이의 차이를 연결해야 한다. 브랜드는 한편으로는 마케팅과, 다른 한편으로는 혁신이 일어나는 부서 간에 다리로서 기능해야 한다. 그렇다고 해서 마케팅 부서에서 혁신이 전혀 일어나지 않는다는 것은 아니다. 하지만 브랜드가 혁신을 고취시키기 위해서는 필수적으로 마케팅 외의 다른 부서들이 마케팅 부서와 함께 일할 수 있어야 하며 그들로부터 영감을 받아야 한다. 어떤 의미에서, 브랜드는 기업에서 마케팅과 나머지 조직 사이의 관계를 구축한다고 할 수 있다. 브랜드는 서로를 이어주는 공통적인 이해를 만들어낸다(도표 1 참조).

브랜드의 콘텐츠 역할을 좀더 자세히 들여다보면 역시 비슷한 패턴을 파악할 수 있다. 혁신을 이끌어내기 위해 브랜드는 혁신에 몸담고 있는 이해관계자들에게 도전해야 한다. 그 혁신은 현재 상황을 개선하는 것, 주요 사안을 해결하거나 누군가에게 가치 있는 제품이나 서비스를 창조하는 것을 말한다. 이는 브랜드가 이러한 개선을 가능하게 하는 조직 내부의 역량이나 수단을 동원한다는 뜻이다. 이를 통해 조직에서 최고의 결과를 이끌어내야 한다. 하지만 브랜드는 제품이나 서비스의 사용자를 위한 가치를 만들어내는 방법으로 그 역량을 동원해야 한다. 즉 브랜드는 조직의 사용자 그룹에 대한 깊은 이해를 갖고 있어야 한다. 반복하건대 브랜드는 현 조직의 내적 강점 및 자질을 현재 또는 미래의 사용자가 바라는 가치나 선호도와 연결하는 기능이다. 다시 말해, 브랜드는 조직과 외부 세계 사이의 관계를 구축한다. 브랜드는 조직의 역량에 집중하는 것과 이것이 어떻게 사용자에게 가치로 여겨질 수 있는가 하는 양 측면 사이에서 공유된 이해를 바탕으로 해야 한다(도표 2 참조).

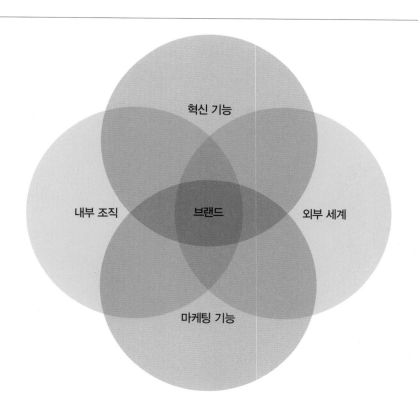

2 **브랜드는 연결한다**

앞서 언급했듯이 브랜드는 조직을 외부 세계와 연결하며, 마케팅 기능을 혁신 기능에 연결한다.

사례 연구: 이노센트 스무디 innocent smoothies

사례 연구의 목적

이번 사례 연구에서는 현대적인 브랜드를 살펴봄으로써 1.1에서 설명한 관계들이 어떻게 실제로 나타나는지 경험하고, 브랜드가 조직의 행동 방식을 어떻게 이끌어내는지 파악하고자 한다.

이노센트

이노센트 드링크innocent drinks는 영국 기업으로, 스무디와 다양한 건강식품 및 음료를 제조, 판매한다. 이노센트는 존 라이트Jon Wright, 애덤 발론Adam Valon, 리처드 리드Richard Reed가 1998년 창립하였으며, 275명의 직원이 근무하고 있다. 이노센트는 일주일에 200만 병의 스무디를 판매하며, 연간 매출액은 1억 파운드(1억 4,450만 달러)에 달한다. 2009년에는 코카콜라가 이노센트 드링크에 소액주주 지분 매입으로 투자하였다. 자세한 내용은 www.innocentdrinks.co.uk에서 살펴볼 수 있다.

* 2013년 코카콜라는 이노센트의 지분을 90퍼센트 보유하게 되었다—옮긴이.

이노센트 브랜드

이노센트 브랜드는 건강, 윤리, 그리고 유머라는 재료로 구성된 혼합체이다. 건강과 윤리라는 재료는 진지하게 포함되고 있지만, 마지막 성분인 유머는 누가 봐도 그렇지 않다.

건강

이노센트의 창업자들은 바쁜 직장인으로서 건강한 라이프스타일을 추구하는 것이 얼마나 어려운지 깨닫게 되었다. 이러한 깨달음은 그들이 제품을 만드는 데 영향을 주었다. 이노센트는 100퍼센트 천연 재료를 사용한다는 점을 강조하며, 손쉽고 즐겁게 소비할 수 있는 건강한 식품을 만드는 것을 목표로 한다.

이노센트 창업자들과 터치포인트

이노센트의 창업자인 존 라이트, 애덤 발론, 리처드 리드(왼쪽부터)는 건강, 윤리, 그리고 유머로 이루어진 다채로운 혼합체 브랜드를 만들어냈다. 이 브랜드는 기업이 행하는 모든 것에 기반이 된다.

우리의 아이디어는 사람들이 좀더 쉽게 스스로에게
좋은 일을 할 수 있게 만드는 것이었다.
우리는 사람들이 헬스클럽에 가는 것처럼 이노센트 드링크를
하나의 건강한 습관으로 생각하기를 바랐다.

윤리

이노센트의 윤리 정책은 기업 내부 깊이 흐르고 있으며, 음료를 제조하여 유통하고, 직원을 고용하고, 사무실을 난방하는 것에서부터 투자자를 관리하는 일에 이르기까지 기업이 하는 모든 일에 실제적으로 관련된다. 이노센트의 윤리는 천연 재료, 믿을 수 있는 재료, 지속 가능한(친환경적) 포장, 자원 효율성 및 이윤 분배라는 다섯 가지 필수적인 신념에 따라 일하는 것을 말한다.

유머

이노센트의 브랜드는 유쾌하고 개인적인 관계로 느껴지며, 그 자체로 매우 영국식 농담조의 유머 감각을 지니고 있다. 이는 브랜드 커뮤니케이션뿐만 아니라 사무실, 포장, 이벤트, 그리고 마치 젖소와 풀밭을 연상케 하는 이노센트의 운송 차량 같은 브랜드의 다른 표현들에서도 찾아볼 수 있다.

이노센트 드링크 사례에서 본, 관계로서의 브랜드

이노센트를 하나의 기업으로 인식하고 '이 한 가지 특정 요소가 이노센트 브랜드의 핵심을 구성한다'라고 말하기는 어렵다. 이노센트는 기업 전체가 브랜드인 것처럼 보인다.

건강과 윤리와 유머라는 브랜드 비전은 그들이 하는 모든 일에 깊이 스며 있어, 브랜드의 비전과 실제 사이에 명백한 구분이 존재하지 않는다. 아래 도표 3에서 혁신 기능과 마케팅 기능이 상당 부분 겹치는 것으로 알 수 있듯이, 이노센트에서 마케팅은 말로 표현하기보다 대부분 행동으로 이루어진다.

또한 이노센트는 사용자들이 가치 있다고 여기는 인사이트(진정성과 쉬운 건강관리)를 그들이 원하는 사업 방향에 자연스럽게 접목시킨다. 다시 말해, 이노센트의 브랜드는 내부적으로는 기업의 가치와 신념을, 외부적으로는 사용자의 니즈를 불러일으킬 수 있다. 그들의 브랜드는 기업이 믿고 있는 것과 사용자가 중요하게 생각하는 것을 연결시키고, 추구할 의미와 가치가 있는 공동의 비전을 제공한다. 여기서 공동의 비전이란 조직과 사용자 모두를 포괄하고 영감을 주는 것이다.

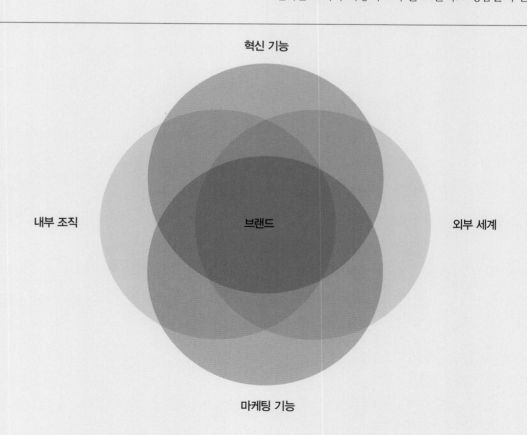

혁신 기능

내부 조직   브랜드   외부 세계

마케팅 기능

3 이노센트 드링크
   사례에서 본,
   관계로서의 브랜드

   이노센트에서 기업과
   사용자 사이의 관계,
   그리고 마케팅 기능과
   혁신 기능 사이의 관계는
   모두 긴밀하다.

물론 우리는 완벽하지는 않지만, 옳은 일을 하려고 노력하고 있다.
우리의 목표가 어쩌면 미스 월드 참가자의 말처럼 들릴 수도 있겠지만,
우리는 우리가 발견한 것보다 조금은 더 나은 것들을 남기고 싶다.

셰퍼드 부시Shepherd's Bush에 위치한 이노센트 드링크 본사인 프룻 타워즈Fruit Towers는 이 기업의 DNA를 여러 방식으로 반영하고 있다. 직원들의 열정을 불러일으키고 기업에 적합한 행동을 유도하기 위해 브랜드를 활용하는 것을 내부 브랜딩 internal branding이라 한다. 이노센트 같은 현대적 기업들은 공유된 브랜드 비전의 힘이 브랜드 커뮤니케이션에 사용되기 위해 외부를 향하고 있을 뿐만 아니라 팀워크, 신제품 개발, 새로운 사업 전략 디자인과 미래의 기회 탐색을 위해 내부로도 향한다는 것을 분명하게 인식하고 있는 듯 보인다.

브랜드는 제품 마케팅과 커뮤니케이션에 국한된 것은 아니다. 브랜드는 조직이 사업을 하는 방식 또한 정의할 수 있다. 2009년 이노센트는 거대 다국적 기업인 코카콜라를 투자자로 받아들였다. 코카콜라는 이노센트 지분의 10~20퍼센트에 대해 3,000만 파운드(4,590만 달러)를 지불했다. 이는 흥미를 불러일으키는 사업 사례이자 브랜딩 사례로, 언뜻 보기에는 이 사업 파트너십이 이노센트가 믿는 모든 것에 위배되는 것처럼 보일 수 있다. 그러나 이노센트는 신념을 실행으로 옮기기 위해서는 '대기업과의 게임'에 기꺼이 응해야 한다고 믿고 있다. 이노센트의 창립자들은 사명을 갖고 있고, 코카콜라에서 들여온 자본과 그들이 거의 관여하지 않는 조건은 궁극적으로 이노센트가 그 미션을 완수할 수 있도록 도울 것이다. 물론 기업의 몸집이 커지는 과정에서 본래의 가치를 유지하는 것은 기본적으로 성장중인 모든 브랜드가 해결해야만 하는 어려운 과제이다.

이노센트가 왜 코카콜라를 선택했는지에 대해 계속되는 질문에 이노센트의 상무이사인 리처드 리드는 다음과 같이 답했다. "여러 이유가 있었다. 첫째는, 우리가 코카콜라에서 만난 사람들이 좋았기 때문이다. 그들은 똑똑하고 솔직했다. 두 번째로, 코카콜라는 그 어떤 불쾌한 조건 없이 투자할 용의가 있었다. 실제로 우리는 수많은 예비 투자자들과 이야기했는데, 투자에 얼마나 많은 조건을 붙이고 싶어하는지 놀라울 따름이었다. 어떤 투자자는 돈을 투자하는 대신 자선단체에 기부하는 것을 그만두어야 한다고 했다. 또다른 투자자는 그들이 우리 사업을 조정할 수 있게 해야 한다고 했다. 세번째로, 코카콜라는 우리를 유럽 고객들에게 소개하고 유통에 도움을 줌으로써 최대한 많은 사람들에게 건강에 좋은 음료를 제공하려는 우리의 사명을 수행하도록 도울 수 있다. 이 계약으로 애덤과 존과 나는 이전과 동일한 방식으로 기업을 이끌 수 있고, 여전히 독자적인 사업을 유지하게 되었다. 전반적으로 볼 때 이 계약은 사업에 재정 안정과 기회를 가져왔고, 더 많은 사람들에게 건강에 좋은 음료를 제공하려는 우리의 사명에 한 걸음 더 다가서게 해주었다."

우리는 보다 진보적인 방식으로 사업을 하고자 고군분투한다.
우리의 사업이 사회와 환경에 미치는 영향에 대해 책임을 지고,
그 영향력을 부정적인 것에서 중립적인 것으로,
더 좋게는 긍정적인 것으로 바꾸려 한다.

리처드 리드,
이노센트

이노센트 사례에서 얻은 결론

1 | 이노센트의 브랜드 비전은 기업이 하는 모든 일에 깊이
   뿌리내리고 있어 브랜드 측면과 그 실행 사이에 명백한
   구분이 없다.

2 | 이노센트 브랜드는 기업이 믿는 것과 고객이 가치 있게
   생각하는 것을 연결시키며, 모든 이해관계자들에게 추구
   할 만한 의미와 가치가 있는 비전을 제공한다.

3 | 이노센트 브랜드는 마케팅 커뮤니케이션과 신제품 개발
   뿐만 아니라 코카콜라와의 파트너십 같은 내부 전략적
   결정을 주도한다.

이노센트의 본사
'프룻 타워즈'

이노센트 본사는 기업의
비전을 그대로 반영하고
있으며, 재미와 그들의 핵심
브랜드 가치에 대한 진실성을
강조함으로써 브랜드가
어떻게 한 기업의 사업
방식을 이끌 수 있는지
보여주는 사례이다.
아래 사진은 직원 파티에서
직원들이 이노센트의 제품을
행복하게 즐기고 있는
모습과, 이노센트를 사랑하는
고객들이 털실로 모자를 짜서
씌운 크리스마스용 제품이다.

1.2 성장 밑거름으로서의 혁신

혁신의 목적

브랜딩과 마찬가지로 혁신은 브랜드 주도 혁신의 맥락에서 특별한 의미를 지닌다. 이에 대하여 14~17쪽에서 기초를 다뤘고, 이제부터는 브랜드 주도 혁신에서 혁신의 역할을 분석함으로써 자세히 살펴보도록 하자. 브랜딩과 마찬가지로 혁신은 결코 그 자체가 목표가 아니다. 마이클 포터Michael Porter가 "혁신은 어쩌면 선진 경제권에서 가장 중요한 경쟁 우위의 원천이 되었다"(2002)라고 말했듯이, 혁신은 조직 내에서 맡은 역할이 있다. 결국 혁신의 목적은 장기적인 매출과 수익을 증가시켜 기업의 지속성을 향상시키는 것이다. 이 목적은 가치를 창조함으로써 달성된다. 조직에서 가치는 새로운 기술의 개발, 이전에 충족되지 않았거나 새로운, 사용자의 니즈 충족, 경쟁에서 차별화, 또는 내부 프로세스의 개선을 통해 만들어질 수 있다. 혁신은 가치를 창조하기 위해 기회를 탐색하는 것에서 시작된다.

혁신 드라이버

가치 창조를 위한 기회는 주로 혁신 드라이버로 언급된다. 이는 혁신 프로세스를 움직이게 만드는 요인이다. 여기에는 크게 내부와 외부의 혁신 드라이버가 있다. 내부 드라이버는 새로운 기술의 발명, 새로운 매니저 임명이나 합병 등과 같은 조직 내부의 변화이며, 외부 드라이버는 인구학적 변천, 경쟁적 행동, 또는 고객의 변화하는 니즈 등과 같은 조직 외부에서 발생하는 변화이다.

조직은 혁신 프로세스를 움직이게 만드는 드라이버의 종류에 따라 정의될 수 있기 때문에 이와 같은 구분은 흥미롭다. 기술 중심의 기업은 새로운 발명품, 물질적 또는 기술적 가능성에 기반해 혁신을 한다. 마케팅 기반의 기업은 혁신을 위한 기회 요소로 시장조사를 활용할 것이다. 자신의 영역에서 최고가 되고자 하는 기업은 경쟁자들이 무엇을 하고 있는지 면밀히 살펴보며 그들을 능가하는 혁신을 하고자 한다.

브랜드 주도 혁신의 맥락에서 조직은 외부 드라이버를 내재화하고 내부 드라이버를 외부화하기 위해 노력해야 한다. 이는 외부적 관점으로 혁신을 위한 내부 드라이버를 바라보는 것(예: 이 새로운 기술이 우리 고객을 위해 어떤 가치를 만들어낼 것인가)과 내부적 관점으로 혁신을 위한 외부 드라이버를 바라보는 것(예: 경쟁사의 새로운 움직임을 우리 관점, 가치와 신념으로 바라본다면 무엇을 의미하는가)을 의미한다. 이러한 방식을 통해 혁신을 위한 내부 및 외부 드라이버가 조직의 특성뿐만 아니라 사용자의 욕구에도 부응하는 가치를 생성하는 기회를 만들게 된다.

주도적 혁신과 대응적 혁신

새로운 가치를 만들어내는 과정을 일으키는 혁신 드라이버에는 여러 종류가 있다. 하나의 비결은 최고에 머무르는 것이다. 가치를 만들기 위해 기회를 탐색하는 것은 때때로 겉으로 보이는 것과는 달리 주도적 혁신 과정이 아니다. 경쟁사는 한자리에 머물러 있지 않으며, 시장과 소비자 기호는 빠른 속도로 변화하고 기술은 계속해서 발전하기 때문에 조직은 바쁘다. 결과적으로, 가치를 창조하기 위해 기회를 찾는 과정은 정반대로 가치를 잃을 수도 있는 상황을 피하라는 그럴듯한 논리로 운영된다. 그렇게 되면 혁신은 달갑지 않은 사업으로 변질된다. 사업은 끊임없이 변화하는 상업적 환경에 대응하고 통제권을 되찾으려고, 모든 경쟁사들을 정신없이 급히 모방하거나 눈에 보이는 모든 기회를 잡으려는 시도를 하게 된다. 이 경우 혁신은 유용한 가치를 창조할 기회를 찾는 미래 주도적 탐색이 아니라 그저 변화에 불가피한 대응일 뿐이다.

브랜드 주도 혁신의 맥락에서 우리는 혁신을 뭔가 불가피한 것, 또는 해결해야만 하는 것이 아니라, 한 조직의 지속 가능한 성장을 위한, 자연스럽고 건강한 포부의 일부로 이해하도록 노력해야 한다.

	제품	서비스	프로세스	사업 모델	
변혁	말 대신 자동차	인터넷 뱅킹	필킹턴의 플로팅 유리	www.amazon.com	**4 혁신의 유형과 정도**
급진적 변화	수소 연료 자동차	새로운 종류의 융자	가스 충전, 내열유리 패널	컴퓨터의 온라인 판매 및 유통	표에서 보듯이 베티나 폰 슈탐Bettina von Stamm은 티드Tidd 외의 연구(2003)를 기반으로 혁신의 다양한 유형과 정도를 구분하고 있다.
점진적 변화	새로운 자동차 모델	다양한 융자별 특징	다르게 채색된 유리	상업 지구에서의 판매 vs 도시 중심지에서의 판매	

연습해보기: 혁신의 유형 구별하기

목적

이번 연습의 목적은 다양한 혁신 유형을 구분하는 법을 배우고, 가치 창조를 위한 새로운 기회 탐색으로 혁신을 바라보는 것을 배우는 것이다.

준비

6~8명으로 이루어진 팀, 혁신적 제품이나 서비스의 이미지가 담긴 카드 30장, 위의 표 4를 포함한 플립 차트.

1

카드를 순서대로 1장씩 뽑는다. 카드를 차트 위에 내려놓은 후 왜 그 카드가 거기에 있어야 한다고 생각하는지 설명한다. 이 위치에 대해 팀원들과 토의한다.

2

이 혁신을 일으킨 드라이버는 무엇이라고 생각하는지 토의한다. 그 드라이버는 새로운 기술과 같은 내부 드라이버였을까, 아니면 경쟁사나 시장 발전과 같은 외부 드라이버였을까? 이 혁신은 주도적인가, 아니면 대응적인가?

3

차트에서 위치가 어떻게 바뀔 수 있는지 팀원들과 토의한다. 예를 들어, '새로운 자동차 모델'이라는 혁신을 표 4에서 서비스 영역으로 이동시키려면 무엇이 필요할까? 예를 들어, 새턴Saturn 자동차 브랜드는 그들의 제품 제안을 종합 서비스 포트폴리오 www.saturn.com과 결합했다. 또는 이 혁신을 더욱 급진적으로 만들려면 무엇이 필요할까? 예를 들어, 토요타Toyota의 하이브리드 자동차 엔진과 같은 새로운 개념을 소개할 수도 있다.

4

혁신 이미지 카드를 차트의 맨 오른쪽 위 칸으로 이동시키거나 맨 왼쪽 아래 칸으로 이동시킨다. 가끔 혁신이 지나치게 급진적인 경우는 점진적으로 만드는 것이 도움이 될 수도 있다. 20세기 초반의 체펠린Zeppelin 비행선은 그 당시 운송업계에서는 지나치게 급진적인 혁신이었을 것이다. 어떻게 하면 오늘날 덜 급진적인 혁신으로 만들 수 있을까? 아마존Amazon은 잠재적으로 어떤 제품을 만들어낼 수 있을까?

사례 연구: 아이스브레이커 Icebreaker

사례 연구의 목적

이번 사례 연구에서는 관계로서의 브랜드와 성장 원천으로서의 혁신을 이해하고, 브랜드와 혁신이 실무에서 어떻게 실현되는지 알아보도록 하자.

아이스브레이커

아이스브레이커는 뉴질랜드의 아웃도어 의류 브랜드로, 뉴질랜드산 메리노 울Merino Wool로 만든 의류를 제조하고 판매하는 기업이다. 아이스브레이커의 웹사이트(www.icebreaker.com)에 기업의 시작과 발전에 대해 자세히 소개하고 있다. 1994년 제러미 문Jeremy Moon이 시작한 아이스브레이커는 아웃도어 의류를 위한 메리노 울 레이어링 시스템을 세계 최초로 개발한 회사이다. 또한 1997년부터 생산자로부터 메리노를 직접 공급받은 최초의 아웃도어 의류 기업이기도 하다. 아이스브레이커는 유럽, 아시아, 호주, 북아메리카 등 24개국의 2,000개 이상 상점에서 판매되고 있다. 뉴질랜드 웰링턴에 본사를 두었으며, 뉴질랜드 남부 알프스산맥 고산지대에 위치

아웃도어 의류에 대한 차별적 접근

아이스브레이커는 사진에서 보이는 것과 같은 고기능 아웃도어 의류를 디자인하고 제조하여 판매하는 브랜드이다. 이들은 나일론이나 폴리에스테르와 같은 화학적 물질을 사용하지 않으며, 모든 의류는 천연 원료만으로 만들어진다.

한 120개 목장에서 손으로 작업한 순수한 메리노만을 사용해 자연의 작품과 인간의 기술, 디자인을 결합한 아웃도어 의류를 만들어내고 있다.

아이스브레이커의 설립자이자 CEO인 제러미 문은 다음과 같이 말했다. "계획은 단순했다. 다른 기업들이 하지 않는 것을 해보자는 것이었다. 그들이 합성 직물을 쓴다면 우리는 천연 직물을 쓰고, 그들이 땀 흘리는 남성에 초점을 맞추었다면 우리는 성에 대해 중립적이었다. 그들이 힘든 모험에 초점을 맞추었다면 우리는 자연과의 연대감에 맞추었다. 그들이 기능만을 강조했다면 우리는 디자인과 창의성을 강조했다."

아이스브레이커 브랜드

아이스브레이커는 분명한 비전에서 그들의 활동이 시작된다는 점에서 브랜드가 주도하는 기업이다. 사실 이 브랜드는 실제로 제품 포트폴리오가 만들어지기 전에 이미 만들어졌다. "우리가 브랜드 아이덴티티를 정의하고 표현하는 데 초기 투입 자본의 대부분에 해당하는 10만 달러 이상을 투자한 것이 성과를 내기 시작했다. 사람들은 우리의 아이덴티티와 연계성을 갖게 되었다. 우리는 다른 기업들과 달랐으며, 이러한 점이 고객들에게는 의미 있는 것이었다." 제러미 문은 '브랜드 블루프린트brand blueprint'를 통해 명확하고 통합적이며 장기적인 비전을 구축함으로써 기업을 시작했다. 그는 브랜드 컨설턴트인 브라이언 리처드Brian Richards와 함께 브랜드를 위한 종합적이고 장기적인 아키텍처를 창조해냈으며, 그 이후 실제로 이를 수행할 수 있도록 매년 세부 사항을 '리버스 엔지니어링'*했다(라시테Lassiter, 2006).

아이스브레이커 브랜드는 기업 철학을 담고 있으며 그것을 소통한다. 내부적 가치와 비전을 결합시키는 한 편의 이야기(아이스브레이커는 왜 그 일을 하는가)이자, 아웃도어에 열광하는 사람들에 대한 이해(누구를 위해 그 일을 하는가)이며, 기업의 공급망에 대한 인사이트(어떻게 그 일을 하는가)이자, 제품과 디자인의 배경이 되는 근거(무엇을 하는가)이다. 제러미 문이 말하듯이 "우리 브랜드는 사람들 사이, 사람과 자연 사이, 메리노 울과 인간의 육체 사이에 새로운 관계를 만들어낸다. 이러한 정신에 기초하며 아이스브레이커 브랜드는 '자연, 그리고 다른 이들(것)과의 관계'이다".

* 리버스 엔지니어링reverse engineering: 이미 만들어진 시스템을 역으로 추적하여 처음의 문서나 설계 기법 등의 자료를 얻어내는 일―옮긴이.

계획은 단순했다. 우리는 다른 기업들이 하지 않는 것을 해보자는 것이었다.
그들이 합성 직물을 쓴다면 우리는 천연 직물을 쓰고,
그들이 땀 흘리는 남성에 초점을 맞추었다면 우리는 성에 대해 중립적이었다.
그들이 힘든 모험에 초점을 맞추었다면 우리는 자연과의 연대감에 맞추었다.
그들이 기능만을 강조했다면 우리는 디자인과 창의성을 강조했다.

제러미 문,
창업자, CEO

아이스브레이커의 브랜드 철학에는 5개의 큰 기둥이 있다.

1. 발견

'발견'이라는 브랜드 기둥은 아이스브레이커의 역사에 대해 말해준다. 누군가와 오래 지속되는 관계를 맺고 싶을 때 당신의 배경 이야기를 공유하고 자신을 현재 모습으로 이끈 것이 무엇인지에 대해 나눈다. 또한 이 기둥에는 내부적 기능이 포함되어 있어, 신입 사원들이 브랜드의 유산과 이야기의 일부가 될 수 있도록 해준다.

2. 영감으로서의 자연

'영감으로서의 자연'이라는 브랜드 기둥은 뉴질랜드의 대표적인 메리노 울과 메리노 양이 살고 있는 자연환경이 어떻게 아이스브레이커에 있어 영감의 주요 원천인지 설명한다. 제러미 문은 다음과 같이 묻는다. "자연이 하나의 시스템이고, 사람이 자연의 일부이며, 사업이 사람들의 집합체라면, 사업은 자연 중심적인 시스템이 될 수 있지 않을까? 우리는 그렇다고 믿는다."

3. 디자인 정신

크리에이티브 디렉터인 롭 아흐텐Rob Achten은 아이스브레이커의 브랜드 비전을 쉽게 설명한다. "자연은 세계 최고의 디자이너다. 자연에서 우아하고 아름답고 균형잡히고 완벽하지 않은 것을 본 적이 있나? 이러한 특성이 없었다면 오래 지속되지 않았을 것이다. 자연은 사라지고 다시 디자인되었을 것이다. 자연은 끊임없이 변화하는 시스템이다. 인간도 마찬가지다. 그래서 우리는 디자인을 회사의 중심에 놓고 거기서 출발한다."

4. 지속 가능성

'지속 가능성'은 아이스브레이커의 매우 중요한 브랜드 기둥이다. 이 개념으로 원재료, 재료 구입, 유통망 관리, 제조 기술과 관련된 것들을 높은 수준으로 끌어올리게 되었으며, 이 모든 것을 동물 복지, 윤리적 제조, 그리고 기업의 사회적 책임corporate social responsibility으로까지 확장했다. 아이스브레이커의 구매부장인 비브 펠드부르게Viv Feldbrugge는 다음과 같이 말한다. "대부분 의류 회사들은 옷감을 가지고 시작하는 제조 업체이며, 옷감 생산 과정에서 의류 산업이 야기하는 환경오염의 대부분이 발생하기 때문에, 우리는 전체 과정에 책임을 지려 한다. 섬유 원료를 가지고 시작하는 것은 사치를 위해서가 아니라 우리에게는 필수적이다."

5. 문화

아이스브레이커의 다섯번째 브랜드 기둥은 흥미롭게도 문화이다. 인사 담당 부장인 킴벌리 길모어Kimberly Gilmour는 다음과 같이 주장한다. "아이스브레이커는 혁신, 영감, 기회가 있는 곳이다. 우리는 그 점을 사랑하기에 이곳에서 일한다. 그것은 의미 있고, 도전 정신과 영감을 느끼게 한다. 우리는 강렬하게 끌리는 하나의 비전을 가지고 있고, 우리 모두 각자가 중요하기 때문이다. 그리고 재미있기 때문이다!"

원재료와 제품

아이스브레이커의 의류는 100퍼센트 순수 뉴질랜드산 메리노 울로 만들어진다. 그림에서 보이는 메리노 양은 열악한 산악지대 환경을 이겨내도록 진화했기 때문에 훌륭하고 품질 좋은 모직을 제공할 수 있게 되었다.

자연은 세계 최고의 디자이너이다. 자연에서 우아하고 아름답고
균형잡히고 완벽하지 않은 것을 본 적이 있나?
이러한 특성이 없었다면 오래 지속되지 않았을 것이다.
자연은 사라지고 다시 디자인되었을 것이다.

차이점 강조하기

아이스브레이커는
100퍼센트 메리노 울을
사용하는 것에 자부심을
느끼며, 그들의 원재료와
다른 아웃도어 의류 업체의
재료 사이에 차이가 있다고
강조한다. 옆의 캠페인
이미지에서 볼 수 있듯이
그들이 사용하는 원료의
천연적 특성을 강조한다.

아이스브레이커 사람들

아이스브레이커 직원들은
브랜드와 함께 호흡하고
생활한다. 직원들 스스로가
열정적인 아웃도어 활동의
팬이어서 자사 제품을 직접
시험해볼 수 있다.

아이스브레이커에서의 혁신

아이스브레이커는 그들의 브랜드를 마케팅 메시지를 전달하는 도구가 아니라, 어떻게 사업을 혁신하고 운영할 것인가에 대한 가이드라인으로 여긴다. 이 점에 대해 제러미 문은 다음과 같이 말한다. "혁신은 회사가 어떻게 디자인되어야 하는가, 사내 부서들이 새롭고 가치 있는 변화를 만들어내기 위해 어떻게 상호작용하는가에 관한 것이다. 아이디어는 어디서나 나타나고 어떤 것에나 관련될 수 있다. 혁신은 단순히 제품과 관련된 것만은 아니다."

자연에서 영감을 얻고 배우겠다는 아이스브레이커의 헌신은 사뭇 진지하게 받아들여진다. 제러미 문의 견해는 다음과 같이 이어진다. "자연에서 각각의 종(種)이 스스로를 위치시키는 방식은 크게 세 가지 분명한 규칙을 따르는 경향이 있다. 아이스브레이커에서 우리는 이 자연의 지침을 'ASS'라고 부른다. 즉 적응adaption, 공생symbiosis, 지속 가능성sustainability이다. 우리는 다음 단계로 나아가기 위해 사업에서 이 지침을 끊임없이 참고한다. 우리를 안내하는 이 지침들은 교과서에 나오는 것이 아니다. 와인을 마시면서 이런저런 일에 대해 생각하고 이야기하는 과정에서 나오거나 산악자전거를 타는 도중에, 아니면 잠을 자다가 나온다. 이 원리들은 우리에게 실질적인 의미를 지닌다. 우리 제품의 사용자들에게도 마찬가지이다. 그것이 사용자들이 처음 아이스브레이커를 구입하는 이유이기도 하다." 크리에이티브 디렉터이자 글로벌 제품의 부사장인 롭 아흐텐은 이에 대해 다음과 같이 설명한다. "우리의 제품은 우리의 가치를 반영한다. 우리는 어떤 목적을 위해 디자인한다. 그 목적은 때때로 순전히 기능적일 때도 있고 심미적인 경우도 있다. 대부분 두 가지 모두이지만, 이는 언제나 아이디어에 따라 방향이 정해진다. 당신이 입는 제품은 당신의 신념에 대한 물질적 표현인 것이다."

아이스브레이커를 다른 아웃도어 의류 제조 업체와 비교했을 때 가장 큰 차별점은, 화학적이고 재생 불가능한 자원(폴리에스테르와 나일론)이 아닌 재생 가능한 천연 자원(메리노 울)을 사용한다는 점이다. 그래서 아이스브레이커는 메리노 울 섬유를 최대한 활용하고 변함없이 품질을 유지하기 위해 투자한다. "우리의 시스템은 우리가 공급받는 메리노 울이 한 동

자연은 끊임없이 변화하는 시스템이다. 인간도 마찬가지다.
그래서 우리는 디자인을 회사의 중심에 놓고 거기서부터 출발한다.

롭 아흐텐,
크리에이티브 디렉터

물이 산에서 계속 생존하기 위해 자연적으로 만들어낸 것이라는 사실에 기반을 두고 있었다. 이것이 불가능했다면 그 동물은 죽었을 것이다. 그 이후로는 이 섬유를 사람들이 다시 산으로 돌아갈 수 있게 하는 의류 시스템으로 바꾸는 것이 우리의 역할이라고 여기게 되었다. 우리는 더 나은 섬유를 디자인할 수 없으며, 사실 그렇게 하고 싶지도 않다. 우리의 도전은 메리노를 다른 종(種)들, 바로 우리와 관련 있게 만드는 것이다."

이는 아이스브레이커가 양모의 수확, 세척, 정돈, 염색, 방적, 편물, 재봉의 과정에 투자하고 있음을 의미한다. 그러나 아이스브레이커는 다른 분야에서도 혁신을 이루고 있다. 예를 들어, 고객은 자신의 옷에 사용된 양모가 처음으로 채집된 목장을 추적할 수 있다. 아이스브레이커의 의류에는 각 제품에 사용된 메리노 섬유 묶음과 일치하는 독특한 '바코드'가 부착되어 있다. '바코드Baacord'라는 단어는 양들이 '바아아(Baa)' 하고 우는 소리에서 착안해 만들었다. 고객이 의류의 상품 태그를 보고 온라인상에서 바코드를 입력하면 그 섬유를 생산한 뉴질랜드의 목장까지 추적할 수 있다. 고객은 농부들을 만나 양의 생육 환경에 대해 알 수 있고, 섬유로부터 그 의류를 직조, 염색, 마감, 재단, 제조 및 배송하는 공장까지 볼 수 있다. 이러한 혁신이 하나의 장치처럼 보일 수는 있겠지만, 사실은 전체 공급망의 투명성에 대해 아이스브레이커가 그들의 약속을 표현할 수 있는 또다른 기회이다. 제러미 문은 다음과 같이 주장한다. "아이스브레이커는 공급망에 자부심을 가지고 있다. 우리의 의류 제품 생산에 도입한 투명성과 추적 가능성을 통해 고객들은 아이스브레이커가 매우 정직하게 만들어졌다는 점을 더욱 확신할 수 있을 것이다."

아이스브레이커 사례에서 얻은 결론

1 | 아이스브레이커의 브랜드는 다층위적, 다면적 구조를 가지고 있으며, 이 구조는 비전, 가치, 포부, 기술, 제품, 사용자 인사이트, 행동 규범, 디자인과 혁신을 포함한다.

2 | 이 브랜드는 매우 활동적이다. 브랜드는 실무와 연결되며, 비전을 실체화하는 데 연결된다.

3 | 이 브랜드는 조직이 가치 있게 여기는 것과 고객이 가치 있게 여기는 것 사이에 차이가 없다. 두 가치는 동등하게 취급되며, 브랜드가 이들을 완전히 연결하고 있는 것으로 보인다.

4 | 아이스브레이커는 브랜드 주도 기업이다. 회사의 모든 행동은 브랜드의 비전으로부터 나온다. 제품의 역할은 브랜드의 비전에 활기를 불어넣는 것이다. 비전을 실체화하는 것이다.

5 | 디자인은 아이스브레이커의 브랜딩과 혁신 과정의 중심에 위치한다. 아이스브레이커에서 디자인이란 단순히 제품에 심미적인 요소를 추가하는 것이 아니다. 오히려 디자인을 창의성과 혁신을 위한 사고방식으로 여기며, 디자인을 위한 영감을 자연으로부터 얻는다.

6 | 아이스브레이커는 기업 비전을 사용자를 위한 가치로 바꾸는 것이 조직 구성원의 역할임을 이해하고, 의식적으로 브랜드 철학을 중심으로 하여 문화를 구축한다.

'바코드' 추적 시스템

아이스브레이커는 위 사진에 보이는 것과 같이 자사의 모든 의류에 코드를 넣어둔다. 온라인상에서 이 독특한 코드를 입력하면 그 옷에 사용된 양모를 제공한 목장을 확인할 수 있다. 조금 더 클릭하다보면 그 농장이나 농장 운영자에 대한 배경 설명을 발견할 수도 있다.

전문가 대담: 혁신의 본질에 대하여

다음은 혁신의 본질에 대해 얀 바이스Jan Buijs와 이고르 클루인Igor Kluin이 나눈 대담의 내용이다. 그들은 혁신의 의미가 무엇인지, 혁신이 어떻게 오늘날 사업의 일부를 이루고 있는지 함께 토론한다. 또한 학문적 이론과 실무 사이의 차이점과 유사점에 대해서도 살펴본다. 두 전문가는 시간이 지나면서 혁신이 어떻게 변화해왔는지 탐색하고, 혁신적 기업가 정신과 리더십을 분석해본다.

얀 바이스는 델프트 공과대학교(DUT) 산업디자인공학부(IDE)에서 제품 혁신 및 크리에이티비티를 가르치는 교수이다. 델프트 대학에서 산업디자인공학 전공 석사 교육을 받았으며(MSc. 1976), 1984년 동 대학원에서 박사 학위를 취득하였다. 델프트 대학에서 근무하기 전 10년 동안 매니지먼트 컨설턴트로 일했다. 여러 권의 책을 집필했고, 델프트 혁신 모델 Delft Innovation Model의 창시자이다.

이고르 클루인은 광고업계에 종사하다 2006년 쿼런트Qurrent를 설립하며 재생 가능 에너지 사업에 뛰어들어 혁신적 창업가로서 모험을 시작했다. 쿼런트는 소비자들이 태양전지판, 소형 풍력발전기, 열펌프, 수소 연료 전지 등 재생 가능한 자원을 이용해 소비자 스스로 에너지를 발전시키는 것을 가능하게 한다. 쿼런트는 2007년 피크닉 그린 챌린지Picnic Green Challenge에서 초기 자본금 50만 유로를 버진 기업의 리처드 브랜슨 회장에게 수여받았다.

혁신의 본질은 무엇이며, 두 사람이 이 분야에서 성공하게 된 요인은 무엇인가?

얀   혁신은 묘한 단어이다. 오늘날 혁신은 거의 모든 것을 의미할 수 있다. 그러나 내게 묻는다면, 혁신의 본질은 게임의 규칙을 바꾸는 것, 존재하는 시스템을 깨뜨리는 것이라고 하겠다. 그리고 혁신은 주관적이다. 누구에게는 혁신인 것이 다른 누구에게는 시시한 것에 불과하다.

이고르   내 경우 혁신과 관련한 일은 개인적인 호기심과 흥미에서 시작했다. 2005년에 TV에서 화석 연료 대체물을 다룬 다큐멘터리를 보았다. 이를 계기로 광고 회사를 그만두고 그 다큐멘터리에서 언급되었던 원료를 추적하기 시작했다. 그러다 마침내 '쿼런트'를 시작하게 되었다. 혁신은 나에게는 목표가 아니다. 나의 호기심을 충족시키고, 문제를 해결하고, 내가 개인적으로 필요하다고 느끼는 일이 일어나도록 만드는 수단이다. 그렇다고 고도의 지능을 요하는 것도 아니다. 시작할 때의 한 가지 사실은 내가 획기적인 기술을 창조하려고 했던 것은 아니라는 점이다. 나는 존재하는 기술을 새로운 방식으로 조합하고 있다. 사실 혁신은 문제를 해결하기 위해 영민함을 발휘하는 것이다.

얀   혁신에 대한 가장 오래된 학문적 정의로, 조제프 슘페터Joseph Schumpeter는 혁신을 "새로운 조합의 응용"(1908)이라고 했다. 혁신은 언제나 기업가 정신과 면밀히 연관되어왔다. 문제를 해결하기 위해 새로운 조합을 찾고자 탐색하는 것은 대부분의 기업가들이 인정할 만한 혁신이다.

이고르   나는 도전 목표를 발견하면 내가 기업가로서 그 도전을 감당할 수 있을지 직감적으로 평가한다. 그런 다음 그 도전을 받아들인다. 주변에서 내가 택한 길이 위험하다고 하는데, 그런 말을 들으면 나는 더욱 대담해진다. 하지만 나는 정말로 걱정을 하지 않기 때문에 나 자신이 대담하다고 생각하지 않는다.

얀   디자이너들과 혁신 실천가들은 불안정한 상황에서 안정을 느끼곤 한다. 그들은 어떤 지식이 부족한 상황에서 오히려 성공하는데, 그런 상황이 그들에게 행동하고 탐색할 기회를 주기 때문이다. 경영자들은 수익을 확보하고 불확실성을 제거하는 데 너무나 많은 시간을 들이고 있다. 혁신이 그들에게 어려운 이유가 바로 이것이다. 그들은 즉흥 연극 무대와 같이 불확실함이 창의력의 원천이 되는 곳에서 무언가를 배울 수 있을 것이다.

이고르   내가 성공했는가, 그렇지 않은가에 대한 질문의 답으로, 쿼런트가 얼마나 크게 성공하는지 여부와는 상관없이 단지 나는 내가 걷는 이 길이 행복하다고 말하고 싶다. 그래서 자신의 직감을 따를 수 있고 옳다고 생각한 것을 할 수만 있다면, 혁신을 추구하는 기업가로서 성공적이라고 생각한다. 나는 비전을 갖고 있고, 그것을 바탕으로 행동했다. 그것이 내 방식의 성공 비결이다.

얀   학문적 성공은 자신의 이름으로 발간된 출판물의 양으로 측정된다. 그러한 기준이라면 나는 성공한 셈이다. 그러나 나는 그런 종류의 성공을 추구하지 않는다. 나는 학생들을 분발하게 하고, 그들에게서 최상의 것을 이끌어내고자 한다. 내가 하는 일에 대한 사랑을 학생들에게 전해주고 싶다. 학생들이 성장하는 모습을 볼 때 비로소 내가 성공했다는 생각이 든다. 나와 함께 공부하고 졸업해서 지금은 혁신을 실현하는 성공적인 기업가, 디자이너, 컨설턴트가 되어 있는 모든 학생들이 매우 자랑스럽다.

혁신에 있어 새로운 발전은 무엇이며, 그것들은 어떻게 일상 업무에 영향을 미치는가?

얀   나는 지식재산권IP, intellectual property과 사업 모델에 관련한 개방적 혁신open innovation에 관심이 있다. 지식재산권과 함께 논의되는 비밀성은 개방적 혁신 초기의 탐색 단계를 불가능하게 만든다. 그러나 파트너가 바뀌고 투자율도 변화하고 시간이 흐르면서 비용은 증가한다. 이는 지식재산권이 사용되는 방식이 새로운 맥락에 맞도록 바뀌어야 함을 의미한다. 나는 이 문제를 다루는 여러 프로젝트를 진행중이다.

이고르   나는 개방적 혁신과 새로운 지식재산권의 형태에 대해서는 애증의 관계에 있다. 이 두 가지가 발전하는 것은 필요한 일이고 좋은 일이지만, 아직 내 사업에서는 다룰 준비가 되어 있지 않기 때문이다. 나 자신을 자극하는 외부 영향을 찾아보기는 하지만, 이는 외부로 나아가 그 영향을 직접 받고자 하는 것과는 다르다. 내가 외부 전문가와 작업하는 것은 일을 수행하는 데 그들이 필요하기 때문이지, 본질적으로 내가 개방적 혁신에 관심이 있기 때문은 아니다. 다른 한편으로는 학생들과 많이 작업하려고 노력한다. 그들의 실제 프로젝트 결과보다는, 그들과 일하는 과정에서 이루어지는 토론의 내용 때문이다.

당신에게 혁신적 리더십이란 무엇을 의미하는가?

얀   혁신은 당신이 실수할 수 있고 그로부터 배울 수 있을 때에만 일어난다. 혁신적 리더십이란 자신과 다른 사람들이 실수하는 것을 허락한다는 것을 의미하며, 비록 당신이 생각하던 방향으로 가지 못하더라도 경계를 넓히는 열린 문화를 만드는 것을 의미한다. 목표에 도달하기 위해서는 올바른 단계만큼이나 잘못된 단계도 필요하다. 올바른 단계만 밟고 간다면 어떤 새로운 곳에도 이르지 못할 것이기 때문이다.

이고르   정확한 지적이다. 실수는 여정의 일부다. 나는 그것들을 실수가 아니라 예상했던 것과의 차이로 본다. 실수로부터 배우는 것은 혁신적 기업가가 되는 일을 더욱 재미있게 만들어준다.

1.3 브랜딩과 혁신은 어떻게 연결되어 있는가

앞서 브랜드 주도 혁신의 맥락에서 브랜딩과 혁신의 의미를 확립하였으니, 이제는 이 두 요소가 어떻게 연결되어 있고 서로 어떻게 영향을 주고받는지 알아보는 단계로 넘어갈 수 있다. 브랜드를 관계로 보는 것이 무엇을 의미하는지 좀 더 자세히 살펴보면서 시작해보자. 관계는 가치에 대해 함께 이해하는 것에서 출발한다. 그리고 그 가치를 어떻게 향유하며, 그것이 어떤 혜택을 주는지에 대한 비전을 함께 공유하면서 출발한다. 만약 공유된 이해가 점점 커지고, 시간이 지나면서 그 가치에 대한 혜택이 커지면 관계는 발전하게 된다. 반대로 공유된 이해가 줄어들거나 가치로부터 얻는 혜택의 기회가 줄어드는 상황에 있는 관계는 시간이 지나면서 쇠퇴한다. 여기서 두 가지 규칙을 얻을 수 있다.

1 | 기업은 사업의 대상이 되는 사람들과 그들이 본질적으로 가치 있게 생각하는 것이 무엇인지 명확히 이해하고 있다는 것을 알려야 한다. 또한 기업은 사용자들에게 이 가치를 전달하기 위해 어떤 역할을 할 것인지에 대한 비전도 가지고 있어야 한다.
2 | 기업은 이 가치를 제품, 서비스 또는 경험과 같은 실질적 대상으로 전환해야 한다.

규칙 1은 기업의 사용자 그룹에 대한 서약을 의미하는 것으로, 다음과 같이 표현할 수도 있다. "나는 당신이 가치 있다고 여기는 것을 알고 있다. 나는 그 가치를 당신에게 전달해야 하는 나의 역할을 이해하고 있으며, 이를 수행하기 위해 최선을 다할 것이다." 브랜드 용어로 이 서약은 '브랜드 약속brand promise'이라고 불린다. 규칙 2는 조직이 약속을 행동으로 실행하는 것을 의미한다. 이 약속은 고객이 "당신은 내가 가치 있다고 하는 것을 전달하는 데 성공했다"라고 말하는 제품, 서비스, 경험을 창출한다. 브랜드 용어에서 이 과정은 '브랜드 약속의 실현'이라고 불린다.

브랜딩에서 브랜드 약속의 개념은 필수적이다. 국제적인 브랜딩 전략 자문 회사인 랜도Landor의 월터 랜도Walter Landor는 다음과 같이 설명한다. "간단히 말해, 브랜드는 약속이다. 제품이나 서비스를 구분하고 증명하며 브랜드는 만족과 품질의 약속을 전달한다." 사용자에게 브랜드를 의미 있는 것으로 만들고 그들의 가치에 연결해주는 것이 바로 약속이다. 그리고 이미 살펴보았듯이 새로운 제품, 혁신을 통한 서비스와 경험을 전달함으로써 브랜드의 약속을 이행하는 것은 브랜드가 관계로서 살아 있게 하는 데 필수적이다. 브랜드가 의미 있기 위해서는 혁신이 필요하다.

이제 혁신이라는 가치를 창조하기 위해 적극적으로 기회를 발굴한다는 사실의 의미를 살펴보자. 실무에서 이것은 '변화에 대한 자발적 태도'가 조직 문화의 일부임을 의미한다. 여기에는 규범, 가치, 신념, 비전으로 이루어진 매우 견고한 공동의 기초가 필요하다. 단단한 땅 위에 서 있어야만 높이 점프할 수 있는 법이다. 결과적으로 조직의 혁신을 이끄는 중심에는 그들의 신념, 가치, 비전, 곧 이해관계자를 위해 가치를 창출하는 역할에 대한 비전이 있다는 것을 의미한다.

혁신에서 조직의 역량과 사용자의 욕구에 부응하는 기회를 적극적으로 잡는 것은 매우 중요하다. 그러기 위해 조직에는 단단히 자리잡은 가치와 신념이 필수임을 이미 살펴보았다. 그것이 대체 어디에 있는지, 다른 이들에게 의미하는 바가 무엇인지에 대한 독창적인 비전을 갖고 있어야 한다. 혁신이 의미 있기 위해서는 브랜드가 필요하다.

변화에 대한 자발적인 태도는 조직 문화의 일부여야 한다.
여기에는 규범, 가치, 신념, 비전으로 이루어진, 매우 견고한
공동의 기초가 필요하다. 그래서 조직의 혁신을 이끄는 중심에는
조직의 신념과 비전, 가치가 있다.

연습해보기: 브랜드 약속과 약속의 실행 방법

목적

브랜드가 다양한 커뮤니케이션 채널을 통해 사용자에게 어떤 종류의 약속을 하는지 알아보고, 이 약속을 어떻게 실행하는지 학습한다.

준비

4~6명으로 이루어진 팀, 공책, 펜, 약간의 시간.

3일 동안 연속으로 일상에서 접한 브랜드를 추적해보자. 브랜드별로 다음 사항을 기록하라.

1

이 브랜드는 나에게 무엇을 약속하는가?

예를 들어, 볼보Volvo는 '삶을 위한 자동차(car for life)'를 약속한다.

2

이 약속은 나에게 무엇을 전달하려 하는가?

볼보는 내가 평생 고객이 되기를 바랄 뿐만 아니라 그들의 자동차가 생명을 구한다고 주장한다. 그리고 그들의 자동차는 내가 삶을 사는 방식의 일부가 되도록 만들어졌다.

3

이 약속은 어떤 내부적 역량에 기반한 것인가?

볼보는 안전에 있어 전문가이며, 포트폴리오를 가족용 차량 제조에서 일생에 걸쳐 개인의 사용을 위해 디자인된 광범위한 모델들을 만드는 것으로 변화시킨 회사이다.

4

이 약속은 나와 어떻게 관련이 있는가?

나는 자동차에서 안전하게 느끼는 것은 좋지만 상자 같고 지루한 것은 싫다. 나는 내 차가 역동성과 디자인에 뒤지지 않으면서 나의 삶을 소중히 여긴다는 것을 보여주기를 원한다.

5

이 약속은 어떤 비전에 바탕을 두고 있는가?

볼보는 안전성을 교통사고와 관련된 문제로 보기보다는, 도로에서 생명을 보존하고 안전하게 지켜준다는 태도로 변화했다.

6

이 약속은 제품 혁신을 통해 어떻게 실행되었는가?

측면 충격 보호 시스템, 생애 주기별 모델, 여성 전용 콘셉트카 YCC.

3일 뒤 다 같이 모여 서로의 발견에 대해 의견을 나눈다. 각자 각 브랜드의 약속과 실행을 도와줄 크리에이티브 컨설턴트인 것처럼 비평적이고 건설적이어야 한다. 새로운 방식으로 약속을 설명하거나 그것을 실행할 수 있는 새로운 혁신을 찾아내도록 하라. 예를 들어, 볼보 어린이용 좌석, 또는 콤팩트카 C30 모델을 시간이 지났을 때 더 큰 차량으로 확장할 수 있는 가능성이 있는가?

1.4 브랜드는 어떻게 혁신을 이끌 수 있는가

브랜딩과 혁신은 서로 긴밀하게 연결되어 있으며 조직의 내외부에서 의미를 갖기 위해 서로가 필요하다. 그러나 어떻게 이 일이 이루어질 수 있을까? 브랜드는 어떻게 혁신을 주도할 수 있을까? 3장에서 혁신을 이끄는 브랜드 구축에 관한 사안을 좀더 실무적인 관점에서 살펴볼 것이다. 이에 앞서 브랜드가 혁신을 주도하려면 무엇이 필요한지 탐구할 것이다.

브랜드가 혁신을 주도하기 위해서는 일정한 특성을 갖추어야 한다. 이 특성에 대해 연구가 거의 이루어지지 않았기 때문에 경험적 자료에 의존해야 한다. 지난 5년간의 사례 연구, 인터뷰, 학생 작업을 통해, 브랜드가 혁신을 주도하기 위해서는 어떤 특성을 갖추어야 하는지에 대해 다음과 같은 인사이트를 갖게 되었다. 이 항목은 브랜드 구축을 위한 콘텐츠, 형태, 프로세스라는 특성으로 나눌 수 있다.

브랜드 콘텐츠

브랜드 콘텐츠는 브랜드가 이야기하는 것으로, 다른 말로 '브랜드 내러티브'라고 불린다. 이것은 브랜드가 무엇에 관한 것인지를 말한다. 예를 들어 BMW의 브랜드 콘텐츠는 운전하는 즐거움에 관한 것이며, 리바이스Levi's의 브랜드 콘텐츠는 미국적 강인함에 관한 것이다. 콘텐츠의 측면에서 혁신을 주도하기 위해서는 아래 사항을 고려해야 한다.

1 | 브랜드에 진정성이 있어야 한다. 독창적이어야 하며 조직의 실제 'DNA'에 가까워야 한다.
2 | 브랜드는 의미 있어야 한다. 이 의미는 고객들이 진정으로 원하거나 필요로 하는 것과 연관되어야 한다.
3 | 브랜드는 이해하기 쉬워야 한다. 단순하고 접근이 쉬워야 하며, 브랜드의 이야기를 이해하는 데 너무 많은 노력이 필요해서는 안 된다.
4 | 브랜드는 영감을 주어야 한다. 흥미롭고 마음을 움직이는 계기가 되며 도전적이어야 한다.

브랜드 주도 혁신에서 브랜드의 이해관계자는 제품과 서비스의 사용자만이 아니다. 매우 중요한, 다른 이해관계자는 매일 그 브랜드와 관련해 일하며 브랜드의 약속을 만족시킬 수 있는 새로운 제안을 만들어내는 사람들이다. 이들은 조직 내 혁신과 관련된 사람들이다. 그들에게도 브랜드는 진정성 있고, 의미 있고, 이해할 만하며, 영감을 주는 것이어야 한다. 3장에서는 이러한 브랜드 특성이 여러 브랜드 이해관계자들에게 무엇을 의미하며, 이러한 특성을 지닌 브랜드를 어떻게 구축하는지에 대해 자세히 살펴볼 것이다.

브랜드 형태

브랜드 형태brand form란 기업 내에서 브랜드가 인식되고 공유되는 방식을 말한다. 브랜드는 특정 단어, 이야기, 영상, 특정 시각적 이미지, 심지어는 사람의 형태로 담아낼 수도 있다. 예를 들어, 미쉐린의 타이어맨 비벤덤Bibendum 또는 영국의 라이프스타일 요리 브랜드이자 그 주인공인 제이미 올리버Jamie Oliver를 생각해보라. 형태적 측면에서 혁신을 주도하기 위해서는 아래 사항을 고려해야 한다.

1 | 브랜드는 여러 층위가 있어야 한다. 표면적으로는 기억하기 쉽도록 짧고 분명한 동시에 내면적으로는 깊고 풍부한 인사이트가 담겨 있어야 한다.
2 | 브랜드는 시각적이어야 한다. 이미지에 담긴 브랜드가 문자로만 이루어진 브랜드보다 더 많은 영감을 주고 다루기도 수월하다.
3 | 브랜드는 실제 데이터와 관련 있어야 한다. 실제로 브랜드와 상호작용하는 사람들이나 실제 연구 결과에서 얻은 이미지나 인용문을 보여주는 브랜드는 추상적이고 현실과 동떨어진 브랜드보다 혁신과 창조를 위한 동기를 더 많이 유발시킨다.
4 | 브랜드는 동적이어야 한다. 브랜드 형태가 시간이 지나면서 새로운 인사이트, 시장, 타깃 그룹, 제품 콘셉트에 맞춰 변화되려면, 정적이고 변경이 힘든 경우보다 동적인 것이 일상생활에 녹아들기에 용이하다.

브랜드 프로세스

브랜드 프로세스란 조직 내에서 브랜드가 누구에 의해 어떤 방법으로 구축되고 소통되며 유지되는가에 대한 것이다. 예를 들어, 유니레버Unilever는 브랜드를 새롭게 하고 실생활과 연결하기 위해 마케터들이 주말 동안 가정에서 지내며 상황을 깊게 이해하는 활동deep-dives을 브랜드 구축 프로세스에 포함시키고 있다. 프로세스 측면에서 봤을 때 혁신을 주도하기 위해서는 아래 사항을 고려해야 한다.

1 | 브랜드는 그 브랜드와 일하는 사람들이 함께 만들어야 한다. 브랜드를 구축하는 것은, 관련된 모든 사람이 각자의 인사이트와 요구들을 넣어 기여할 수 있는, 공유된 과정이어야 한다.
2 | 브랜드는 브랜드와 일하는 사람들 사이에서 공유되어야 한다. 브랜드의 질을 관리하기 위해 브랜드 관리자를 임명하는 것이 현명할 수 있지만, 브랜드는 기업 내 단독의 실체가 소유하는 것이어서는 안 된다.
3 | 브랜드는 조직 내외부의 모든 경험에 기반을 두어야 한다. 브랜드를 구축하는 프로세스가 실제 사람들의 경험과 직결되어 있다면, 그 브랜드는 혁신과 관련된 사람들에게 명성을 얻을 것이다.
4 | 브랜드는 매니지먼트에 의해 지속될 수 있다(인드, 2002). 그 조직의 리더들이 브랜드를 진지하게 여기고 이를 실행에 옮기는 모습을 보여줄 때, 조직 내 다른 사람들도 이를 따를 가능성이 매우 높다.

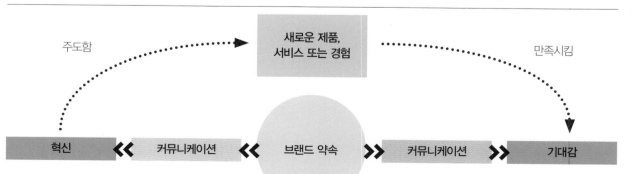

5 기대감과 혁신

브랜드로 소통하는 것은 브랜드에 대한 사용자의 기대감을 일으킨다. 여기에는 신제품과 서비스 개발을 통해 이 기대감을 충족시킬 수 있는 창조적인 팀이 필요하다.

사례 연구: 한국민속촌 Korean Folk Village

사례 연구의 목적

이번 사례 연구에서는 샘파트너스의 브랜드 혁신 사례를 살펴보고자 한다. 2012년에 진행된 한국민속촌 리브랜딩 프로젝트는, 오래되거나 정체된 브랜드가 브랜드 혁신을 통해 어떻게 변화할 수 있는지 보여준다. 브랜드 내부의 관점과 비전을 수렴하여 실체화한 결과물이 소비자에게 전달된 과정을 실무적 관점에서 소개하고자 한다.

브랜드로서의 한국민속촌

한국민속촌은 전통과 민속 소재의 다양한 볼거리를 제공해온 브랜드이다. 그리고 많은 이들에게 고즈넉한 옛 마을의 풍경, 전통 가옥과 민속 생활상을 볼 수 있는 테마파크의 모습으로 기억되면서 오랜 시간 동안 변함없는 정체성과 가치를 유지해온 브랜드이기도 하다.

하지만 한국민속촌의 브랜드가 유지해온 일관된 모습으로는 고객과 새로운 관계를 형성하지 못했다. 인근 지역에 대규모 테마파크가 생겨나고 새로운 여가 콘텐츠들이 등장하면서 한국민속촌을 찾는 방문객은 점차 줄어들었다. 어린 시절에 찾아왔던 민속촌과 몇 년 후에 다시 찾은 민속촌에서 별다른 차이를 느끼지 못하는 고객에게 한국민속촌의 '민속'이라는 테마는 진부한 소재로 인식되었기 때문이다.

이러한 맥락에서 한국민속촌 리브랜딩 프로젝트를 진행하며 다음과 같은 질문을 던졌다.

첫번째 질문은, '전통과 민속의 가치를 새로운 방식으로 전달하거나 확장할 수 있는가'이다. 민속촌을 구성하는 핵심 요소인 자연경관, 전시 가옥, 소품 등의 물리적 자산은 오랜 시간이 지나도 과거와 동일한 모습을 유지해야 한다. 이러한 점에서 브랜드의 핵심 자원을 어떻게 정의하고 해석해야 하는지에 대한 내부적 관점 수립이 필요한 상황이었다.

두번째 질문은, '전통과 민속의 콘텐츠로 대중과 가까워질 수 있는가'이다. 기존 한국민속촌의 주요 방문객은 민속 문화나 자연경관에 관심 있는 50대 이상의 연령층에 집중되어 있었던 반면, 20~30대의 젊은 방문객은 보다 화려하고 활동적인 테마파크를 찾는다는 특징이 있다. 기존의 한국민속촌을 찾는 고객층은 한정되어 있었고, 그 규모 또한 점차 줄어드는 상황에서, 다양한 방문객에게 호기심을 줄 수 있는 전통과 민속 콘텐츠 개발이 필요했다.

한국민속촌의 모습

브랜드의 생명력은 브랜드를 공유하는 소비자의 활력과도 연결되어 있다.
정체된 시기의 한국민속촌 브랜드는, 내부의 적극적인
브랜드 활동을 통해 다양한 방문객에게
호기심을 일으키는 브랜드가 되고자 했다.

한국민속촌의 브랜드 리뉴얼 프로세스

브랜드 리뉴얼 프로젝트를 통해 한국민속촌이 대중에게 호기심과 흥미를 일으키는 브랜드이자 새롭게 해석되고 확장된 경험을 전달하는 브랜드로 변화하기 위해서는, 외부에 전달되는 브랜드의 시각 요소를 개발하기 이전에 내부적으로 브랜드의 핵심 자원과 비전, 브랜드 역할을 새롭게 정의하고 공유하는 과정이 필요했다. 이를 위해 전통과 민속이라는 테마를 바라보는 내부 조직과 외부 고객의 관점이 균형을 이룰 수 있도록 리서치 프로세스를 설계했다.

내부 관점–고객 관점의 균형

한국민속촌 내부 관점에서 브랜드의 핵심 자원을 도출하고 비전 요소를 발굴하고자 이해관계자 인터뷰와 설문조사, 워크숍을 진행했다.
다양한 소재와 경험 요소를 복합적으로 제공하는 다른 문화 공간이나 오락 공간에 비해 한국민속촌은 시간이 지나도 새롭게 변화하거나 창조될 여지가 제한적이었다. 하지만 내부 관계자들은 한국민속촌이 민속 콘텐츠를 토대로 한 체험형 테마파크, 옛것과 새로운 것이 조화를 이루는 융합형 전통문화 공간이 되기를 기대하고 있었다.

고객 관점 리서치는 테마파크를 방문하는 다양한 고객을 관찰하고 인터뷰하며, 테마 공간과 콘텐츠에 따라 방문객의 니즈가 어떤 차이를 보이는지 파악하는 과정이었다. 테마파크를 방문하는 일반 고객들은 브랜드가 설계해놓은 일관된 경험인 건물의 양식과 공간의 분위기, 내부에서 일어나는 이벤트와 콘텐츠 등을 기대하고 있었다. 하지만 한국민속촌에서는 자연환경과 건물이라는 물리적 공간 콘텐츠를 제외하고는 경험적 콘텐츠가 부재한 것으로 나타났다. 그러므로 일상 속의 특별한 경험을 기대한 방문객은 민속촌에 입장한 지 얼마 되지 않아 지루함을 느꼈고, 대부분의 관람 콘텐츠를 그냥 지나치거나 짧은 시간 안에 퇴장하기도 했다.

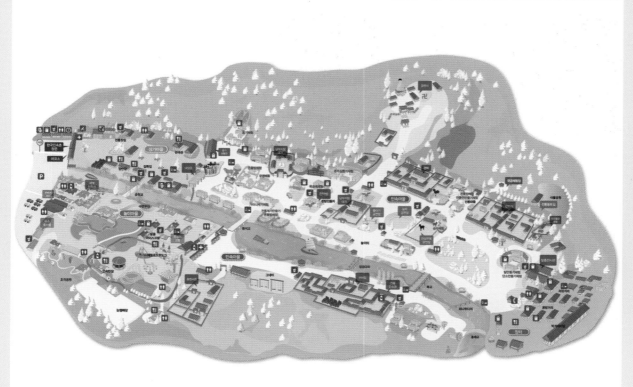

한국민속촌

경기도 용인시 약 30만 평의 대지에 자리한 한국민속촌은 배산임수의 지리적 특징을 토대로 한 자연 촌락의 모습에 가깝다. 조선 후기의 건축 양식을 보여주는 관아와 사찰 등 공공 건축물, 지역에 따라 형태와 재료에 차이를 보이는 서민 가옥이 다수 재현되어 있다. 또한 다양한 민속 공예품을 구입하거나 체험할 수 있는 박물관 시설, 시장, 저잣거리 등이 있다.

고객 경험 리서치

한국민속촌의 고객 경험 파악을 위해 청소년, 성인 남녀, 가족 단위 방문객, 단체 관광객, 외국인 관광객 등 약 10여 개의 그룹을 선정해 이들에 대한 섀도잉 리서치를 진행했다. 방문객 섀도잉 리서치에서 발견된 주요 특징 (동선, 체류 시간, 인터랙션, 감정 변화 등)을 실시간으로 기록하고 소비자 여정 지도로 시각화했다.

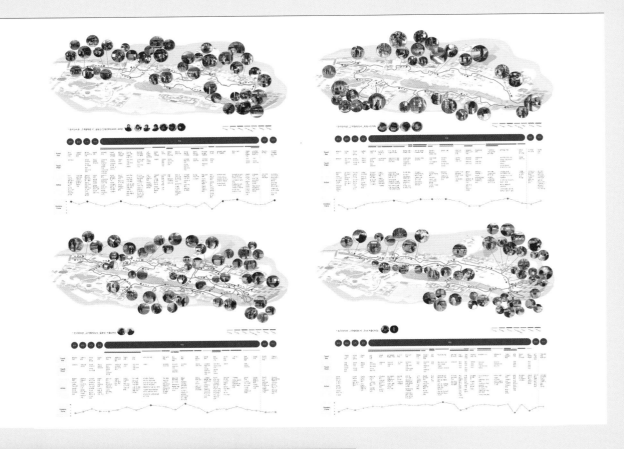

내부 이해관계자 워크숍

이해관계자 워크숍은 한국민속촌의 임원진과 실무 부서, 고객 대면 직원이 함께 참여하였으며, 내부 조직의 브랜드 핵심 가치와 비전을 수렴하는 과정이었다.

전통과 민속을 재해석한 '익살과 해학'을 콘셉트로 하여
한국민속촌의 브랜드 요소와 접점을 설계하고자 했다.

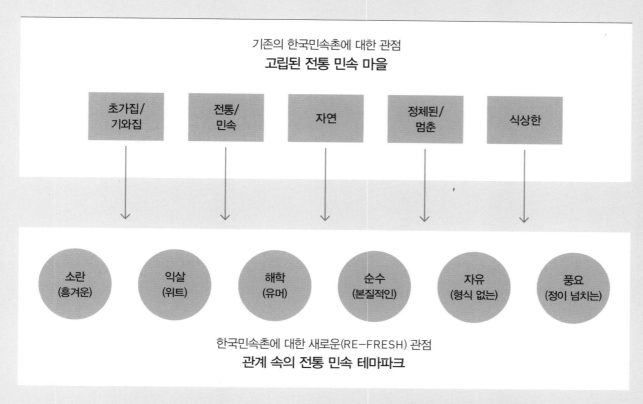

한국민속촌의 새로운
브랜드 콘셉트

서비스 디자인과 브랜드
전략을 결합한 한국민속촌의
콘셉트는, 전통의 '재해석과
재창조'이다. 고정된 형태의
전통이 아닌, 살아 움직이고
체험하며 그곳에서 다시
이야기를 만들어내는
리얼테인먼트 파크
(Realtainment Park: 'Real'
과 'Entertainment'의
합성어로, 실제로 체험하는
공원)의 모습을 그려냈다.

브랜드의 경험 전략

브랜드 내부 조직과 외부 고객 리서치를 통해 한국민속촌의
브랜드 리뉴얼 프로젝트에서 브랜드의 새로운 정체성이 어떤
속성을 지녀야 하는지 파악한 뒤, 그 근거와 니즈를 통해 우
리가 해결해야 할 문제점과 기회 요소를 구체화하는 전략화
과정이 이어졌다.

브랜드 내부 조직과 외부 고객, 서비스 디자이너가 참여하는
코크리에이션 워크숍co-creation workshop은 한국민속촌의 새
로운 브랜드가 전달해야 할 고객 경험을 구체화하는 주요 계
기가 되었다. 워크숍의 고객 참가자들은 멈춰 있는 볼거리와
콘텐츠가 아닌, '살아 움직이는 옛 마을'의 모습, 즉흥적이고
우연한 이벤트가 일어나는 민속촌의 경험을 기대했다. 이는
브랜드 내부 조직의 오랜 고민이기도 한 체험형 테마파크의
모습으로, 다양한 콘텐츠를 융합한 전통문화 공간의 모습과
도 연결되는 개념이었다.

코크리에이션 워크숍을 통해 도출한, 브랜드 내외부에서 기
대하는 고객 경험 개선 방향을 정교화하기 위해 브랜드와 경
험을 아우르는 하나의 명확한 기준이 필요했다. 샘파트너스

와 한국민속촌은 새로운 브랜드 경험을 전달하는 방식으로,
전통과 민속을 재해석한 '익살과 해학'을 콘셉트로 하여 한국
민속촌의 브랜드 요소와 접점을 설계하고자 했다.

새로운 브랜드 터치포인트 디자인

리서치로 도출해낸 브랜드 경험 니즈와 이미지를 토대로 샘파
트너스는 한국민속촌의 시각적 정체성과 접점에 대한 디자인
개발을 진행했다. 새로 개발된 한국민속촌 브랜드의 시각적
아이덴티티는 기존의 단일 로고에 비해 확장된 구성 요소(심
벌, 타이포그래피, 컬러, 패션, 그래픽 요소)들로 이뤄진 것이 특
징이다. 특히 정적이고 무게감이 느껴졌던 기존의 로고와 달
리, 과거와 현재를 연결하는 역할로서 대관문을 모티프로 사
용하고, 보다 다양한 활동과 재해석된 전통을 연상시키는 그
래픽 요소 및 색상을 활용했다.

또한 고정된 전시 콘텐츠의 한계를 극복하기 위해 민속촌의
스토리와 연결되는 12종의 캐릭터를 개발했다. 이들 캐릭터
는 다양한 고객 연령대의 눈높이에 맞추어 제작했고, 민속촌
의 이야기를 유쾌한 모습으로 전달하는 역할을 수행한다.

이러한 브랜드 요소는 민속촌을 방문하는 고객이 일관된 경험, 즉 '살아 있는 옛 마을'과 같은 몰입감을 느낄 수 있도록, 내부에서 판매하는 식음료와 전통 상품, 공간 사이니지 시스템 등에도 적용되었다.

전통을 새롭게Re-tradition 시작하는 한국민속촌

이 사례를 통해 이야기하고자 하는 브랜드와 혁신의 결과는 실제로 브랜드를 운영하고 관리하는 내부 조직의 변화에서 찾아볼 수 있다. 내부 조직의 콘텐츠에 대한 인식, 공감과 변화로, 프로젝트 이후 한국민속촌은 기존 공간 자원을 활용하는 새로운 방식을 만들어냈다.

첫번째, 민속촌을 무대로 다양한 연기자actor를 두어 매 순간 새로운 이야기를 만들어내고 있다. 포졸 연기자, 농부 연기자, 거지 연기자 등 각자 역할을 부여받은 연기자들이 계절과 시간에 따라, 방문객의 모습과 반응에 따라 전혀 다른 사건, 전혀 다른 마을의 광경을 보여준다. 민속촌이라는 넓은 무대 위의 방문객은 공간의 일부가 되기도 하고 주체가 되기도 하며, 같은 공간이지만 매번 다른 경험을 하는 시간 여행자가 된다.

두번째, 민속촌이라는 테마 공간에 맞는 다양한 참여 이벤트를 기획했다. 여름밤에 열리는 공포 체험 프로그램이나, 단체 술래잡기, 사극 체험과 같은 이벤트는 다른 곳에서는 경험할 수 없는 민속촌만의 특화 콘텐츠로 자리잡게 되었다. 그후로 브랜드를 관리하는 내부 조직은 더 재미있는 프로그램을 제공하기 위해 다양한 아이디어와 운영 방안을 고민하고 있다. 이는 민속 마을이라는 장소성, 브랜드 정체성을 '관람'이 아닌 '경험'으로 전달하고자 한다는 점에서 의미가 있다.

이러한 혁신을 통해, 한국민속촌은 특정 연령층에 의존하지 않고 모든 연령이 찾는 테마파크가 되었고 방문자 규모가 증가했다. 무엇보다도 짧은 시기에 다시 찾는 재방문율도 크게 늘었다.

새롭게 개발한 브랜드
로고와 캐릭터

새로운 브랜드가 적용된 한국민속촌은 활발한 소통과 변화를 주도하는
대표적인 테마파크 브랜드로 변화하고 있다.

새로운 경험을
제공하는 한국민속촌

변화한 한국민속촌은 계절과
시간에 따라 다양한 체험
프로그램과 이벤트를
제공하고 있다. 인기가 많은
프로그램의 입장권은
순식간에 매진되며,
소셜미디어를 통해
한국민속촌에서의 생생한
경험담이 대중에게 전달되고
있다.

1.5 혁신은 어떻게 브랜드 약속을 실행할 수 있는가

1.4에서는 브랜드가 콘텐츠, 형태, 프로세스의 어떤 특징을 실행한다는 점을 감안할 때 어떻게 혁신을 주도할 수 있는지 살펴보았다. 그렇다면 브랜드 약속을 이행하기 위해 혁신에 무엇이 필요한가? 이 질문에 대해서는 4장에서 실무적인 관점으로 매우 자세히 설명할 것이다. 이번 장은 그에 대한 답을 만들기 위한 시작이다.

혁신이 브랜드 약속을 이행하려면 연속적인 사건의 일부가 되어야 한다. 우선 브랜드 약속은 1.4에 언급된 특성을 모두 충족시켜야만 한다. 그다음 내외부적으로 모두 소통되어야 한다. 내부적으로는 혁신의 과정을 위한 움직임을 일으켜야 하며, 외부적으로는 기대감을 유발시켜야 한다. 내부적으로 이 과정은 시장에서 적용할 수 있는 혁신을 이끌어내고, 모든 것이 잘 진행된다면 이 혁신은 외부적 기대감을 충족시킨다(37쪽 도표 5 참조).

이는 우리가 여기서 다루고 있는 혁신이라는 것이 다음 두 측면에서 노력하는 데 목표가 있다는 것을 의미한다. 브랜드 약속을 유발하는 요인들에 부응할 수 있어야 하며, 또한 브랜드 약속에 의해 사용자의 마음에 형성된 기대감을 충족시키거나 넘어서야만 한다. 혁신이 브랜드에 부응하기 위해서는 조직 내에서 브랜딩이 마케팅 커뮤니케이션 활동만이 아님을 분명히 해야 한다. 기업의 소위 '마콤Marcom(마케팅·커뮤니케이션)'은 다양한 매체를 통해 타깃 고객에게 브랜드 약속을 공유하는 것과 관련이 있다. 그러나 앞에서 다루었듯이 그것은 동전의 한 면일 뿐이다. 브랜드 약속을 이행하기 위한 나머지 한 면은 혁신에 대한 책임감이다. 이 점은 조직 내부의 혁신 능력에서 인식해야만 하는 내용이다. 혁신의 과제는 성장 기회를 무작위로 도입하는 것이 아니라, 오히려 브랜드 비전을 지침으로 삼고 사용자의 기대를 목표로 하여 기회를 만들어내는 것이다. 혁신가의 입장에서는 더욱 통찰력 있고 영감을 주는 마음가짐이 필요하다. 사실 혁신을 위해서는 좌뇌형, 기술 주도적, 기회주의적인 사람보다는 우뇌형, 인간 중심적, 창의적인 혁신 조직원이 필요하다. 로저 마틴Roger Martin이 『생각이 차이를 만든다The Opposable Mind』(2009)에서 언급했듯이, 이러한 특징은 아직은 새롭지만 앞으로는 혁신 리더에게 필수적인 자질이다.

혁신이 브랜드 약속에 의해 형성된 사용자의 기대를 만족시키기 위해서는 혁신이 제품의 영역에 제한되어 있다는 사고로부터 자유로워져야 한다. 파인Pine과 길모어Gilmour가 『체험의 경제학The Experience Economy』에서 말했듯이, 우리는 수많은 경제적 가치가 서비스와 경험을 통해 창조되는 시대에 살고 있다(45쪽 도표 6 참조). 예를 들어, BMW와 같이 여전히 제품이 조직의 핵심 사업을 구성하고 있는 곳에서도 제품은 그것을 둘러싼 서비스와 경험에서 따로 떼어놓고 볼 수 없다. BMW의 경우 임대, 차량 유지 및 보험 서비스를 담당하는 대리점과 뮌헨에 위치한 BMW 박물관을 생각해보면 된다.

이는 혁신을 통해 브랜드 약속을 실행하고자 할 때, 혁신이 매우 통합적인 분야임을 의미한다. 혁신은 획기적인 기술 발전을 통한 해결 방안 개발과 인간 중심 서비스를 연계시켜 이들을 의미 있는 경험 속에 내재화해야 한다. 이러한 종류의 혁신을 '가치 혁신'(김Kim과 모보르뉴Mauborgne, 1997)이라고 부른다. 이것은 그 자체로 조직의 혁신과 마케팅팀 앞에 엄청난 도전이며, 이전과는 달리 화합을 요구한다. 그러나 무엇보다도 가장 큰 도전은 제품, 서비스, 브랜드 경험이 같은 이야기를 해야 한다는 것이다. 이는 독립적으로는 각각의 특별한 방식으로 브랜드의 약속을 이행하지만, 조직의 진정성을 담은 조화로운 완전체를 형성하며, 사용자들에게 인정받으면서 그들의 삶에 가치를 더한다.

이는 혁신을 통해 브랜드 약속을 이행하고자 할 때 혁신이
매우 통합적인 분야임을 의미한다. 혁신은 획기적인 기술 발전을 통한
해결 방안 개발과 인간 중심 서비스를 결합하여 의미 있는 경험으로
여겨져야 한다.

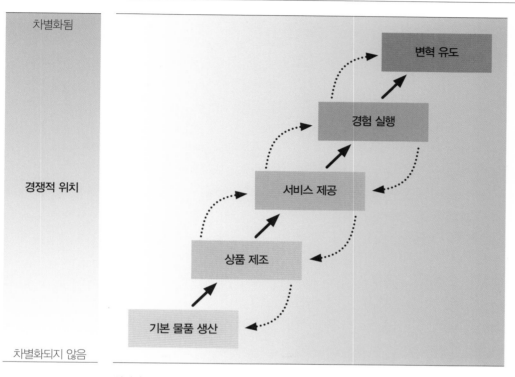

6   경제적 가치의 진보

브랜드의 약속을
실행하기 위해 혁신할 때
제품 혁신만을 생각하는
것으로는 충분하지 않다.
파인과 길모어는
『체험의 경제학』에서
가치 창조의 여러 단계를
구분하고 있다. 범위는
기본 물품 생산, 상품
제조, 서비스 제공, 경험
실행에서 변혁 유도에
이른다. 이 모든 단계는
사용자들이 브랜드에
대해 기대하는 바를
충족시키는 역할을 한다.

생각해보기:
혁신이 브랜드 약속을
실행하는 방식

목적

지금까지 일상생활에서 제품과 서비스를 통해
혁신이 브랜드 약속을 실현하는 방법에 대해
학습한 것을 비평적으로 생각해본다.

1

혁신이 브랜드 약속을 어떻게 실행하고 있는지
알아보는 가장 좋은 방법은, 당신이 일상 속에서
이동할 때 생각해보는 것이다. 여행을 하거나,
한 도시를 방문하거나, 쇼핑을 많이 하는 날을
하루 고른다. 공책을 들고 다니며 마주치게 되는,
혁신이 이루어진 제품이나 서비스를 기록하자.
대중교통, 가게의 물건 등에 대해 생각해보자.

2

이 상품과 서비스가 속해 있는 브랜드에 어떻게
연결되어 있는지 적어본다면 도움이 될 것이다.
연결되어 있는가? 그 상품과 서비스는 브랜드의
약속을 실행하는가? 당신이라면 어떤 다른
방식으로 했을 것이라고 생각하는가?

1.6 결론:
혁신과 브랜딩의 공생 관계

우리는 이번 장에서 브랜드 주도 혁신의 맥락에서 브랜딩과 혁신의 의미를 탐구해보았고, 이 두 요소가 서로에게 어떻게 영향을 미치고 서로를 필요로 하는지 살펴보았다. 사례 연구와 전문가 대담을 통해 브랜딩과 혁신이 어떻게 함께 작용하여 의미와 가치를 창출하는지 자세히 살펴볼 수 있었다.

브랜딩은 마케팅 커뮤니케이션에 국한된 것이 아니다. 조직이 이해관계자들과 맺고 싶어하는 관계로 이르게 하는 비전을 개발하는 것이다. 브랜딩은 사용자들이 열망하는 인사이트와 이를 만족시키기 위한 조직의 역할에 대한 인사이트를 결합하여 강력한 브랜드 약속을 창조해내는 것이다. 우리는 이미 콘텐츠, 형태, 프로세스 안에서 특징들을 갖기 위해 브랜드의 연결 기능에 브랜드 약속이 필요하다는 것을 배웠다.

혁신은 수많은 요인들에 의해 주도될 수 있으며, 어떤 것들은 내부적이고 어떤 것들은 외부적이다. 혁신이 브랜드 약속을 실행하기 위해서는 외부의 혁신 드라이버를 내재화하고, 내부의 혁신 드라이버는 외부화해야 함을 알게 되었다. 그리고 외부적 변화에 대한 반작용으로 발생하는 혁신보다는 조직이 먼저 가치 창출의 기회를 적극적으로 찾아 나서야 한다. 더 나아가 우리는 혁신이 기술적 측면에만 국한된 것이 아님을 배웠다. 근본적으로 혁신은 새로운 제품, 서비스, 경험을 통해 가치를 전달하는 것이다. 이는 조직 안에서 혁신 기능에 대해높은 기대를 갖게 하고, 창조적이고 통합적이며 인간 중심적인 혁신 리더십을 필요로 하게 만든다.

그러나 이번 장에서 가장 중요한 발견은 브랜딩과 혁신의 공생에 관해 더 잘 이해할 수 있게 되었다는 것이다. 브랜딩과 혁신은 서로를 필요로 하며 상호 의존적이다(폰 슈탐von Stamm, 2003). 브랜드 커뮤니케이션은 가치를 약속할 뿐 전하지는 않는다. 브랜드가 약속을 실행하고 가치를 전달하기 위해서는 혁신이 필요하다. 반면 비전 없는 혁신은 혁신 자체를 위한 혁신일 뿐이다. 혁신이 조직의 능력과 신념을 사용자가 바라고 필요로 하는 것들과 연결시키기 위해서는 이를 이끌어주는 브랜드가 필요하다.

7 혁신−브랜딩 고리

혁신과 브랜딩은 지속적인 시너지로 서로를 필요로 하며, 서로에게서 가치를 도출하고 서로에게 힘을 준다. 혁신과 브랜딩은 상호 공생의 영원한 고리로 묶여 있다.

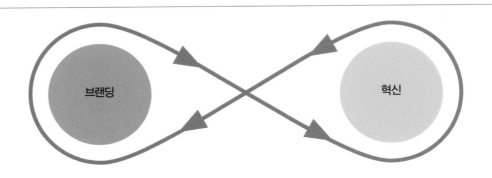

1장의 주요 인사이트 요약

1	브랜딩과 혁신은 긴밀히 연결되어 있다.
2	브랜드는 조직과 사용자의 관계, 마케팅과 혁신 사이의 관계를 형성한다.
3	브랜딩에서 핵심은 브랜드 약속이다. 브랜드 약속은 한편으로는 기업이 가치 있게 여기고 실행할 수 있는 것에 대한 인사이트에 기초한다. 다른 한편으로는 사용자들이 가치 있게 여기고 열망하는 것에 대한 인사이트에 기초한다.
4	브랜딩에서 브랜드 약속을 만드는 것은 마케팅 커뮤니케이션이지만, 그 약속을 실행하는 것은 혁신이다.
5	혁신을 추진하는 드라이버로서 적합한 브랜드는 콘텐츠, 형태, 프로세스 측면의 특성들을 충족한다.
6	혁신의 목적은 가치를 창조하는 기회를 찾는 것이다.
7	혁신을 위해 조직의 역량을 활용하고, 이 역량을 사용자를 위한 가치로 변환시켜야 한다.
8	혁신은 내부와 외부 드라이버에 의해 유발될 수 있다.
9	외부적 드라이버는 반드시 내재화시켜야 하며, 내부적 드라이버는 외부의 관점에서 접근해야 한다.
10	브랜드 약속을 실행하려면 적극적인 혁신이 뒤따라야 한다.
11	혁신은 프로세스, 제품, 서비스, 또는 경험에 초점을 맞출 수 있다. 때로는 이 요소들을 조합함으로써 최고의 결과가 나온다.
12	브랜드 약속을 실행하는 혁신은 특별한 조직과 인적 조건을 필요로 한다.
13	브랜딩과 혁신은 조직과 사용자를 위한 가치를 만들어내기 위해 서로가 필요하다.

CHAPTER 2
브랜딩과 혁신이 디자인과 연결되는 방법

How branding and innovation
are connected to design

디자인은 전략을 수행하는 데 필수적인 역할을 하며,
이는 영감을 주는 브랜드와 의미 있는 혁신을 통해
이루어진다. 이번 장에서는 이 책의 기초가 된
혁신-브랜딩-디자인의 삼각 구조를 완성하면서
왜 혁신과 브랜딩에 디자인이 필요한지 살펴볼 것이다.

1장에서는 브랜딩과 혁신이 서로 필요함을
확인했다. 이번 장에서는 브랜딩과 혁신의 맥
락에서 디자인과 디자인 매니지먼트의 역할
을 살펴볼 것이다. 또한 기업 전략에서 디자
인의 역할을 살펴보고, 디자인 분야 전문가
들의 대담을 통해 디자인 전략을 구축하고
콘셉트를 실행하는 것, 디자인 사고와 디자
인 리서치에 대해 깊이 있게 다루고자 한다.

2.1 전략 수립과 실행에서 디자인의 역할

비전과 실행 연계

브랜드 주도 혁신은 강력한 비전을 갖는 것이 현대 기업에 필수적이라고 규정한다. 강력한 비전은 기업을 같은 카테고리 내에서 차별화하고, 이미 포화된 시장에서 기업의 상품에 독자적인 의미를 부여할 것이다. 이를 위해 기업은 반드시 비전을 잘 정의된 전략으로 변화시켜야 한다. 이 전략은 명확한 초점을 주어 기업의 꿈과 포부를 구체적인 계획으로 발전시키고, 자원을 기술적으로 감독할 수 있게 도와줄 것이다. 그런데 실행이 수반되지 않으면 비전과 전략은 둘 다 무용지물이 된다. 하지만 전략을 효과적으로 실행하는 것이 전략 수립보다 더욱 어렵다(레비니악Hrebiniak, 2005).

실행은 계획에 따라 행동하고 과업을 완수하며 꿈을 실현시키는 것으로, 21세기의 기업들이 직면한 주요 도전 과제이다. 이를 성공적으로 실행하게 하는 요인들은 다양하다. 좋은 비즈니스 전략과 고객 만족 사이에는 불확실성이 존재한다. 이 제품이 예상대로 작동할까? 이 서비스가 가능할까? 우리 판매 사원들이 제품의 장점을 명확하게 설명할 수 있을까? 사용자들이 그 설명을 이해할까? 우리 제조 시설이 수요를 충당할 수 있을까? 어떻게 품질을 안정적으로 유지할 수 있을까? 제시간에 제품을 시장에 내놓을 수 있을까? 이런 질문들은 전략을 실행하려 할 때 받게 되는 여러 질문들 중 일부일 뿐이다.

전략을 실행할 때 디자인이 기여하는 바는 종종 간과된다. 이는 '디자인'이라는 단어에 복합적인 의미가 있기 때문이다. 계획을 실행하는 데 있어 조금 더 '멋지게' 만드는 것이 꼭 필요해 보이지는 않는다. 그러나 16쪽에서 디자인에 대한 논의를 다루며 파악했듯이, 좀더 멋지게 만드는 것만이 디자인의 역할은 아니다. 오히려 디자인은 전략을 실행할 때 매우 중요한 역할을 담당할 수 있다. 지금부터 그 이유를 살펴보도록 하자.

1 | 디자인은 업무들이 통합적인 방식으로 완성될 수 있게 한다. 디자인은 본질상 한 목표를 위해 협력해야 하지만 조직적으로 분리되어 있는 분야를 연결해주는 역할을 한다. 사일로silos는 디자인 매니지먼트의 맥락에서 쓰이는 용어로, 경영 시스템과 관련해 또다른 시스템과 상호 교류할 수 없는 시스템을 일컫는다. 신제품을 개발할 때를 예로 든다면, 모든 노력이 통합적으로 좋은 성과에 도달하도록 디자이너들은 R&D, 마케팅, 제조, 영업 팀과 함께 일해야 한다. 디자이너들은 이처럼 다른 이해관계자들의 다양한 관심을 하나로 통합시키는 전문가들이다. 그들의 핵심 기술은 이러한 차이점을 종합하여 '잘 작동되고, 쉽게 제조할 수 있으며, 외관이 멋지고 사용하기 쉬워 시장에서 명확한 위치를 차지할 뿐 아니라 높은 수익을 낼 수 있는' 통합적인 해결책을 만드는 것이다. 한 마디로 디자인은 각 부서 간 협업의 한계를 넘어 분리된 것을 하나로 연결해준다(51쪽 도표 1 참조).

2 │ 디자인은 추상적인 아이디어를 구체적인 해결책으로 바꿀 수 있다. 디자인은 추상적인 것을 구체적인 것으로 바꾸는 본질을 가지고 있으며, 아이디어를 현실화하고 비전을 실현한다. 디자인은 언제나 문제, 비전, 아이디어 또는 직감에서 시작된다. 그후 창작 과정의 반복을 통해 형태를 지닌 구체적인 해결책을 만들어낸다. 목수나 화가, 기업가도 이와 비슷한 방식으로 작업한다고 할 수 있으므로 이 과정이 디자인만의 독특한 특성이라고 할 수는 없지만, 어느 정도 디자인이 구조적이면서도 신뢰할 만한 방법으로 이 방식을 적용하는 것은 사실 사업의 맥락에서는 매우 독특한 것이다.

그러므로 디자인은 초기 비전을 실현하고 계획을 현실화하는 데 매우 중요한 역할을 한다. 이 결정적인 역할을 고려할 때 디자인은 브랜드 주도 혁신에 필수적인 요소이다. 이로써 '프로세스로 역할하는 디자인'은 전략적 활동이 된다. 즉 무언가를 디자인한다는 것은 기본적으로 전략을 실행하는 것이 된다. 디자인 프로세스에 대한 이 같은 이해를 통해 '기술로 역할하는 디자인'도 전략적 자원이 된다. 즉 기업의 디자인 역량은 중요한 자산이다. 그러므로 디자인을 전략적으로 다루는 것은 합당하다. 이러한 사실에도 불구하고 사람들이 '디자인 전략'을 말할 때 무슨 말을 하는지 이해하기란 쉽지 않다. 이 문제에 대해서는 5장에서 더 자세히 다룰 것이다.

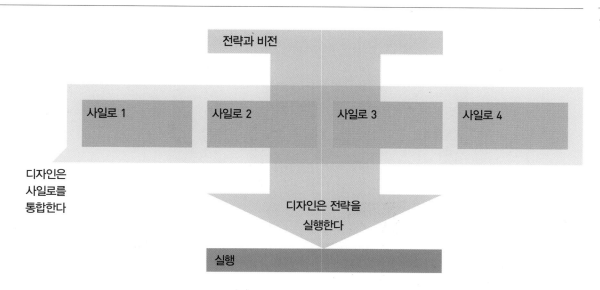

1 디자인의
두 가지 기능

이 도표는 디자인이 어떻게 전략을 실행하고, 사일로들을 통합하는지 보여준다.

사례 연구: 팻보이 ^{Fatboy}

fatboy® the original

목적

이번 사례 연구에서는 디자인과 전략이 어떻게 서로 연결되어 있는지 배우는 기회가 될 것이다. 이번 사례 연구를 통해 디자인이 어떻게 전략을 탐색, 수립하는지, 또한 전략이 어떻게 디자인 방향성을 이끌어가는지 이해할 수 있을 것이다.

팻보이

팻보이는 네덜란드의 라이프스타일 기업으로, 주력 상품인 '오리지널the original'을 바탕으로 세계적인 유명 브랜드가 되었다. '오리지널'은 리디자인된 빈백beanbag 소파로 부드러운 촉감의 밝은 색상 직물에 마리메꼬Marimekko의 대담한 프린트가 그려져 있으며, 전 세계적으로 70만 개가 팔렸다. 팻보이는 2003년 네덜란드 기업가인 알렉스 버그먼Alex Bergman이 설립했으며, 60명의 직원이 네덜란드 덴 보시Den Bosch에 새로 지은 공장과 스튜디오에서 근무하고 있다.

도전

기업이 단 하나의 제품에만 의존하여 성공하는 것은 위험하다. 하지만 팻보이는 천천히, 그리고 꾸준히 새로운 영역을 탐색해나갔다. 원예 제품, 가방, 반려동물용품이 팻보이의 제품군에 지속적으로 추가되었다. 전 세계적인 유통망을 기반으로 유명 브랜드로 성장한 팻보이는, 브랜드의 즉흥성과 직관력을 잃지 않으면서도 미래를 위한 전략적 도전을 감행해야 하는 시기를 맞이한 것이다. 그들이 정한 프로젝트의 핵심 질문은 '우리가 특정 제품 범주나 시장, 첨단 기술이나 제조 기술에 속하지 않는 라이프스타일 브랜드라는 점을 고려했을 때, 지금으로부터 5년 후 우리는 어디에 있을까? 우리의 브랜드는 우리를 어디로 데려갈까?'였다.

팻보이를 위한 전략

팻보이를 위한 전략을 세우는 과정은 기업의 크리에이티브팀과 함께 진행한 내부 디자인 리서치 세션과, 회사 외부에서 진행한 www.7daysinmylife.com의 맥락적 설문 조사 세션, 사용자와 함께한 가정방문(115쪽), 크리에이티브팀과의 심화 세션으로 구성되었다.

explorative creative sessions
soaking up the company's past, culture, ambitions and vision

house visits
get a deeper understanding of how the participants lived and used their Fatboy products

전 세계적인 유통망을 기반으로 유명 브랜드로 성장한 팻보이는
브랜드의 즉흥성과 직관력을 잃지 않으면서도
미래를 위한 전략적 도전을 감행해야 하는 시기를 맞이한 것이다.

프로세스

팻보이는 그들의 미래를 탐색하기 위해 네덜란드의 크리에이티브 컨설턴시인 질버Zilver를 고용했다. 질버는 팻보이의 현재 신념과 가치에 적합하면서 기업의 직관적이며 창의적인 비즈니스 방식에도 적합한 리서치와 전략 개발 프로젝트를 시작했다. 초기 회의에서 클라이언트와 컨설턴시는 팻보이에 필요한 전략은 엄격하고 이성적인 좌뇌적 분석을 통해서는 찾을 수 없다는 결론을 내렸다. 팻보이를 위한 전략은 좀더 직관적이어야 했고, 사용자 인사이트와 브랜드 요소에 대해 디자인 주도적 탐색이 필요했다.

전략 개발 프로세스는 다음의 절차로 이루어졌다.

1 │ 탐색적 크리에이티브 세션을 여러 번 거쳐 팻보이의 과거, 문화, 열정, 비전을 파악했다. 질버가 진행한 팻보이 관련 세션은 단순한 인터뷰만으로 이루어지지 않았으며, 이미지 작업과 콜라주가 언제나 포함되었다.

2 │ 진행된 세션을 바탕으로 사용자 인사이트 리서치 프로젝트를 진행했다. 사용자들은 일주일 동안 온라인 공간인 www.7daysinmylife.com에 자신의 생활을 이미지와 텍스트 형식의 일기로 기록하고 관리했다(115쪽 참고).

3 │ 사용자의 일기에서 얻은 결과를 가정방문 리서치 준비에 이용했다. 가정방문은 참가자들이 어떻게 생활하는지, 팻보이 제품을 어떻게 사용하고 있는지 깊이 있게 알아보기 위한 것으로, 이를 통해 비디오, 사진, 인터뷰 내용, 녹음 자료 등 방대한 양의 데이터를 확보했다.

4 │ 여러 번 데이터를 통합하는 세션에서 질버는 도출해낸 결과를 팻보이와 공유했고, 이 세션을 통해 다양한 팻보이 사용자의 맥락, 그들의 생활 속에서 팻보이 제품이 나타내는 의미, 사용자들의 열정과 꿈에 대한 인사이트들을 도출할 수 있었다.

5 │ 질버는 이러한 발견과 회사 내부에서 모은 인사이트를 결합해 브랜드 비전을 개발하고, 몇 가지 가능한 전략 방향을 회사에 제안했다. 최종 인사이트는 40명이 함께한 크리에이티브 세션에서 인터내셔널 팻보이와 공유되었고, 팻보이의 궁극적인 브랜드 경험을 구축하는 것에 초점을 두었다.

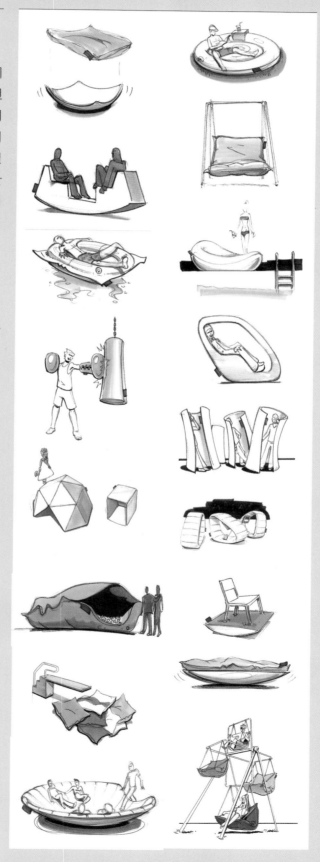

팻보이의 미래 콘셉트

사용자와 브랜드 리서치를 통해 얻은 인사이트를 바탕으로 디자이너들은 미래의 잠재적 제품 방향에 대한 콘셉트 스케치를 진행해보았다.
왼쪽 스케치들은 이후 이어진 토론과 디자인 탐색을 위한 바탕이 되었다.
(로이 길싱Roy Gilsing의 스케치)

프로젝트의 결과가 매우 다양하고 많은 의미를 담고 있었기 때문에
보고서 하나에 압축해 담을 수 없었다. 결과를 담아내기 위해
좀더 손에 잡히고 영감을 자극할 수 있는 방법을 선택해야 했다.

결과

프로젝트의 결과는 그 과정에서 발견한 모든 인사이트, 방향, 아이디어, 생각 등을 상자 안에 채워넣는 방식으로 정리했다. 컨설턴트들은 이 풍성한 정보를 보고서 하나로 압축하지 않기로 결정했다. 그들은 프로젝트의 결과가 매우 다양하고 많은 의미를 담고 있었기 때문에, 결과를 담아내기 위해 좀더 손에 잡히고 영감을 자극할 수 있는 방법을 선택해야 한다고 생각했다.

상자 안에 담긴 내용물들은 다음과 같다.

- 6개월간의 프로젝트 과정을 담은 사진첩. 이 사진첩은 프로세스의 여러 단계를 설명하고, 다양한 회의중에 촬영한 사진들은 각 과정을 보여주었다.

- www.7daysinmylife.com에서 진행된 사용자 인사이트 온라인 리서치 결과와 가정방문 동안 촬영한 사진들 및 그들의 의견을 실은 소책자.

- 델프트 블루Delft Blue 타일. 이 타일에는 프로젝트에서 공유되며 참가자들을 웃거나 한숨짓게 하고, 때로는 기록하게 했던 다양한 결과를 나타내는 짧은 글이나 격언을 적었다.

- 인사이트 부채insight fan. 프로세스 동안 발견한 팻보이의 사용자, 팻보이의 기업가적 비전, 가능성 있는 시장들에 관한 모든 인사이트를 설명하는 삼각형 모양의 카드 세트.

미래 브랜드 인터랙션 게임

컨설턴트는 디자인 리서치 프로젝트의 결과물로 팻보이의 크리에이티브팀이 즐기거나 활용할 수 있는 보드게임을 내놓았다(우측 사진). 이 게임은 사용자, 시장, 브랜드 비전과 관련한 다양한 리서치 인사이트가 성공적인 미래를 위한 인터랙션 콘셉트로 이어질 수 있도록 유용하게 디자인되었다.

- 미래 브랜드 인터랙션FBI, Future Brand Interaction 게임 보드. 이 게임 보드에는 세 영역, 두 개의 동심원이 그려져 있다. 먼저 인사이트 부채 카드를 바깥쪽 원 각각의 구역에 놓는다. 그후 두 인사이트 카드의 가능한 조합에 대해 브레인스토밍하며 안쪽 원을 채워넣는다. 그리고 이 조합을 통합하여 최종 아이디어를 다시 브레인스토밍한다. 이 게임은 다양한 브랜드, 사용자, 비즈니스 기준을 바탕으로 어떻게 아이디어를 평가할 수 있는지 파악하는 과정을 돕는다. 또한 게임을 하는 사람들이 아이디어를 계획하고, 이것을 전략적 방향, 제품과 서비스 아이디어, 그리고 마케팅 아이디어로 발전시킬 수 있도록 도와준다.

- 디자이너 로이 길싱이 FBI 게임에서 만든 콘셉트 스케치를 담은 스케치북. 길싱은 이 게임을 하면서 발견한 전략 방향에 대한 설명을 바탕으로 작업을 시작했다. 이 스케치들은 부채 카드에서 어떻게 인사이트를 결합하여 기업 발전을 위해 구체적인 새 방안을 만들 수 있는지 보여준다.

알렉스 버그먼은 다음과 같이 설명한다. "이 프로젝트를 통해 알게 된 점은, 우리의 브랜드 범위가 엄청나게 방대하다는 것이었다. 우리는 이 브랜드가 미래에 끼칠 영향을 창의적으로 탐구함으로써 브랜드의 잠재력을 재발견했다. 이 발견으로 우리는 스스로 직관을 신뢰할 수 있는 자신감, 그리고 브랜드와 맞다고 판단하는 제품을 디자인할 수 있는 자유와 자신감을 갖게 되었다."

팻보이 사례에서 얻은 결론

1 | 디자인 사고, 디자인 리서치, 디자인 도구는 다음과 같은 방법으로 전략을 규정하는 데 도움을 준다.
   - 유용하고 영감을 불러일으키는 사용자 인사이트 취합하기.
   - 복잡한 상황에서 명료함 만들기.
   - 내부 자원과 비전을 사용자 인사이트와 시장 트렌드에 결합하기.
   - 미래의 가능성을 프로토타이핑하고 시각화하기.
   - 전략 탐색을 위해 프로세스와 도구를 디자인하기.
2 | 팻보이와 같은 기업은 단연코 브랜드가 이끄는 회사이다. 그들의 미래는 시장 영역이나 보유한 제조 기법 또는 기술에 의해서가 아니라, 그들이 팻보이 브랜드를 해석하고 강화하는 방법에 따라 정의될 것이다.
3 | 팻보이 브랜드는 기업가적 비전과 깊은 사용자 인사이트의 조합으로 구성되어 있다. 이 브랜드는 디자인을 통해 생명력을 얻는다.

미래 브랜드 인터랙션 게임하기

팻보이의 크리에이티브팀이 팻보이 브랜드를 위한 새로운 전략 디자인과 혁신 기회를 탐색하기 위해 미래 브랜드 인터랙션 게임을 하고 있다.

전문가 대담:
전략 디자인하기와 전략적 디자인

디자인은 전략을 실행하는 데 뛰어나며, 이는 '하향적 영역downstream territory으로서의 디자인'이다. 그러나 디자인은 전략과 조직 매니지먼트 구축에도 도움이 될 수 있는데, 이 기능은 디자인의 '상향적 영역upstream territory'에 해당한다. 다음 랄프 부커Ralf Beuker와 프레드 콜로피Fred Collopy의 대화는 전략 수립 과정에서 디자이너들의 역할에 초점을 두고 있다.

랄프 부커는 독일 파더보른 대학교University of Paderborn에서 경영학을 전공했으며, 뮌스터에 있는 디자인응용과학 대학교University of Applied Sciences School of Design의 학장이자 디자인 매니지먼트학과의 교수이다. 전략 컨설팅, 디자인 매니지먼트, 기술 혁신 분야에서 컨설턴트로도 활동하고 있다. 유럽의 주요 디자인 매니지먼트 프로그램에서 강의하고 있으며, 1998년부터 세계 최초의 디자인 매니지먼트 전문 블로그를 운영했다.

프레드 콜로피는 미국 오하이오주 케이스웨스턴리저브 대학교Case Western Reserve University의 정보 시스템학과장이자 인지과학 교수이며, 펜실베이니아 대학교University of Pennsylvania 와튼스쿨에서 박사 학위를 받았다. 경영 예측, 시각화, 디자인 아이디어를 매니지먼트에 적용하는 연구를 하고 있다. 『디자인을 통한 경영Managing as Designing』의 공동 편집자이며, 《비즈니스 위크Business Week》와 혁신, 디자인, 매니지먼트를 다루는 '패스트컴퍼니Fast Company' 블로그에 기고하고 있다.

프레드, 당신은 '디자인을 통한 매니지먼트'에 대한 담론에서 선구자라고 할 수 있다. 이것이 무엇을 의미하는지 간략하게 설명해줄 수 있는가?

프레드 조직과 관련된 모든 것은 디자인된다. 인사 정책, 마케팅 계획, 금융 상품, 프레젠테이션, 유통망, 조직 구조, 전략 등 모든 것이 그렇다. 우리는 이러한 것들이 디자인된 특성에 관심을 불러일으키기 위해 '디자인에 의한 매니지먼트'에 대해 이야기하는데, 이중 대부분은 디자인의 일반적인 영역 밖에 있는 것으로 종종 인식된다. 이 요소들을 디자인하려면 그것들을 디자인하는 데 능숙해야 한다. 우리는 의사 결정자들이 어디서 선택지를 고르는지, 그리고 새로운 선택지는 어떻게 디자인될 수 있는지 이해하는 법을 배워야 한다.

랄프, 당신은 디자인 매니지먼트 컨설턴트로 활동하면서 디자인을 경영하는 것과 매니지먼트를 디자인하는 것을 구분하고 있다. 그 의미를 설명해줄 수 있는가?

랄프 역사적으로 '디자인을 경영하기managing design'라는 개념은 1970년대에 시작되었고, 그 목표는 최적의 결과를 생산하기 위해 기업 내 중요한 분야인 디자인을 잘 관리하는 것이다. 따라서 디자인 매니지먼트는 꽤 오랫동안 조직 내에서 업무 운영의 우수성과 효율성에 기여하는 데 초점이 맞추어졌다. 하지만 매니지먼트를 효과적인 정책 결정으로만 한정하는 것은 매니지먼트가 갖는 전략적 책임을 무시한다는 의미이다. 전략적이라 함은, 매니지먼트가 미래를 내다보고 그에 맞게 조직을 준비시키는 감각을 계발한다는 의미이다. 이러한 관점에서 매니지먼트를 디자인한다는 개념이 만들어지기 시작했다. 이는 매니저들이 더이상 과거의 데이터를 들여다보며 전통적인 MBA식 정책 결정 틀에만 의지하는 것이 아니라, '디자인 사고'가 그들의 자기모순적인 문제를 해결하는 데 훨씬 더 많은 도움을 준다는 사실을 깨닫게 되었다는 것을 의미한다. '단 하나의 올바른 해결책'을 찾는 것 대신 매니지먼트를 디자인한다는 것은, '그 시점에 맞는 해결책'을 찾는 것을 의미한다.

디자이너들이 조직에서
이러한 상향적 역할을
하려면 무엇이 필요하다고
보는가? 그리고 디자인이
이런 역할을 하게 하려면
어떤 매니저가 필요할까?

프레드 디자인은 언제나 맥락적이다. 그래서 신제품을 디자인하는 사람이 그 제품이 사용될 맥락을 이해해야 하는 것처럼, 한 조직의 전략을 디자인하는 사람은 그 기업이 어떻게 기능하는지, 직원들은 어떤 사람들인지, 특정 산업이 그 참여자들을 어떻게 조직화하는지 파악해야 한다. 그렇다고 모든 디자이너들이 이런 일에 관심을 갖지는 않을 것이다. 디자이너들이 자신의 일에 개인적으로 만족하거나 성공하려면 자신의 흥미를 좇을 수밖에 없다. 매니저로서 이 시점에 디자인에 관심을 갖게 되는 사람은, 우리가 직면한 복잡하고 역동적인 문제를 다루고자 할 때 분석 모형들에 한계가 있다고 인식하는 사람들이다. 이런 매니저들은 디자인이 실제로 무엇인지 알게 되면서 디자인이나 디자이너들에게 더욱 열린 자세를 갖게 된다.

랄프 디자인이 비즈니스에 더하는 가치를 증명하려면, 디자이너들은 조직의 시스템과 구조 안에서 디자인이 제 역할을 잘 실행하게 되는 두 교차점을 매니지먼트팀에 보여줄 수 있어야 한다. 나의 옛 동료이자 웨스터민스터 대학교의 디자인 매니지먼트 MBA의 피터 고브Peter Gorb의 말을 인용하자면, "디자이너들이 배워야 할 것은 비즈니스 세계의 언어다. 그 언어를 배워야만 디자인을 위한 논쟁에서 제대로 목소리를 낼 수 있다"고 했다. 매니지먼트 측면에서는 매니저들이 디자인 사고와 관련한 수업을 듣기를 기대할 수는 없다고 생각한다. 나는 프레드의 생각에 전적으로 공감한다. 복잡한 문제들이야말로 매니지먼트에서 사고를 전환해야 할 필요성을 느끼는 원인이 된다. 나머지는 영리한 디자인 사고자design thinker가 해결할 것이다.

이러한 움직임에서
디자인과 매니지먼트
교육의 역할은 무엇인가?

프레드 디자인을 우리 프로그램에 도입한 목표는 매니지먼트에서 더 활발하게 활동할 졸업생을 배출하기 위한 것이다. 인간은 단순한 정보 수집가가 아니며 의사 결정 기계도 아니다. 우리는 세상을 더 나은 곳으로 만드는 행동을 하고 싶어한다. 우리는 스토리에 관심이 있으며, 스토리는 아름답고 세련되며 더 나은 미래를 만드는 내용을 담고 있다. 훌륭한 분석가가 되는 것은 중요하다. 하지만 뭔가 새로운 것을 창조하는 것, 언제 우리의 직관을 믿어야 할지 아는 것, 어느 시점에 오래된 문제를 새롭게 보는 것이 생산적인지 깨닫는 것 또한 중요하다.

랄프 스탠퍼드 대학교 제품디자인학과의 사라 베크만Sara Beckman과 UC 버클리 디자인 인스티튜트의 마이클 배리Michael Barry는 디자인 사고자들이 '추상적인 것과 구체적인 것' 사이의 연속선과 '분석과 통합' 사이의 연속선, 이 두 종류의 연속선상에서 생각할 수 있어야 한다고 말한다. 이는 디자인 매니지먼트 교육이 투입되어야 하는 사분면, 또는 네 개의 영역이다.

- 맥락 이해하기: 분석적인 것과 구체적인 것의 결합.
- 인사이트 만들기: 추상적인 것과 분석적인 것의 결합.
- 아이디어 만들기: 추상적인 것과 종합적인 것의 결합.
- 제품 창조하기: 종합적인 것과 구체적인 것의 결합.

이 프레임워크는 디자인과 매니지먼트 교육 모두에, 가급적이면 하나의 통합된 형태 안에서 훌륭한 선택지를 제공한다고 생각한다. 좋은 디자인은 언제나 이 사분면을 전체적으로 통합한 모습을 보여주었다.

2.2 브랜딩과 혁신 맥락에서의 디자인 사고

디자인이 브랜드 주도 혁신에서 필수적인 이유는 디자인이 한 가지 중요한 모순을 해결해주기 때문이다. '비전 있고 감동적인 브랜드를 어떻게 창조할 것이며, 그다음에 그것을 어떻게 실제적이고 만질 수 있는 제품으로 탄생시킬 것인가?' 우리는 지금까지 디자인이 여러 단절된 분야들을 연결하고(디자인의 연결 기능), 추상적인 아이디어를 구체적인 해결책으로 바꾸어주며(디자인의 하향적 영역), 전략과 매니지먼트를 수립하는 역할을 수행함으로써(디자인의 상향적 영역) 이러한 모순을 해결할 수 있다는 것을 배웠다(아래 도표 2 참조).

이러한 관점에서 제품, 서비스, 로고 및 환경 디자인 같은 디자인 결과물과 디자인 프로세스를 구분하는 것은 의미 있는 작업이다. 디자인 결과물과 프로세스는 위에 언급한 모순을 해결하는 데 기여하지만, 더욱 지속적인 역할을 하는 것은 디자인 프로세스이며, 디자이너들의 사고방식은 궁극적으로 회사의 문화와 자산에 기여하기 때문이다. 디자인 사고의 개념을 좀더 깊이 탐구해보자.

디자인 사고의 힘

디자인 사고는 학계는 물론 실무에서도 폭넓게 논의되고 있다. 디자이너의 머릿속에서 어떤 일이 일어나고 있는가에 대한 질문은 토론을 일으켰으며, 이는 비단 디자이너 자신들 사이에서만 일어난 것은 아니었다. 디자이너들은 그들의 작업 프로세스와 사고의 가치를 더 많이 설명하고 싶어하며, 그것은 당연하다. 당신의 가치가 가끔씩만 번뜩이는 천재성에 의존한다면, 경제 시스템의 한 부분이 되기는 어렵다. 그러나 더욱 흥미로운 일은 매니지먼트 세계에서 일어나고 있다. 매니저들은 디자이너들이 실제적인 문제를 다룰 수 있으

며, MBA 학위를 받은 사람들이 결코 습득하지 못하는 방식으로 문제를 바라볼 수 있다는 것을 조금씩 알아가고 있다. 케이스웨스턴리저브Case Western Reserve의 웨더헤드 매니지먼트 스쿨Weatherhead School of Management(미국), 로트먼 매니지먼트 스쿨Rotman School of Management(캐나다), 스탠퍼드 대학교Stanford University의 하소 플래트너 디자인 인스티튜트Hasso Plattner Institute of Design(미국)와 같은 매니지먼트 스쿨은 디자인, 더욱 정확하게는 디자인 사고를 학과의 핵심 프로그램으로 포함하고 있다. 조금씩 그러나 확연히, 경영대학들도 현대의 비즈니스 이슈를 해결하는 데 있어 디자인의 힘과 중요성을 깨닫기 시작하고 있다.

해결하기 어려운 문제와 해결법

마티 뉴마이어Marty Neumeier는 그의 저서 『디자인풀 컴퍼니 The Designful Company: How to build a culture of nonstop innovation』(2009)에서 오늘날의 문제를 '해결하기 어려운 문제wicked problems'라고 말했다. 뉴마이어는 2008년에 1,500명의 고위 간부들을 대상으로 실시한 '뉴트론/스탠퍼드 설문조사2008 Neutron/Stanford survey' 결과를 바탕으로 열 가지 문제를 열거했다. 고위 간부들은 그들이 가장 해결하기 힘들었던 문제들과 가장 반복적이고 복잡했던 문제들이 무엇이었는지에 대해 질문받았다. 뉴마이어는 상위 10위 안에 드는 문제들이 무엇이라 정의하기에 불분명한 것들이었다고 결론 내렸다. 왜냐하면 그런 문제들은 해결하려고 애쓰는 동안 불가피하게도 변하기 때문이다. 실질적으로 이 문제들은 전통적이고 이성적인 방식, 또는 이분법적인 방식으로는 해결할 수 없는 문제들로 귀결되었다. 다음과 같은 질문이 대표적인 예이다. '어떻게 하면 장기적인 비전과 단기적인 성공을 결합할 수 있을까? 혁

---

2 디자인의 상향적/ 하향적 영역

디자인은 전략 실행뿐만 아니라 전략 수립에도 뛰어나다. 전략 실행은 디자인을 관리하며, 디자인의 하향적 영역에서 발생한다. 전략 수립은 매니지먼트를 디자인하며, 디자인의 상향적 영역에서 발생한다.

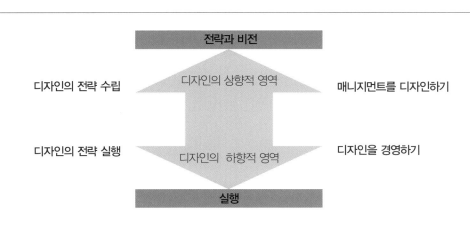

디자인 사고는 당신이 제약에 부딪혔을 때 창의적이도록 만든다.
모순점들을 본연의 한계로 보기보다
오히려 영감으로 활용하도록 촉진한다.

신적 콘셉트에서 얻을 수 있는 수익을 어떻게 예상할 수 있을까? 수익성과 사회적 책임을 어떻게 결합시킬까?'

이러한 문제들은 정의가 불분명하며, 해결을 위해서는 창의적이고 수평적인 사고가 필요하다는 점에서 디자인적 문제점들과 비교해볼 수 있다. 뉴마이어는 더 나아가 이 '해결하기 어려운 문제들'을 디자인 중심의 방식으로 다루는 것이 '경영대학의 방식'으로만 다루는 것보다 훨씬 뛰어난 결과를 낼 거라고 설명한다. 로저 마틴도 그의 저서 『생각이 차이를 만든다』에서 성공적인 기업가들은 문제를 모순이라 여기지 않는 경향이 있다고 설명하며 비슷한 결론을 낸다. 마틴은 성공적인 리더들은 'A 아니면 B인either-or'해결책을 찾는 것이 아니라, 'A이면서 동시에 B일 수 있는and-and'해결책을 찾는다고 주장한다. 그다음에 모순을 해결할 유용한 인사이트에 도달하기 위해 활용할 수 있는 프로세스, 즉 디자이너들의 사고방식과 매우 유사한 방식인 세번째 선택지를 설명한다. 디자인은 새로운 접근법을 발견함으로써 모순점들을 해결하는 과정이며, 『디자인을 통한 경영Managing as Designing』에서 리처드 볼랜드 주니어Richard Boland Jr.와 프레드 콜로피는 더 나아가 매니저들이 좀더 디자이너처럼 행동하는 법을 배워야 한다고 제안한다. 그들은 세계적으로 유명한 건축가인 프랭크 게리Frank Gehry가 작업하고, 생각하고, 문제를 해결하고, 팀을 이루어 일하는 방식을 관찰함으로써 디자이너들의 사고 패턴과 프로세스를 추출했다. 이는 디자이너들이 직관적으로 적용하는 것이지만 결과적으로 매니저들도 학습할 수 있는 것들이다.

마티 뉴마이어가 주장한, 현대의 매니저들이 직면한 '해결하기 어려운 문제'를 디자인 사고로 해결할 수 있다는 데 합의가 이루어지고 있다. 그러나 정확히 어떻게 가능하다는 것일까? 디자이너들이 이와 관련해 어떤 일을 한다는 것인가? '디자인 사고'란 무엇일까? 결국 디자인 사고는 '구조적으로 창의적인' 사고방식을 나타내는 포괄적인 용어이고, 비즈니스 사고와 창의적 사고를 결합하는 것이라고 말할 수 있다. 디자인 사고자들은 구조적, 이성적, 분석적 사고를 하는 좌뇌와 창의적, 감성적, 통합적 사고를 하는 우뇌를 마음대로 전환할 수 있는 능력을 가진 사람들이다. 그들은 한 가지 사고방식에 제한되어 있지 않은 대신, 당면한 상황에 적절한 사고방식을 선택할 수 있다. 예를 들어, 디자이너는 주어진 문제를 매우 구조적으로 분석한 후 직관적이고 창의적인 방식으로 독창적인 아이디어들을 쏟아내고, 이성적이고 구조적인 방법으로 다시 한 번 아이디어들을 평가하고 선택한다.

또한 디자인 사고자들은 특별한 방식으로 문제를 해결한다. 그들은 문제를 이해하고 재정의하기 위한 학습도 문제 해결 과정의 일부라는 것을 알고 있다. 그들은 성급하게 결론으로 도약하거나 문제에서 벗어나 방법을 결정하려 들지 않고, 문제를 가지고 놀면서 그것을 다양한 시각에서 바라보려 할 것이다. 그들은 문제를 해결하기 위해서는 문제의 본질을 온전히 이해해야 한다는 것을 알고 있다. 또한 그들은 가능성 있는 해결책을 프로토타입으로 만들어보려는 경향이 있다. 해결책을 시각화시켜 재빨리 머릿속으로 테스트해보고, 그 해결책을 버리거나 아이디어 개발을 위한 새로운 반복 과정에 자료로 활용한다. 이러한 아이디어 생산, 프로토타입 제작, 테스트 과정은 직면한 문제를 재정의할 때도 이용된다. 즉 그들은 문제를 고정적이고 잘 정의된 것으로 생각하지 않는다. 디자인 사고자들에게 문제는 오히려 변화하는 것이며 분석, 아이디어 도출, 프로토타입 만들기, 테스트와 평가하기의 반복적인 주기를 거치며 점차 정의되는 것으로 인식된다. 이러한 시각에서 문제는 종종 새롭게 이해되고 결과적으로 매우 창의적인 해결책에 도달한다. 혹은 전에는 아무도 보지 못했던 고무적인 '문제점들'을 발견하면서 새로운 기회가 연결될 수도 있다. 이는 디자인 사고자들이 마티 뉴마이어가 언급한 '해결하기 어려운 문제'를 풀고, 로저 마틴이 언급한 'A 아니면 B인' 모순을 'A이면서 동시에 B일 수 있는' 해결책으로 바꾸는 데 필요한 자질을 갖추고 있기 때문이다.

우리가 지금까지 살펴본 현대 디자인 사고에 대한 개요(58~59쪽)는 당연히 어느 정도 단순화된 것이다. 실제로 많은 사업가들이 매우 창의적이고, 창의적인 많은 사람들은 여지없이 매우 구조적인 방식을 사용한다. 디자인 사고라는 개념을 가장 잘 정의한다면, 비즈니스 사고방식과 디자인 사고방식 사이를 자유자재로 전환할 수 있는 능력이라고 할 수 있을 것이다. 60쪽 표 3에서는 비즈니스, 디자인, 창의적 사고 사이의 차이점을 명확하게 보여주고 있다.

디자인 사고가 무엇인지 탐구해보았으니, 이제는 이 개념이 브랜드 주도 혁신에서 어떤 의미를 지니는지 살펴보기로 하자. 디자인 사고는 우리가 1.6에서 다루었던 브랜드와 혁신의 공생 관계에서 윤활유 역할을 한다. 디자인은 브랜드가 의미 있는 혁신을 수행하게 하고, 혁신이 브랜드와 더욱 융합되도록 하여 이 두 방법에 기여한다. 디자인은 혁신의 비옥한 토양이 되는 브랜드를 개발함으로써 브랜드 주도 혁신에 견고한 기반을 제공해준다. 브랜드 주도 혁신을 위한 디자인 사고의 세 가지 중요한 장점은 이어지는 내용에서 더욱 자세히 파악할 수 있다.

디자인 사고는 브랜드가 의미 있는 혁신을 이루게 한다

디자인 사고는 비전을 가치로 변화시키고 추상적인 브랜드와 구체적인 혁신 사이의 전환을 촉진한다. 디자인 사고는 좀더 전체적이고 통찰력 있는 사고를 하는 우뇌와 더욱 구조적이고 구체적인 사고를 하는 좌뇌를 결합하여 이와 같은 역할을 수행한다. 디자인 사고는 추상적인 비전을 분석하고 구조화하여 비전이 합리적으로 실행될 기회를 제공한다. 이렇듯 추상적인 것에서 구체적인 것으로 이어지는 단계별 여정은 디자인 사고자들에게 매우 익숙하다. 그들은 최초의 비전을 가장 잘 반영할 것을 찾기 위해 각 단계마다 마음속으로 프로토타입을 만들고 수많은 대안을 점검할 것이다. 디자인 사고자들은 추상적인 것에서 구체적인 것으로 단번에 건너뛰지 않는다. 그저 천천히 되풀이하고 프로토타입을 만들면서 앞으로 나아간다. 3장에서는 이 과정이 어떻게 진행되는지 더욱 자세히 다룰 것이다.

3 디자인 사고

이 표는 비즈니스 사고와 창의적 사고에 비교하여 디자인 사고의 본질적 구성 요소 또는 특성을 나타내고 있다.

비즈니스 사고	디자인 사고	창의적 사고
좌뇌	문제 해결을 위해 양쪽 뇌를 활용	우뇌
이성적이며 구조적	이성적이고 구조적인 접근법과 감성적이고 직관적인 접근법 사이를 자유자재로 전환할 수 있는 능력	감성적이며 직관적
분석 중심	분석과 통합의 반복	통합 중심
분명하게 정의된 문제를 다룸	불분명하게 정의된 문제를 다룸	정의되지 않은 문제를 다룸
문제점은 벗어나야 할 것으로 인지함	문제점을 해결 과정의 시작으로 인지함	문제점은 없다고 인지함
분석 > 결정	분석 > 아이디어 도출 > 프로토타입 제작 > 평가 > 결정	인식 > 아이디어 도출 > 결정
문제의 부분에 집중	문제를 다른 방식으로 재구성하기 위해 확대, 축소하고 따로 떼어내 살펴봄	전체에 집중

디자인 사고는 브랜드를 통해 혁신이 강화되도록 돕는다

디자인 사고는 혁신 안에 비전을 내재화하고 혁신에 방향성을 제시한다. 혁신은 대개 구체적이고 이성적인 비즈니스이다. 추상적이고 꿈같은 아이디어 도출 단계의 부분은 보통 오래 지속되지 못한다. 얼마 지나지 않아 해결해야 할 문제, 지켜야 할 마감 시간, 다루어야 할 운영상 문제가 생기기 마련이기 때문이다. 즉 혁신은 브랜드 비전을 실현할 여유를 많이 주지 않는다. 그러나 디자인 사고는 초기의 디자인 비전에 혁신을 다시 연결할 수 있다. 이는 기술, 시간, 예산과 다른 자원의 제약을 이해하고, 동시에 브랜드 비전이 혁신의 질을 높이기 위해 무엇을 생산적으로 추가할 수 있는지 파악하는 데서 가능해진다. 디자인 사고는 모순을 근본적인 한계로 인식하지 않고 영감으로 작용하게 하여, 우리가 제약에 직면했을 때 창의적으로 대처하도록 도와준다.

디자인 사고는 브랜드를 혁신에 비옥한 토양이 되도록 만들어, 브랜드 주도 혁신에 견고한 기반을 제공한다

디자인 사고는, 혁신과 신제품 개발에 관여하는 사람들에게 영감을 주는 자원으로 브랜드를 개발하도록 도와준다. 3장에서 살펴보겠지만 이는 사소한 활동이 아니다. 브랜드는 혁신 프로세스와 관련된 사항들과 잘 연결되어 있지 않은 경우가 많은데, 이는 브랜드가 매우 추상적이고 일반적이며 언어 기반적이기 때문이다. 디자인 사고는 브랜드를 독창적이고 영감적이며, 시각적이고 진정성 있도록, 구체적이면서 마음을 움직이게 만드는 일에 도움을 준다. 이는 추상적인 브랜드 가치와 구체적인 실제 세계에 대한 지속적인 현실성 점검을 통해 가능해진다. 우리가 진정성, 기업가 정신, 수행력 또는 사회적 책임을 중시한다고 말한다면 그것은 어떤 의미일까? 그 브랜드의 가치는 실무에서 어떤 모습일까? 그 브랜드를 실제로 어떻게 실행할 수 있을까? 디자인 사고는, 이러한 질문을 끊임없이 던지고 가능성 있는 답을 프로토타입으로 만들어가면서 실제로 의미가 없는 가치들을 걸러내도록 도와준다.

생각 고르기: 디자인 사고

목적

이번 장에서는 디자인 사고와 그 가치를 인식하고, 디자인 사고가 의미하는 바와 그것이 이끌어내는 결과에 대해 비평적으로 생각해보고자 한다.

1

디자인 사고가 무엇인지, 그것이 어떻게 가치 있을 수 있는지에 대해 생각해보는 방법 중 하나는, 조사하고 고려할 만한 사례들을 함께 모아보는 것이다. 여러분이 학교나 직장 또는 주변에서 마주친 적이 있거나, 디자인 저널이나 잡지에서 읽어본 적이 있는 사물, 미디어, 환경, 서비스, 경험에 대해 생각해보자.

2

그다음 아래 질문에 어떻게 대답할지 생각해본다.

- 그것이 왜 디자인 사고의 사례인가?
- 그 디자인 사고는 프로세스에 속하는가, 아니면 결과에 속하는가? (발견한 것들이 모두 결과에 기반한 것이라면, 더 주의깊게 프로세스에 속하는 디자인 사고를 찾아보도록 하자.)
- 그 안에 해결된 모순이 있었는가?
- 여러분이라면 그런 생각을 할 수 있었을까? 어떤 프로세스, 기술, 자원, 전문가가 부족한가?

3

동료들과 토론한 뒤 토론 내용을 살펴보고 자신이 발견한 것을 추가해보자.

전문가 대담:
올리버 킹과 아르네 판 우스테롬
실무에서의 디자인 사고에 관하여

디자인은 더이상 제품이나 로고와 같은 시각적 표현처럼 실제 인공물을 결과로 내는 프로세스가 아니다. 디자인, 명확하게 말해 디자인 사고는 이제 서비스와 경험을 창조하는 일에 사용된다. 새로운 분야인 서비스 디자인은 디자인 사고에 대한 담론에서 중요한 위치에 있다. 아래 대화에서 아르네 판 우스테롬Arne van Oosterom과 올리버 킹Oliver King은 디자인 사고가 그들의 일상 실무에서 어떤 의미인지에 대해 이야기한다.

아르네 판 우스테롬은 네덜란드 암스테르담에 위치한 전략적 디자인 에이전시인 디자인싱커즈 DesignThinkers의 소유주이자 디렉터이다. 디자인싱커즈는 사회적 혁신, 서비스 혁신, 고객 중심 디자인, 마케팅 2.0, 브랜딩을 전문으로 하는 전략적 디자인 에이전시이다. 아르네는 강연자이자 네덜란드 서비스 디자인 네트워크Service Design Network Netherlands의 회장이며, 디자인 사고자들의 네트워크인 웨노브스키Wenovski의 창립자로, 유럽의 여러 교육기관에서 초청 강연자로 활동하고 있다. 아르네는 커뮤니케이션 디자인을 전공했다.

올리버 킹은 런던 소재 서비스 디자인 컨설팅 회사인 엔진Engine의 공동 창립자이자 디렉터이다. 엔진은 조직이 언제, 어디서, 어떻게 더욱 의미 있고 가치 있으며, 더 나은 서비스를 제공할 수 있는지에 대한 방법을 찾도록 자문해준다. 그는 제품에서 프로세스, 사람에 이르기까지 고객들이 경험하는 여러 가지를 향상시키고 서로 연결시킴으로써 조직이 전략을 세우고 서비스 혁신을 전달할 수 있도록 한다. 올리버는 18년 이상의 경력이 있으며, 이 분야에서 선구자이다. 전 세계에서 강연을 하고, 서비스 디자인과 혁신에 대한 글을 쓰고 있다.

여러분에게 디자인 사고란 개인적으로 무엇을 의미하며, 이 사고에 대해 어떤 가치를 부여할 수 있는가?

올리버 '디자인 사고design thinking'라는 표현은 멋진 용어라고 생각한다. 내가 그 표현을 생각해냈더라면 좋았을 것이다. 디자인 커뮤니티에서는 새로운 개념이 아닌 것 같지만 비즈니스 커뮤니티에는 확실히 새로운 기회를 열어준 것이 분명하다. 이제는 디자인을 단지 가공된 결과물로만 보는 것이 아니라 프로세스로, 문제에 몰두하는 방법으로 인식하게 되었으니 이 점에 대해서는 굉장히 고마워해야 할 것 같다.

아르네 개인적으로는 디자인 사고가 자유를 준다고 본다. 창의적인 환경에 있었던 디자이너이자 전략가이다보니, 내가 중간 지대에서 뭔가를 하고 있는 것 같아 항상 좌절감이 들곤 했다. 내가 하는 것에 대한 명칭이 없었다. '디자인 사고'라는 말을 처음 들었을 때 "와, 이게 바로 내가 하는 일이야"라고 말했다. 디자인 사고는 이제 수년째 내 작업의 일부이다. 하지만 아직은 지금 막 구입한 새 노트 같다. 아직은 공백이고, 뭔가로 채워야 하는 백지상태다. 내게는 끝없는 기회이자 한계가 없는 가능성으로 느껴진다.

왜 디자인 사고가 서비스 디자인에 특히 중요한가?

올리버 디자인 사고와 서비스 디자인 사이는 흥미로운 관계이다. 서비스 디자인은 본질적으로 내가 앞서 언급한 인공물 이상을 의미한다. 이는 훨씬 더 전략적이고 훨씬 더 전체적이다. 이는 프로세스와 행위를 디자인하는 것이다. 기업과 사회 문제를 놓고 몰두하는 것이다. 서비스 디자인은 굉장히 복잡한 이슈를 해결하는 것이다. 디자인 사고는 이러한 이슈를 해결하기 위해 우리가 생각하는 방식과 우리가 적용하는 원칙을 설명하는 데 매우 유용하다.

아르네 내가 보기에 디자인 사고는 여러 다양한 분야 사이에서 일종의 접착제 같은 역할을 한다. 특히 지난 몇 년 사이 디자인, R&D, 마케팅, 커뮤니케이션, 브랜딩, 제품 개발과 같은 활동들이 모두 함께 연결되었다. 이렇다보니 서로를 따로 떼어놓을 수도 없다. 하지만 기업과 조직 내부에서 이 활동들은 때로는 서로 다른 섬들처럼 완전히 동떨어져 있다.
서비스를 디자인할 때는 고객의 관점에서 프로세스를 디자인한다. 이런 관점에서 보면 위의 섬들은 적절하지 못하다. 디자인 사고에는 조직 내의 섬들 사이에 다리를 만들 능력이 있다. 이 다리들은 기업이 의미 있는 서비스를 디자인할 때 필요한 공감 능력을 개발하게 할 것이다. 디자인 사고는 기업이 백지에서 시작해 고객과 서비스에 전적으로 집중할 수 있도록 해준다.

비즈니스 업계는 서서히 디자인 사고에 관심을 가지며 그 방식을 매니지먼트 문제에 적용하고 있다(56∼57쪽 프레드 콜로피와 랄프 부커의 대담 참조). 디자인 사고를 적용하려면 디자인 훈련을 받을 필요가 있다고 생각하는가?

올리버 아니다. 디자인 사고를 활용하기 위해 디자인을 공부했어야 한다고 생각하지 않는다. 우리는 디자인 분야 외의 사람들이 디자인 사고자가 되는 것을 보거나 그들을 지원할 때 정말 기쁘다. 우리는 그 일에 전문가이고, 더 많은 사람이 이를 경험하고 여기서 결과를 얻을수록 디자인 사고에 대한 요구가 증가할 것임을 알기 때문이다.
나는 우리 상황을 TV에 나오는 요리사의 인기 상승에 비교하곤 한다. 대부분 사람들은 요리를 좋아하기 때문에 요리에 대해 좀더 배우고 싶어한다. TV에 나오는 요리사들이 그들의 전문 지식을 공유하기 때문에 우리는 그들에게 감탄한다. 하지만 나를 그들의 주방에 데리고 가서 그들의 요리책, 프라이팬, 요리 재료를 준다고 한들 내가 그들처럼 요리할 수는 없지 않겠는가. 요리사들은 그들의 '비법'을 공유함으로써 수요를 만들어내고 있다.
우리도 이와 같은 방식으로 디자인 사고에 대한 수요를 만들어내야 한다. 우리는 사람들이 디자인 사고자가 되도록 하여 그들이 우리가 하는 일을 이해하고 결과적으로 더 높이 인식하도록 만들어야 한다. 바로 이런 이유 때문에 디자인 커뮤니티는 디자이너가 아닌 사람들과도 더 많이 연결되어야 하는 것이다. 예를 들어, 학문적 커뮤니티와 더 많이 연계된다면 우리가 하는 일의 논리적 기반을 이해할 수 있게 될 것이다.

아르네 올리버의 말을 들으니 안심이 된다. 나의 일도 상당 부분 연계성을 만들고 새로운 협업을 구축하는 것이다. 우리는 서비스 디자인이 고립된 방법론이 되기를 바라지 않는다. 모든 전문 지식을 갖추고 있다고 주장하고 싶지도 않다. 서비스 디자인에서 필요한 문화적, 조직적 변환을 이루기 위해서는 다른 분야와 학계의 생각과도 연결되어야 한다. 어쩌면 이러한 연계는 정통적 방식에서 벗어난 것일지도 모른다. 하지만 디자인 사고라는 것은 결국 비정통적인 연결망을 구축하는 것이 아닐까?

2.3 브랜딩과 혁신 맥락에서의 디자인 리서치

우리는 지금까지 디자인 전략과 디자인 사고에 대해 살펴보았다. 두 가지 모두 디자인 영역의 전통적인 경계를 확장한 것이고, 브랜드 주도 혁신에서 중요한 역할을 한다. 여기서 이야기할 세번째 확장은 '디자인 리서치design research'에 대한 개념이다. 사용자와 연관성 있는 브랜드, 그들이 구매하고 사용하고 싶어하는 혁신을 담는 브랜드를 만들기 위해 조직은 상당한 양의 리서치를 수행해야 한다. 사용자가 누구이며, 그들의 삶은 어떤 모습인지에 대해 폭넓게 이해해야 하며, 어떻게 하면 그들에게 가치가 있을지 이해해야 한다. 이러한 정보는 대개 당장 파악하여 이용할 수 없으므로 반드시 리서치가 필요하다.

디자인 리서치의 기준

리서치에는 다양한 종류와 형식이 있다. 브랜드 주도 혁신 맥락에서 리서치는 몇 가지 요구 사항을 충족시켜야 한다.

1 | 리서치 콘텐츠: 리서치는 조직과 사용자의 아이덴티티에 대해 브랜드와 혁신 전략을 수립할 수 있을 만큼 충분히 깊이 있고 진정성 있는 인사이트를 이끌어내야 한다. 지나치게 일반적이거나 얄팍하고 근거가 불충분한 인사이트는 이러한 요건을 충족시킬 수 없다.

2 | 리서치 형식: 리서치 결과는 브랜드 구축 및 새로운 제품이나 서비스를 생산하는 일에 관련된 사람들이 이해할 수 있고, 그들에게 영감을 주며 그들이 이용할 수 있는 것이어야 한다. 이해하기 어렵고 이용하기 힘들거나 영감을 주지 못하는 리서치 결과는 활용할 수 없다. 결과적으로 브랜드 개발과 혁신이 조직과 최종 사용자에게 연결되지 못할 수 있다.

3 | 리서치 프로세스: 리서치 프로세스 자체는 그 결과를 가지고 일할 사람들에게 열려 있어야 하며, 관심을 끌 수 있어야 한다. 경험에 따르면 그 결과물을 가지고 일해야 할 사람들이 참여하여 진행한 리서치는 그들에게 '사전 협의 없이 넘겨진' 리서치 결과보다 더 잘 이해되고 더 장기적으로 이용되는 경향을 보인다.

어떤 의미에서 디자인 리서치에는 두 가지 측면이 있다.
디자인에 의한 리서치와 디자인을 위한 리서치이다.

디자인 리서치의 이점

브렌다 로렐Brenda Laurel, 샘 라드너Sam Ladner, 피터 얀 스태퍼스Pieter Jan Stappers, 엘리자베스 샌더스Elisabeth Sanders 같은 저자들은 이러한 요구에 대응하고 충족시키는 리서치 형태를 '디자인 리서치'라고 부른다. 디자인 리서치는 대부분의 다른 종류의 리서치보다 그 결과가 더욱 고무적이고 진정성 있고, 포괄적이며 풍부하다. 그 이유는 아래와 같다.

1 | 디자인 리서치는 가정방문, 고객과 쇼핑하기, 사용자와 창의적 세션 수행 등 연구자와 대상 사이의 친밀한 접촉으로 이루어진다.

2 | 디자인 리서치는 일기, 게임, 역할극, 모델과 같이 창의력을 유발시키고 재미있게 활용할 수 있는 리서치 테크닉을 이용한다.

3 | 디자인 리서치는 정해진 가정이나 좁혀진 가설 없이 시작된다. 디자인 리서치를 위해 내재된 니즈와 가치를 탐색해야 한다. 이 니즈와 가치들은 마음을 연 연구자들에게 드러난다.

4 | 디자인 리서치는 대상자에게 스스로를 표현할 수 있는 수단을 제공함으로써 리서치 대상자가 중요한 진심을 드러낼 수 있도록 한다. 사용자들에게 의견을 묻거나 설문지에 답을 채우게 하기보다는, 실제로 그들의 마음속에 있는 것을 표현할 수단을 제공한다.

어떤 의미에서 디자인 리서치에는 두 가지 측면이 있다. 디자인에 의한 리서치와 디자인을 위한 리서치이다. 디자인에 의한 리서치란 스케치, 모델 만들기, 스토리보드, 시나리오와 페르소나 만들기 등과 같이 디자인에서 사용되는 기술로 리서치하는 것을 의미한다. 새로운 제품을 창조하기 위해서가 아니라 새로운 인사이트를 만들어내기 위해 디자인 기술을 사용하는 것이다. 반면에 디자인을 위한 리서치란 리서치 결과가 브랜드, 제품, 서비스를 디자인하는 작업에 의견을 제공하는 것을 의미한다. (디자인 리서치의 세번째 측면은 디자인에 대한 리서치research into design로, 디자인 프로세스와 방법론을 리서치하는 것이다. 이 분야는 지금 다루는 맥락과 관련성이 적다.) 몇 가지 디자인 리서치 기술에 대해서는 이후 3.5에서 다루고자 한다.

2.4 브랜드는 어떻게 디자인이 주는 혜택을 받을 수 있는가

이번 장에서 우리는 디자인, 디자인 전략, 디자인 사고, 디자인 리서치 모두가 브랜드 주도 혁신에서 중요하다는 점을 확인했다. 그러나 브랜드는 대체 어떻게 디자인으로부터 도움을 받는 것일까? 21세기에는 디자인을 건너뛰고 곧바로 브랜딩에 참여하는 것이 가능할까? 그럴 것 같지는 않다. 브랜드는 조직에 의해 구축되지만, 사용자의 마음과 생각에 전달되어야 한다. 또한 직원들 같은 내부 이해관계자들의 마음과 생각에도 전달되어야 한다. 이렇다보니 브랜드를 만드는 이와 사용자 사이에 일종의 의미 전달이 필요하다. 전통적으로 이러한 의미 전달은 커뮤니케이션의 관점에서 모형화되고 이해되는데, 이는 1948년 클로드 섀넌Claude Shannon이 마련한 기틀에서 시작하였다. 의미 전송은 발신자, 매체, 수신자 사이에서 선형적으로 일어난다(아래 도표 4 참조). 발신자(특정 상황에서 브랜드를 만든 이)는 구체적인 의도를 갖고 통보한다. 이에 대해 수신자는 이 메시지에 대한 특정한 해석을 만들어낼 것이다.

섀넌의 모델은 발신자의 관점에서 커뮤니케이션이 어떻게 일어나는지를 설명한다. 발신자는 구체적인 의도를 가지고 행동하며, 그들의 메시지가 수신자에게 이해되기를 바란다. 하지만 브랜드의 세계에서는 당신의 메시지를 전달하거나 이해시키는 일보다 그 이상의 것에 성패가 달려 있다. 당신은 사용자가 그 메시지에서 가치를 끌어내기를 원하고, 고객의 정신세계에도 다가가고 싶어한다. 그래서 메시지를 성공적으로 전달한다는 것은 기능적인 정보 전달의 문제 그 이상인 셈이다. 더욱이 메시지는 언제나 말이나 문자를 통해 직접적으로 전달되지만은 않는다. 브랜딩을 단지 브랜드 커뮤니케이션으로 보는 경우가 대부분이나, 현실에서 브랜드에 관해 말과 문자로 이루어진 커뮤니케이션은 브랜드가 궁극적으로 소통하려는 내용의 일부일 뿐이다. 말과 문자보다 제품, 서비스, 환경, 사람이 브랜드 메시지를 전달하는 데 더 비중 있는 역할을 한다. 이는 디자인이 개입할 수 있는 부분이다. 즉 감성적이고 내재적인 메시지, 비언어적 매체를 통해 전달되는 메시지를 이해시키기 위해서는 디자인이 필수적이다.

의미론적 전환

토니 마티 카자라이넨Toni-Matti Karjalainen은 자신의 저서 『디자인의 의미론적 전환Semantic Transformation in Design』(2003)에서 제품이나 환경과 같은 매개체를 통해 내재된 메시지를 전달하는 디자인의 역할을 모델을 통해 제시하고 있다(도표 5 참조). 카자라이넨의 모델은 특정 가치 또는 브랜드 개성을 일으키기 위해 고안된 것이다. 이 가치는 특정 디자인 형태가 되어 사용되는 매체에 내장되어야 한다. 가치를 디자인 형태로 변환하는 과정을 '의미 전환semantic transformation'이라 부른다. 이것은 논리적인 과정이 아니며, 게다가 문자적인 가치가 디자인 특징으로 변환되면서 상당한 왜곡distortion이 항상 발생한다(이러한 왜곡을 줄이는 것은 5장에서 다룰 주제 중 하나다). 그후 수신자(사용자)는 디자인적 특징을 인식함으로써 내재된 가치를 경험하게 된다.

4   섀넌의 커뮤니케이션
    전달 모델(1948)

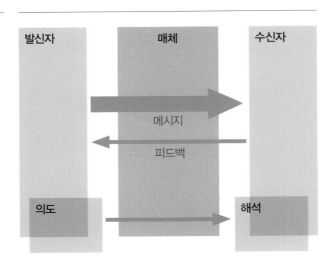

브랜드의 목적이 조직과 그 이해관계자들 사이의 거래와 상호 교류에
가치와 의미를 더함으로써 관계를 구축하는 것이라면,
브랜드는 무엇보다도 디자인이 필요하다.

의미 부여

디자인 특징을 해석하고 그것에 가치와 의미를 더하는 과정을 '의미 부여semantic attribution'라 부른다. 반복하건대, 디자인 특징을 의미로 전환하는 과정에서는 상당한 양의 왜곡이 생겨나게 된다. 이 왜곡을 줄이는 것은 사실상 거의 불가능하다. 왜곡이 발생하는 이유는 문화적 배경이나 개인적 취향에 따른 차이로 인해 나타나는 직접적 결과이기 때문이다. 사용자가 특정한 방식으로 디자인 특징을 해석하도록 교육하는 것은 오랜 시간이 걸리며 한계가 있다. 브랜드 의미를 사용자에게 전달하는 모델의 다음 단계는 사용자가 디자인 특징을 인식하고 읽을 뿐 아니라 물리적으로 그 특징들과 교감하는 것에서 출발하며, 결국 사용자가 브랜드 의미를 전달하는 시스템의 일부가 되는 것이다. 특정 사용자들이 어떤 물건이나 환경과 상호작용하며 사용함으로써 그 사물이나 환경 디자인에 특별한 의미를 더하게 된다. 아래에 있는 BMW의 두 이미지를 보자. 한쪽 사진에서는 상호작용 없이 BMW의 깔끔하고 의도된 디자인 특성을 볼 수 있는 반면, 다른 사진에서는 이 제품을 사용자들이 어떻게 해석하고 있는지를 볼 수 있다.

브랜드의 가치를 이해시키려면 의미 전환 기술이 필요하며, 제품이나 환경의 사용과 그 상황에 부여할 의미를 시각화하는 것에는 공감 능력이 필요하다. 두 가지 모두 디자이너 역량의 일부이다. 2.1에서 살펴보았듯이, 디자이너들은 추상적인 아이디어를 구체적인 형태로 바꾸는 법을 알고 있다. 그들은 형태가 단어를 구현하는 것과 같은 방법으로 단어를 형태로 전환할 줄 안다. 그러나 이보다 중요한 점은, 디자이너들은 조직의 가치를 고객과 그들 환경 간의 관계로 변환시킴으로써 아이디어를 가치 있고 의미 있는 상호작용으로 변화시키는 법을 안다는 것이다. 브랜드의 목적이 조직과 그 이해관계자들 사이의 거래와 상호 교류에 가치와 의미를 더함으로써 관계를 구축하는 것이라면, 브랜드는 무엇보다도 디자인이 필요하다.

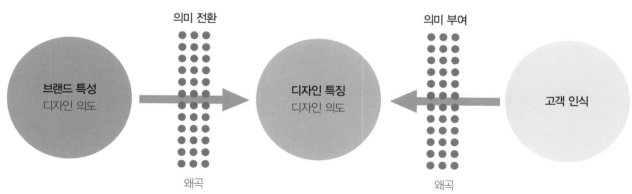

의미 전환   의미 부여

브랜드 특성
디자인 의도

디자인 특징
디자인 의도

고객 인식

왜곡   왜곡

5 카자라이넨이
  설명하는 디자인의
  의미론적 전환

디자인의 일부가 되는
사용성

BMW 사용자(오른쪽 사진)는
브랜드 디자인(왼쪽 사진)과
브랜드가 일반적으로 보이는
방식에 의미를 더한다.

2.5 혁신은 어떻게 디자인이 주는 혜택을 받을 수 있는가

마티 뉴마이어가 그의 저서 『디자인풀 컴퍼니』에서 말했듯이, 혁신을 원한다면 디자인을 해야 한다. 왜 그래야 할까? 디자인은 왜 혁신에 필수적이고, 어떤 혜택을 가져다줄 수 있을까? 혁신은 조직에 새로운 제품, 서비스 또는 프로세스를 실행하거나, 현재 상황을 눈에 띄게 개선하여 가치를 더하는 것이라고 일반적으로 인식된다. 피터 드러커Peter Drucker에 따르면, "혁신은 기업가의 특별한 도구로, 차별화된 비즈니스 또는 서비스를 위해 변화를 기회로 활용하는 방법이다. (…) 기업가는 의도적으로 혁신의 원천, 즉 성공적인 혁신을 위한 기회를 보여주는 변화와 그 징후를 살펴야 한다"(1993).

그래서 우리는 변화를 통해 영감을 얻는 법을 배워야 하고, 이 변화를 새로운 가치 제안value proposition으로 확장하는 것을 배워야 한다. 이것은 쉽고, 심지어 기대할 만하다. 또한 많은 경우 혁신은 겉으로 보이는 것만큼 어렵거나 획기적으로 여겨지지 않는다. 그러나 새로운 일을 한다거나 그것에 가치를 더하는 것은 사실 어려운 일이다. 그렇지 않다면 모든 사람은 언제라도 혁신을 할 것이다. 그런 의미에서 약간 기대감을 낮춰 살펴보자면, 혁신은 불확실하고 끊임없이 변하는 것을 아직 혁신이 필요한지 모르는 사람들을 위해 아직 존재하지 않는 어떤 가치로 바꾸는 것이다.

이는 2.2에서 논의했던 '해결하기 어려운 문제'와 꽤 비슷해 보인다. 그러나 혁신은 그러한 해결하기 어려운 문제를 푸는 데서 끝나는 것이 아니라, 그 문제를 해결함으로써 새로운 가치를 만들어내고자 한다. 혁신은 해결하기 어려운 문제를 대면하고, 그 안의 모순을 해결하며, 그것을 사용자가 의미와 가치를 부여하는 어떤 것으로 변화시키려 한다.

이 지점은 다시 디자인이 역할을 하는 부분이다. 이미 살펴보았듯이, 디자인 사고는 해결하기 어려운 문제를 다루는 데 큰 도움을 준다. 그리고 디자이너들은 사용자가 바라거나 필요한 것을 잘 이해하며, 디자인에 담아낼 수 있다. 본질적으로 난제들을 해결하거나 사용자에게 가치를 제공하는 해결책을 만들기 위해서는 혁신에 디자인이 필요하다. 또는 미네소타 대학의 존 모라벡John Moravec이 언급했듯이 "혁신은 창의성을 목적에 따라 적용하는 것이다"(2009). 이전에 논의했듯이, 창의적인 것과 목적 지향적인 것이 혼합된 영역이 바로 디자인 영역이다.

혁신에는 디자인이 필요하다

혁신에 필수적인 디자인 개념은 이 책의 파트 1의 서론에서 다룬 패러다임 전환과 밀접하게 연결되어 있다(16쪽 참조). 클라이브 그리니어Clive Grinyer의 강연 'Lipstick on a pig('호박에 줄 긋기'라는 의미—옮긴이)'(222쪽 '참고 웹사이트' 참조)에서도 이 점이 논의되었는데, 그는 "디자인은 종종 알려지지 못하거나 잘 관리되지 않거나 적시를 놓친 제품 개발과 혁신이 성공하도록 만드는 필수적인 도구다"라고 했다. 그리니어는 "우리가 기술적인 제품을 개발할 때 사람을 고려해야 하기 때문에", 그리고 혁신에 관련된 기술자들은 이를 사용할 사람들과 같지 않기 때문에 혁신에는 디자인이 필요하다고 주장한다. 혁신 프로세스 초기부터 디자인을 함께 시작한다면 디자인은 기술을 충분히 유용하게 만들 수 있다.

마티 뉴마이어도 혁신에 디자인이 필요한 이유에 대해 "디자인은 가능한 미래를 파악하고, 흥미로운 제품을 개발하며, 고객들을 연결하고, 해결하기 어려운 문제를 처리하는 것, 그리고 그 이상을 할 수 있는 능력을 갖추고 있다"고 주장한다. 뉴마이어는 디자인이 "거의 한 세기 동안 조연이나 대역으로 격하된 채 참을성 있게 기다려왔으며", 단지 아이덴티티와 커뮤니케이션을 위한 '뷰티숍'으로, 또는 제품이 론칭되기 전 마지막 단계로 이용되었다고 말한다. 사실 디자인의 진정한 힘은 성장을 촉진하고 사용자를 혁신으로 이끄는 것에 있다. 저명한 사회과학자이자 노벨상 수상자인 허버트 사이먼Herbert Simon은 『인공 과학The sciences of the artificial』(1969)에서 "현재 상황을 더 나은 것으로 바꾸기 위해 새로운 행동 방식을 고안하는 사람은 모두가 디자이너이다"라고 주장했다. 사이먼의 정의에 따르면, 디자인은 혁신이며 변화이다.

혁신은 불확실하고 끊임없이 변하는 것을
아직 혁신이 필요한지 모르는 사람들을 위해
아직 존재하지 않는 어떤 가치로 바꾸는 것이다.

디자인에는 혁신이 필요하다

뉴마이어와 그리니어는 디자인을 중심에 놓고 혁신을 필수적으로 여기는 컨설턴트이며, 이러한 컨설턴트들이 증가하고 있다. 이들은 각자 비즈니스 배경을 가지고 디자인 커뮤니티를 위해 놀라운 작업을 하고 있다. 다행스럽게도 유럽 커뮤니티와 영국디자인협의회UK Design Council 같은 기관에서도 이러한 트렌드를 따르고 있다. EU 보고서 「사용자 중심 혁신을 위한 동력인 디자인」에서는 다음과 같이 밝히고 있다.

"……결과가 설득력이 있다. 디자인에 투자한 기업들은 그렇지 않은 기업보다 더욱 혁신적이고, 수익성이 높으며, 빠른 성장세를 보인다. 거시 경제의 차원에서 디자인 사용과 국가 경쟁력 사이에는 강력한 상관관계가 존재한다. (…) 흔히 디자인을 제품의 미학적 측면이나 '외형'에만 연관 짓지만, 현실에서 디자인이 활용되는 범위는 훨씬 넓다. 사용자의 니즈, 열망, 능력은 디자인 활동의 출발점이자 초점이다. 디자인은 경제적 요건뿐만 아니라 환경, 안전, 접근성에 대한 요건을 제품, 서비스, 시스템으로 통합하는 잠재성이 있기에 대중의 주목을 받을 만한 영역이다."

영국디자인협의회는 설득력 있는 통계를 통해, 조직을 더욱 혁신적이고 경쟁력 있게 만드는 디자인의 역할을 설명하고 있다. "리서치는 디자인이 경쟁 우위의 중요 원천임을 밝히고 있다. (…) 영국에서 디자인을 사용하지 않는 회사의 45퍼센트는 주로 가격으로 경쟁하지만, 디자인을 중시하는 회사들은 그중 21퍼센트만이 가격으로 경쟁하였다. 디자인이 비즈니스에 필수적이라고 밝힌 회사의 84퍼센트가 디자인을 통해 그들의 경쟁력을 높였다고 답했다. 79퍼센트는 경쟁력 측면에서 디자인의 중요성이 지난 10년간 증가했다고 생각했으며, 제조 회사들 중 55퍼센트는 앞으로 5년간 디자인과 개발을 경쟁 우위를 위한 가장 중요한 원천으로 보고 있다."

연습해보기: 브랜드 주도 혁신에서 디자인의 역할

목적

이번 연습에서는 혁신이 어떻게 브랜드와 연결되어 있는지 생각해보고, 이 관계를 구축할 때, 그리고 혁신을 가치 있고 중요하게 만드는 과정에서 디자인의 역할을 알아본다.

준비

카메라, 벽면, 포스트 카드 16장 또는 큰 포스트잇, 테이프, 사인펜, 4명으로 구성된 팀.

진행 과정

앞으로 며칠 동안 가치 있거나 의미 있다고 생각하는 혁신적인 제품이나 서비스를 기록한다. 각 혁신 아이템을 카메라로 찍어 사진을 출력한다. 그다음 빈 카드나 포스트잇 4장을 준비하고 다음 질문에 대한 답을 적는다.

1 | 이 혁신이 왜 가치 있다고 생각하는가?
2 | 이 혁신은 자신의 브랜드에 어떻게 연결되어 있는가?
3 | 이 연결을 만드는 데 있어 디자인은 어떤 역할을 하고 있는가?
4 | 이 혁신을 가치 있다고 느끼게 하는 디자인의 역할은 무엇인가?

모든 참가자들이 카드나 포스트잇을 해당 이미지 옆에 순서대로 붙인다. 그런 뒤 그룹으로 모여 자신이 찾은 것을 순서대로 발표하고 서로 비슷한 점과 다른 점에 대해 토의한다. '브랜드 주도 혁신에서 디자인의 역할은 ○○이다'에 빈칸을 채우며 정의를 완성한다. 모두가 동의하는 만족스러운 정의를 내려본다.

여러분이 발견한 혁신 사진과 해당 설명을 www.branddriveninnovation.com/book/the-role-of-design-in-bdi에 게시한다.

사례 연구:
발틱 현대미술센터 Baltic Centre for Contemporary Art, UK

BALTIC

사례 연구의 목적

이번 사례 연구에서는 혁신을 통한 브랜드 구축에서 디자인의 역할을 더욱 자세히 이해하고, 실질적인 결과를 도출하는 데 있어 디자인이 할 수 있는 다양한 역할, 즉 전략, 프로세스, 서비스 및 문화적 변화를 디자인하는 것을 배울 것이다.

발틱

영국 게이츠헤드Gateshead에 있는 발틱 현대미술센터는 타인강River Tyne 남부에 있는 오래된 산업 제분소 건물에 들어선 미술관으로, 그러한 종류로는 세계 최대 규모이다. 발틱은 영구 소장품이 없는 대신 전 세계 현대 예술 실무에 인사이트를 제공하는 전시 프로그램을 가변적으로 진행한다. 발틱의 비전은 '현대 시각예술에 대한 지식, 이해, 열망을 심화시키는 프로그램을 통해 사람들의 삶을 풍성하게 하는 동시에 그 영향력을 증대하고 확장하는' 미술관이 되는 것이다. 이는 혁신하고자 하는 브랜드 비전을 보여주는 좋은 예이며, 발틱이

발틱 현대미술센터
영국 게이츠헤드에 있는 발틱은 타인강 남부의 오래된 제분소에 들어선 현대미술관으로, 이러한 종류로는 세계에서 가장 큰 규모를 자랑한다.

실제로 예술을 통해 사람들의 삶에 다가갈 수 있을 때 비로소 발틱은 가치 있는 곳이 될 것이다.

도전

결과적으로 이는 '해결하기 어려운 문제'를 제기한다. 그것은 꽉 채워진 삶과 부족한 시간에도, 그리고 예술, 특히 미술관이 현대인의 일상 속 일부로 자리잡지 못하는 경향에도 불구하고, 어떻게 의미 있는 방식으로 사람을 예술에 연결시킬 수 있을 것인가 하는 문제이다. 2002년 개관 이후 발틱에는 300만 명 이상의 관람객이 다녀갔지만, 예술 애호가에서 예술 초보자에 이르기까지 다양하게 구성된 지역사회에 현대 예술을 향유하게 하려는 발틱의 포부는 늘 성공적이지만은 않았던 것이 분명했다. 발틱은 직원들이 최선을 다하고 있음에도 불구하고, 많은 관람객들이 미술관에 기대하거나 바라던 만큼 환대받거나 전문적 지식이나 정보를 얻지 못하고 있어 정기적인 재방문으로 이어지지 못한다고 생각했다. 간단히 말해, 발틱의 브랜드 약속은 실현되지 않고 있었다. 미술관을 찾는 관람객들에게는 더 풍성하고 체험적인 활동이 필요한 것이 분명했다. 예술 작품이 관람객과 개별적으로 연결될 수 있는 방법이 없다면, 최고의 예술 작품을 전시하는 것만으로는 충분하지 않다. 이를 이루고자 목표하는 안내 직원과 관람객 자신보다 그 연결을 더 잘 '디자인'할 사람은 없지 않을까?

서비스 디자인 에이전시 고용

발틱은 더 많은 방문객, 특히 그 지역사회의 방문객을 유치하고, 그들의 경험을 향상시키며, 충성도 있는 정기 관람자를 확보할 수 있도록 런던의 서비스 디자인 에이전시인 리브워크 live|work에 도움을 요청했다. 앞서 62~63쪽에서 살펴보았듯이, 서비스 디자인은 디자인이 제공할 수 있는 최고의 방법을 이용하는 새로운 분야이며, 신규 서비스나 경험의 개발에 이 방법을 활용한다. 리브워크는 "서비스는 시간의 흐름 속에서 다양한 터치포인트를 통해 이루어지는 몇몇 인터랙션으로 구성된다"고 말한다. 이 터치포인트는 사람들의 개인적인 기대감을 넘어서야 하기도 하지만, 공동의 멋진 경험을 만들어내기 위해서는 함께 작동해야 한다. 리브워크의 벤 리즌Ben Reason은 이 작업에 대한 견해를 다음과 같이 설명한다. "우리의 작업은 사람들에 대한 깊은 인사이트와 그들이 서비스를 대하는 행동 방식을 고려해 이루어진다. 우리의 디자이너들과 에스노그래퍼ethnographer는 숨어 있는 기회를 찾아내기 위해 그 회사의 직원들은 물론이고 사용자와도 함께 작업한다. 우리는 복잡한 문제를 즐기고, 쌍방향의 경험을 실재화한

다. 우리는 이러한 문제들을 해결하기 위해 창의적인 방법들과 디자인을 이용한다."

프로젝트

이 프로젝트는 여러 직급으로 구성된 16명의 발틱 직원들과 밀착 작업하여 현재의 고객 경험을 개선하는 데 목적을 두었다. 이 프로젝트는 발틱 안팎에서 좋거나 나쁜 고객 경험으로 생각되는 것들을 기록하기 위해 직원들에게 '카메라 프로브camera probes'(일회용 카메라와 사진첩)를 나누어주면서 시작되었다. 그 결과 직원들은 새로운 서비스 제안의 기반이 되는 주요 고객의 '니즈'와 잠재적인 '기회'들을 모을 수 있었다.

다음 단계로, 사파리에서 야생 동물들을 경험하는 것처럼 서비스를 몸소 경험해보는 '서비스 사파리' 리서치를 수행하게 했고, 직원들은 고객처럼 행동하도록 요청받았다. 직원들은 온갖 형태의 서비스가 주는 다양한 경험을 통해, 발틱 외부에서는 어떻게 서비스가 이루어지고 있는지 깨닫고, 이를 발틱에서 제공하는 서비스와 비교하면서 생각하게 되었다.

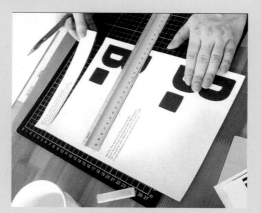

디자인 리서치 도구와 워크숍

리브워크는 발틱이 자신에 대해, 그리고 관람객과의 관계에 대해 더 잘 이해할 수 있도록 다양한 디자인 리서치 기법과 창의적인 워크숍을 이용했다.

리브워크와의 작업으로 발틱은 발틱이 주는
특별한 방문자 경험을 정의할 수 있었을 뿐 아니라,
전반적으로 문화적 변화의 여정을 시작하게 되었다.

이 과제들의 결과는 프로젝트의 다음 단계에서 영감을 주는 자료로 사용되었다. 서비스 사파리에서 발견한 니즈와 기회를 이용해, 직원들은 순식간에 관람객 응대를 개선하는 방식에 관한 140개 이상의 아이디어를 쏟아냈다. 프로젝트가 추상적인 단어로 사라지지 않게 하기 위해 이 아이디어들은 명확하게 스케치되었다.

어느 콘셉트를 추진할지 투표한 다음, 직원들이 두꺼운 종이판과 접착 시트가 뒷면에 부착된 플라스틱을 활용하여 그들의 아이디어에 대한 대략적인 프로토타입을 만들었다. 이는 아이디어의 실행 가능성과 성공 여부를 빠르게 판단하기 위해, 미술관 개장 시간 동안 관람객과 다른 발틱 직원들에게 실시간으로 테스트하고자 함이었다. 각 그룹은 자신들이 프로토타입 세션에서 받은 인상과 발견점을 기록했고, 이 내용을 바탕으로 다음 프로토타입 제작을 반복했다. 이런 방식으로 직원들은 성공적으로 프로토타입을 만들어내고, 네 가지 서비스를 제안, 실행했다.

고객 경험을 향상하는 데 있어 서비스 디자인을 지속적으로 사용하기 위해 리브워크는 아이디어 월ideas wall을 활용하고 기업 내 혁신팀을 도입했다. 이 팀은 프로젝트 진행 과정을 점검하기 위한 세션을 정기적으로 개최하고, 더 많은 아이디어를 적용하기 위해 타깃을 정하고, 발틱 사내 전산망에 아이디어 블로그를 만들었다.

발틱 사례에서 얻은 결론

1 | 브랜드 비전은 중요하지 않을 수 없다. 공공 서비스 분야뿐만 아니라 다른 환경에서도 기업은 그들의 비전을 전달해야 한다.
2 | 비전을 달성하기 위해서는 거의 모든 경우 혁신이 필요하다. 항상 하던 방식만으로도 브랜드 약속을 이행할 수 있다면, 당신의 비전은 별로 야심찬 것이 아닐 것이다.
3 | 제품, 환경, 커뮤니케이션뿐만 아니라 서비스를 포함한 모든 것은 디자인될 수 있다.
4 | 서비스 디자이너들도 다른 디자인 분야와 동일한 방법론, 프로세스, 사고 방법, 기술, 도구를 사용한다. 그러나 사람들은 서비스 디자이너들이 그들이 만드는 서비스의 본질 때문에 이러한 것을 더욱 집중적으로 활용한다고 주장한다.
5 | 서비스 디자인에서는 다양한 터치포인트 범주에서 발생하는 일련의 인터랙션에 대한 이해가 필요하다. 이러한 인터랙션은 흥미진진한 소비자 여정consumer journey으로 조화롭게 만들어져야 한다. 서비스 디자인은 상당 부분 디자인을 통해 사람들의 행동을 용이하게 만드는 것이다.
6 | 디자인은 이해관계자인 사용자와 직원 모두가 프로세스에 더 많이 참여하도록 만든다. 이를 통해 프로젝트에 개입과 참여가 이루어지고, 이렇게 도출한 결과는 직접적 수혜자들에게 즉각적으로 적합한 것이 된다.
7 | 디자인 리서치 도구는 이용하기 재미있고 시각적인 동시에 영감을 자극하는 결과물을 빠르게 만들기 때문에 실무에서 실행하기 상당히 쉽다. 그러나 정성적 조사로 얻는 재미와 영감을 주는 요소와, 정량적 조사를 통한 정확성 및 신뢰도 간에는 상충 관계가 있다. 이 두 가지는 함께 사용하는 것이 현명할 때가 많다.

발틱 재방문
리브워크는 '당신은 이것을 보지 않고는 못 배긴다'라고 쓴 거대한 포스터 같은 매체를 건물 외벽에 부착하여 더 많은 관람객을 모집했다.

직원에게 힘을 실어주는 도구를 받고 자극이 되어,
주도적인 몇 명만이 아니라 모두가 열성적으로
관람객과 직원을 향상시키는 일을 도모했다.

클레어 바이어즈Clare Byers,
발틱의 커뮤니케이션 디렉터

발틱의 사무실

발틱 리셉션 구역의 안내
데스크는 이 미술관의 비전과
발틱이 관람객과 직원을
대하고자 하는 방식을
보여준다. 발틱의 서비스
향상을 위해 진행된 리서치
중 일부는 관람객에게
직접적으로 솔직하고 분명한
의견을 묻는 것이었다.
한 예로 이 포스터는 다음과
같은 질문을 숨김없이 던진다.
'우리가 마음에 들었나요?'

2.6 결론: 브랜드 주도 혁신에서 디자인의 역할

이번 장에서는 브랜드 주도 혁신에서 디자인의 역할을 살펴보았다. 우리는 디자인이 전략에서 중요하다는 점을 배웠다. 즉 무엇보다도 디자인은 전략 실행에서 필수적인 역할을 한다. 추상적인 것을 구체적인 것으로 바꾸고 비전을 가치로 전환시키는 능력이 있다. 또한 단절된 여러 영역들을 연결해 조직의 다양한 자원 사이에서 시너지를 만들어내는 능력이 있다. 그러므로 디자인은 수행 기능과 연결 기능이 있다고 할 수 있으며, 두 기능 모두 브랜드 주도 혁신에 필수적이다.

다음으로 우리는 전략을 세우고 매니지먼트를 디자인하기 위해 디자인의 '상향적 영역'에 있는 디자인의 세번째 직무를 살펴보았다. 이는 실행적인 활동으로서의 디자인 영역이 아니며, 디자인 사고의 영역에 속한다. 우리는 디자인 사고가 무엇을 수반하는지, 어떻게 해결하기 어려운 문제를 풀도록 돕는지도 살펴보았다. 디자인 사고자들은 서로 다른 사고 모드를 재빨리 전환하는 능력이 있으며, 분석, 아이디어 도출, 프로토타입 제작, 테스트로 이어지는 반복적인 순환 고리를 따른다. 이렇게 함으로써 그들은 전략을 시각화하고 시도할 수 있다. 이는 전통적인 경영대학의 분석법과 전략 선택에 가치를 더해준다.

우리는 디자인 리서치를 디자인을 위한 리서치와 디자인에 의한 리서치로 정의하고, 리서치 안에서 디자인의 기능을 살펴보았다. 첫째는 디자이너들이 작업을 잘할 수 있도록 필요한 정보와 영감을 불어넣어 주는 것을 목표로 한다. 둘째는 리서치를 수행할 때 디자이너들의 도구 상자를 사용하여 접근이 쉽고, 영감을 자극하는 데이터를 만들어내며, 즉각 열려 있고 재미있는 프로세스를 만드는 것을 목표로 한다. 그 다음에는 디자인이 어떻게 브랜드 비전을 실현하고 혁신을 의미 있게 만드는지 보여주면서 혁신과 브랜딩이 어떻게 디자인을 필요로 하는지 살펴보았다.

결론적으로 디자인이 뭔가를 더 예쁘게 만드는 방법 이상임을 입증했다. 디자인은 전략적 역할을 수행하고 무언가를 창조해내는 프로세스이자, 주변 세계를 사고하고 리서치하는 방식이다. 디자인은 단절된 것을 연결하고, 무형의 것을 유형의 것으로 바꾸고, 개연성을 시각화하고 프로토타입으로 만들며, 비전에서 가치를 이끌어내는 능력으로, 브랜딩과 혁신을 함께 묶는 자석 같은 힘을 제공한다. 디자인은 브랜드가 혁신을 이루고, 혁신이 비전에 녹아들게 한다. 디자인은 브랜딩과 혁신이 만드는 마법 같은 춤에 사용되는 음악이다.

> 디자인은 단절된 것을 연결하고, 무형의 것을 유형의 것으로 바꾸고,
> 개연성을 시각화하고 프로토타입으로 만들며,
> 비전에서 가치를 이끌어내는 능력으로,
> 브랜딩과 혁신을 함께 묶는 자석 같은 힘을 제공한다.

6 혁신—브랜딩 고리

1장에서 다루었듯이 혁신과 브랜딩은 상호 공생의 영원한 고리 안에 자리잡고 있다. 디자인은 이 공생 관계가 지속되도록 만드는 자석이다.

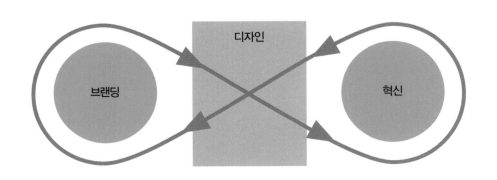

2장의 주요 인사이트 요약

1 디자인은 추상적인 것을 구체적인 것으로 바꾸고 단절된 영역을 통합하는 능력이 있어 전략 수행에 탁월하다.

2 디자인에는 하향적 영역, 연결 기능, 상향적 영역이 있으며, 세 가지 모두 똑같이 중요하다.

3 디자인의 전략적 역할은 전략적으로 디자인하는 것뿐만 아니라, 전략을 디자인하는 것이다.

4 제품, 커뮤니케이션, 환경을 창조하는 디자인뿐만 아니라, 디자인 사고와 디자인 리서치도 존재한다.

5 디자인 사고란 자유자재로 사고 모드를 다르게 전환하는 능력이라고 정의할 수 있으며, 분석, 아이디어 도출, 프로토타입 제작과 테스트 과정을 반복적으로 활용한다.

6 디자인 리서치란, 디자인을 위한 리서치와 디자인에 의한 리서치로 정의된다. 첫번째는 고무적인 결과를 이끌어내며, 두번째는 열린 프로세스를 만들어준다.

7 디자인은 비전을 가치로, 추상적인 것을 구체적인 것으로 전환해주기 때문에 브랜드에는 디자인이 필요하다. 디자인은 약속을 이행한다.

8 디자인은 혁신을 브랜드 비전, 사용자의 실제 니즈와 열망에 연결할 수 있기 때문에 혁신에는 디자인이 필요하다. 디자인은 혁신을 의미 있게 만들어준다.

9 디자인, 디자인 전략, 디자인 사고, 디자인 리서치 모두는 브랜드 주도 혁신에 필수적이다.

PART II
실무에서 브랜드 주도 혁신

Brand-driven innovation

in practice

브랜드 주도 혁신을 실현하는 프로세스를 간결하게 하는 공식을
만든다면, 그리고 그것이 시스템 재구축이나 실수들을 피하도록
돕는다면 정말 유용할 것이다. 하지만 한편, 모든 경우에
들어맞는 하나의 공식과 같은 방법을 찾는 것은 쉽지 않다.
현실은 프레임워크나 프로세스, 또는 특정 방법에 들어맞지 않는
경향이 있기 때문이다. 미리 준비된 방법은 일이 안정적이고
순차적으로 발전되도록 안내하지만, 실제 현실은 이와 반대로
뒤죽박죽이고, 반복을 거듭하고, 동시다발적이다.

파트 2는 파트 1에서 정리한 이론적 근거를 기반으로 한다. 브랜딩과 혁신 사이의 시너지와 그 시너지를 발전시키는 디자인의 필수적인 역할을 폭넓게 살펴보고, 이제 실제적 관점에서 브랜드 주도 혁신을 살펴볼 것이다. 실무에서 브랜딩과 혁신 사이의 시너지를 만들기 위해 거쳐야 하는 구체적인 단계를 살펴보고, 디자인이 이 프로세스를 도울 수 있는 방법을 확립할 것이다.

파트 2의 목적은, 학생들과 실무자들이 일상 업무에도 쉽게 적용할 수 있는 브랜드 주도 혁신에 필요한, 구체적이고 단계적인 방법론을 수립하도록 돕는 것이다. 이 책에서 제안하는 브랜드 주도 혁신의 4단계 방법은 서론에서 그 방법적 타당성과 신뢰성에 대해 비평적으로 살피면서 다루고자 한다.

PART II 소개
조직을 위한 브랜드 주도 혁신의 작동법

브랜드 주도 혁신을 위한 실제적 방법

파트 2에서는 브랜드 주도 혁신BDI, brand-driven innovation을 위한 실제적이고 단계적인 작동 방법을 제시한다. 이는 브랜드 주도 조직이 되고자 할 때 방향을 제시해주고, 프로세스를 용이하게 하는 매우 유용한 체크리스트와 가이드라인이 될 것이라 확신한다. 동시에 이 방법은 중요하게, 창의적으로 사용되어야 한다. 이어지는 장에서 그 이유를 살펴볼 것이다.

우리는 방법이 필요하다

현대의 삶은 복잡하다. 우리가 일상에서 동시에 수행해온 업무의 양은 엄청나다. 일상적인 결정을 내릴 때 고려할 요인의 수는 이미 많고 시간이 흐를수록 증가하는 추세이다. 처리해야 할 문제에 관계된 이해관계자의 수 또한 점점 증가하고 있다. 특정 퍼즐 조각을 다루기 위해서는 특정 전문가가 필요하지만, 퍼즐을 모아 맞추려면 통합적 관점을 가진 제너럴리스트도 필요하다. 그런데 이런 제너럴리스트들이 전문가를 이해할 수 있을까? 오늘날 우리가 다루는 문제들은 정확히 정의하기 어렵고 매우 모순적이며, 우리가 그 일에 매달려 있는 사이에 변하기도 하기 때문이다(2.2 참조).

만일 새로운 업무마다 아무것도 없는 바닥에서부터 접근해야 한다면 일을 진척시킬 수 없을 것이다. 온종일 해결점 근처에는 가지도 못한 채 문제에 접근하는 방안을 만드느라 바쁠 것이다. 이러한 총체적 난국에 대한 해결책이 바로 방법을 고안해내는 것이다. 방법론은 복잡한 프로세스를 일반화, 단순화하고, 부분으로 나누어준다. 방법은 우리에게 "이 문제를 다루어야 하는 사람은 당신이 처음이 아니다. 이전에도 이 문제를 다루어온 사람들이 있었다. 이전의 사람들을 살펴보면, 당신은 그들이 특정 결과를 이루었을 때 다음 단계로 나아가면서, 특정 순서로 단계를 밟아간 것을 이해하게 될 것이다"라고 말해준다. 방법은 바로 이런 내용을 제공해주며, 이는 구체적인 최종 목표에 도달하기 위해, 특정한 순서로 배열된 하위 목표를 가지고 그 과제를 수행하도록 해주는 처방전이다. 방법은 초기 단계의 불안정성이나 복잡성을 없애주고 구조와 전체에 대한 인식을 회복함으로써 복잡한 과업을 수행하도록 돕는다.

방법이 하지 못하는 것

방법이 문제를 해결해주지는 않는다. 기껏해야 문제를 해결하도록 도와줄 뿐이다. 방법들은 특정 목적에 유용한 도구이자 다른 사람에 의해, 그들을 위해 세워진 전략에서 발전된 것이다. 방법은 상식, 올바른 판단력, 고유의 전문성을 대신하는 것이 아닌, 과제를 원활하게 수행할 수 있게 해주는 도구로 보는 것이 중요하다. 목수는 망치가 자신을 대신해 못을 박아줄 것이라고 기대하지 않는다. 목수가 망치를 이용해야 한다. 망치가 여러 종류의 나무나 못에 맞춰 저절로 바뀔 것이라고 기대하지도 않는다. 목수는 그저 상황에 맞게 자신의 전문 기술을 적용하고, 그에 따라 망치를 어떻게 사용할지 조절하면 되는 것이다. 하지만 이상하게도 우리는 가끔 방법이 우리를 대신해 일하기를 기대하고, 문제의 구체적인 맥락에 상관없이 일을 해결해주기를 기대하는 실수를 한다. 이러한 경향은 우리가 희망적인 사고를 하기 때문이다. 방법은 복잡한 문제만큼이나 많다. 우리가 대면한 각각의 복잡한 문제에 대해 이미 완성되어 선반 위에 놓인 방법을 골라잡을 수만 있다면, 그래서 짜잔! 하고 문제가 사라져버린다면 우리 삶은 더욱 쉽고 생산적으로 이루어질 것이다. 그렇지 않을까?

불행히도 이런 마법이 왜 통하지 않는가에 대한 충분한 이유가 있다. 그 이유는 방법이 유용해지기 위해 본질적으로 복잡한 프로세스를 일반화, 단순화하고, 세분화하는 특성을 내포하기 때문이다. 이 특성들에 대해 좀더 자세히 살펴보자.

1 | 일반화: 방법이 일반화를 이루지 못한다면, 새로운 상황마다 새로운 방법론이 필요할 것이다. 방법은 만일 문제 A가 문제 B와 유사하다면, A와 B 사이에 차이점이 있어도 이 문제를 해결하는 데 동일한 방법을 사용해도 괜찮다고 가정한다. A와 B의 유사점을 비교했을 때 두 문제의 차이점이 얼마나 큰지 아무도 말해주지 않는다. 바로 이 부분에서 철저한 검토가 필요하다. 우리가 두 문제를 해결하려고 같은 방법을 사용할지라도, A에 대한 방법은 B와 비교해 조금 다른 접근법, 약간 다른 초점, 업무 순서에서 작은 변화를 이룸으로써 유익한 결과를 얻을 수 있다. 우리는 방법들을 만들어내고 적용하기 위해 일반화할 필요가 있다. 그러나 방법들을 올바르게 활용하려면 상황에 맞게 조절해야 한다.

2 | 단순화: 방법들은 전체적인 관점과 명확성을 중요시하기 때문에 문제의 복잡성을 간과한다. 어떤 문제는 지나치게 복잡해서 실제로 그 문제를 풀기 위해서는 일련의 수많은 단계가 필요할 수도 있다. 하지만 방법들이 수많은 단계를 미리 규정한다면, 단지 그 한 가지 문제만 해결하게 될 수밖에 없게 될뿐더러, 결국에는 명료함과 전체적인 관점을 제시하지 못한다. 따라서 실제로 복잡성이 충분히 고려되었는지 확인하기 위해서는 방법들이 어느 지점에서 단순화되었는지 이해하는 것이 중요하다.

3 | 세분화: 방법들은 프로세스를 작은 덩어리로 나누어준다. 이를 통해 전체적인 구성을 미리 살펴볼 수 있고, 쉽게 계획을 세울 수 있으며, 하위 목표와 단계별 산출물을 그려볼 수 있다. 사실 프로세스는 개별 덩어리들로 분리될 수 없는데, 이들은 서로 영향을 끼치고, 동시에 발생하고, 서로 작동한 결과에 따라 결정되기 때문이다. 다시 말해, 각 부분이 전체를 이루는 방식과 각 부분의 연관성을 잃지 않으면서 전체적인 흐름과 구조를 만들 수 있도록 부분들로 나누는 것이 관건이다.

브랜드 주도 혁신을 위한 방법 제안

앞서 1장과 2장에서 논의했듯이, 브랜드 주도 혁신은 프로세스가 복잡하다. 또한 이것은 여러 개념과 함께, 다양한 관심을 가지고 조직 내에서 오랜 시간 여러 역할을 수행하고 있는 수많은 이해관계자를 다루고 있다. 이런 이유 때문에 학문적 리서치와 비즈니스 실무에서의 폭넓은 테스트를 바탕으로 브랜드 주도 혁신을 위한 방법이 개발되었다.

브랜드 주도 혁신 방법은 본질적으로 조직이 효과적으로 혁신할 수 있는 방법을 제공하기 위한 것으로, 하나의 브랜딩 방법이나 하나의 디자인 방법과는 다른, 하나의 혁신 방법으로 인식할 수 있다. 브랜드를 혁신의 동력으로 이용하고, '디자인 사고design thinking'를 혁신의 프로세스에 이용하며, '디자인하기design doing'를 혁신의 결과물로 이용하기 때문이다. 이 방법은 기존의 혁신 방법(예: 스와미다스Swamidass, 2000)을 기반으로 한다. 즉 몇 단계로 구성된 프로세스를 제안하고, 아이디어와 비전을 현실적이고 의미 있는 해결 방안으로 전환시키는 것으로 혁신을 명확히 규정한다. 그러나 포레스트Forest(1991; 스와미다스, 2000 재인용)에 의하면 대다수의 혁신 모델은 혁신의 선행 단계를 무시하고, 혁신 프로세스가 전략 기획과 어떻게 관련되는지 고려하지 못하며, 혁신을 내외부 맥락에서 고립된 프로세스로 제시하고, 혁신에서의 인적 요소를 무시하며, 본질적으로 혁신에 내재된 혼란스러운 특성을 간과한다. 이 책에서 제안하는 방법은 외부와 내부의 관점을 반복적으로 오가며, 각 단계가 연속적으로 다음 단계의 발판이 되는 정보를 제공하는 4단계 방식을 제안함으로써 위의 단점을 피하고자 한다.

1   브랜드 주도 혁신
     (BDI) 모델

이 모델은 BDI의 4단계
를 보여주며, 기업 살펴
보기(모델의 내부)와
사용자 및 맥락 살펴보기
(모델의 외부) 사이를
반복적으로 오간다.
이 4단계는 순환한다.
새로운 터치포인트와
끊임없이 변화하는
세계는 브랜드에 영향을
미치고, 이는 1단계로
다시 돌아가게 만든다.

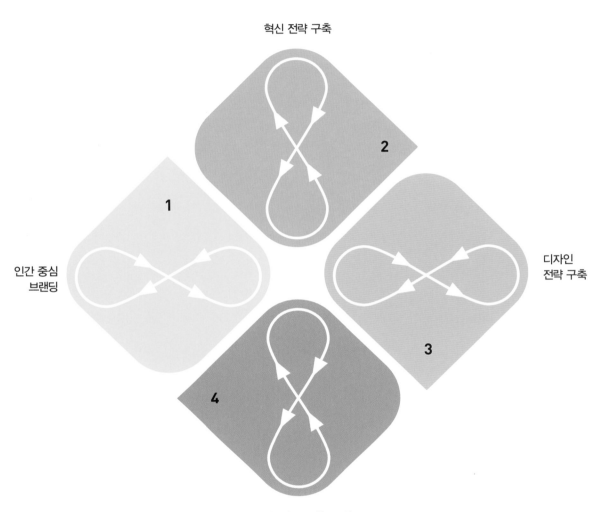

혁신 전략 구축

인간 중심
브랜딩

디자인
전략 구축

터치포인트 종합·구성

1단계: 인간 중심 브랜드 구축

브랜드 주도 혁신 방법론은 만일 브랜드가 혁신을 위한 동력으로 사용될 수 있다면, 먼저 브랜드에 주목해야 한다는 전제에서 시작한다. 기존의 브랜드는 새로운 역할인 혁신을 위한 동력으로 조절될 필요가 있다. 아니면 이런 역할을 수행할 수 있는 새로운 브랜드를 만들어야 할지 모른다. 어느 쪽이든 혁신의 기반이 되는 브랜드는 일반적으로 전통적인 마케팅 커뮤니케이션에서 활용되는 브랜드와는 다르다. 그래서 혁신이 기반이 되는 브랜드는 다른 방식으로 만들어지고 이용되어야 한다. 이 브랜드는 업무의 기초로 브랜드를 다룰 사람들 사이에서, 브랜드를 기반으로 제품과 서비스에서 가치를 이끌어내는 사람들 사이에서 만들어져야 한다. 이에 대한 가장 좋은 방식은 3장에서 설명할 것이다.

2단계: 혁신 전략 구축

브랜드 주도 혁신 방법은 브랜드 주도 혁신 전략과 1단계에서 놓인 기반 위에 만들어진다. 혁신 전략은 조직이 미래에 무엇을 하려는지와 그것을 어떻게 해나갈지를 계획하는 것이다. 여기서 브랜드 주도 혁신 방법은 왜 그것을 하려고 하는가에 대한 본질적인 질문을 추가한다. 이 단계는 '이것이 우리의 브랜드 약속이라면, 어떻게 그 약속을 이행할 수 있을까?'라는 질문을 던진다. 그런 다음 자연스럽게 그 브랜드 비전에 따르는 행동으로 혁신을 제시한다. 이 방법론이 성공적으로 실행되기 위해서는 1단계에서 설명하는 바와 같이, 혁신 전략과 비전이 서로 연결되어야 한다는 점이 필수적이다. 그러므로 브랜드 주도 혁신 방법론의 2단계는 브랜드 약속을 이행하고, 조직과 가치 수혜자인 이해관계자들의 소망을 고려하는 혁신 전략을 수립하는 것이다. 이 단계는 전략을 공식화하고, 이해하기 쉽도록 하고, 영감을 일깨우며, 유용하게 만들고자 디자인 기술을 이용한다는 점이 특징이다. 탄탄한 브랜드 주도 혁신 전략을 구축하는 법은 4장에서 구체적으로 설명할 것이다.

3단계: 디자인 전략 구축

브랜드 주도 혁신 방법의 3단계는 2.4와 2.5에서 다루었듯이, 브랜딩과 혁신에는 디자인이 필요하다는 사실을 전제로 한다. 3단계에서 디자인의 임무는 2단계의 혁신 전략을 실제 생활에서 의미 있는 방식으로 만들어주는 것이다. 이전 단계의 계획이 실제로 빛을 볼 수 있도록 해야 한다. 디자인 전략을 수립하는 것은 2단계에서 마련된 전략의 맥락에서, 디자인을 왜, 어떻게 이용할 것인지, 무엇을 할 것인지를 결정하도록 도와준다. 이 단계에서는 디자인을 주어진 목표에 도달하기 위한 전략을 풀어내는 데 기여하는 도구로 본다. 생산적인 브랜드 주도 디자인 전략을 구축하는 방식은 5장에서 구체적으로 설명할 것이다.

4단계: 터치포인트 종합·구성

브랜드 주도 혁신 방법의 4단계는 실행에 관한 것이다. 앞서 진행된 세 단계에서 결정된 모든 요소들을 작동시키고, 구체적인 터치포인트에서 디자인 전략 착수를 관리할 도구를 제공한다. 이는 여러 디자인 프로젝트를 관리하고 그들을 합리적으로 연결하는 방법을 계획하는 단계이다. 이 단계에서는 의미 있는 브랜드 경험을 만들기 위해 브랜드 주변의 모든 터치포인트들이 서로 조화를 이루어야 한다는 것을 전제로 한다. 통합적이고 설득력 있는 경험을 지속적으로 만들어내기 위해서는 모든 터치포인트가 함께 효과를 낼 수 있도록 종합·구성되어야 한다. 그러기 위해서는 소비자 여정(3.5 참조)을 전체적으로 이해하고, 다양한 디자인 분야의 관계에 대해서도 잘 알고 있어야 한다. 터치포인트 종합·구성은 6장에서 설명할 것이다.

방법의 일환이 되는 브랜드 주도 혁신의 한계점

브랜드 주도 혁신은 항상 선택할 수 있는 최고의 혁신 전략은 아니다. 설령 그렇다 해도 다른 가능성들을 무시한 채 하나의 전략에만 몰두하는 것은 결코 현명한 일이 아니다. 그리고 브랜드 주도 혁신을 작업 방법으로 결정했다면 그것은 단지 방법일 뿐이며, 다른 방법과 마찬가지로 프로세스를 일반화하고 단순화시키며 세분화한다는 사실을 인식하는 것이 현명하다.

먼저 혁신 전략으로 브랜드 주도 혁신을 선택하는 것이 효과적인 상황을 살펴보기로 하자. 문제는 조직이 처한 구체적인 맥락에서 '브랜드가 혁신을 위한 동력으로 적합한가'와 '브랜드를 통해 혁신을 추진할 여지가 있는가'라는 두 가지 요인에 달려 있다(로스캠 애빙과 판 게셀van Gessel, 2008). 첫번째 요인은 우리가 '브랜드 사용성'이라고 부르는 것으로, 디자이너, 개발자, 엔지니어, R&D 연구원, 그 밖의 혁신 프로세스에 연관된 사람들이 브랜드를 이해하는 정도이며, 그뿐 아니라 의미 있는 혁신을 가능하게 하는 브랜드의 깊이, 폭, 진정성의 정도를 말한다. 두번째 요인은 조직의 혁신 잠재력을 나타내는 것으로, 새로운 가치를 주도적으로 개발하기 위해 조직이 경쟁력 있는 분야를 만들어낼 여력이 있는가를 말한다.

브랜드 사용성이 낮을 경우, 조직은 브랜드를 혁신 동력으로 사용하기 전에 브랜드 자체를 만들어야 한다. 그동안 시장 잠재력, 기술, 지식재산권 활용, 또는 사용자 트렌드와 같은 다른 동력을 이용해 혁신 기회를 노려야 한다. 이런 상황에 있는 기업은 브랜드를 구축하고 브랜드 사용성을 높이기 위해 위와 같은 혁신을 이용하는 것이 바람직할 것이다. 이 프로세스는 '혁신 주도 브랜딩'이라 불리는데, 혁신을 구축하기 위해 브랜드가 기초가 되는 대신, 반대로 브랜드를 구축하기 위해 혁신이 기초가 되는 것이다.

혁신 잠재력이 낮을 경우, 조직은 혁신을 위한 동력으로 브랜드를 이용하는 호사를 누릴 수 없을 것이다. 혁신의 동력이 무엇이든 간에 혁신을 위해 가능한 모든 기회를 붙잡아야 한다. 이렇게 타협하게 된 기업은 새로운 제품군으로 다각화하거나 브랜드를 다른 제품 영역에 연결시키며 혁신 잠재력을 높일 수 있는 전략적 행동을 취해야 한다.

브랜드 주도 혁신이 당신이 선택한 혁신 전략이라도, 다른 혁신 전략이 제안하는 것도 여전히 고려해야 한다. 그리고 이는 당신의 접근법과 결합할 수도 있다. 예를 들어, 사용자 중심 혁신UDI, user-driven innovation에 대한 온라인 토론에서도 배울 내용이 많다(예를 들어, 프라할라드Prahalad, 2004, 2008, 폰 히펠von Hippel, 2005 참조). 사용자 중심 혁신에서는 사용자의 희망과 니즈가 핵심을 형성하며, 조직은 사용자에 적응해야 하는 것으로 그 반대는 성립되지 않는다. BDI가 혁신을 위한 동력으로서 조직과 사용자(=브랜드)의 관계를 본다면, 끊임없이 사용자에 초점을 맞추는 것이 종종 필요하다.

다른 혁신 학파는 디자인 주도 혁신DDI, design-driven innovation의 중요성에 대해 이야기한다(이와 같은 제목으로 로베르토 베르간티Roberto Verganti의 2009년 저서 참조). 디자인 주도 혁신에서 혁신은 외부 변화에 대한 반응이기보다, 디자인과 기업가정신을 결합해 새로운 기회와 시장을 만들어내는 것이다. 이 전략은 브랜드 주도 혁신과 매우 비슷하지만, 뛰어난 디자인 리더십의 존재에 상당 부분 의존한다. 어떤 경우에는 디자인 주도 혁신이 따라야 할 영감을 주는 전략일 수도 있다. 때로는 목표를 위해 훌륭하지만 오래된 기술을 사용하는 것도 전혀 문제가 없다. 즉 아직 아무도 발견하지 못했거나 시장화하지 못했던 위대하고 새로운 발명이나 기술을 가지고 있다면, 게다가 사용자들이 그 기술을 가치 있게 느낀다면, 당연히 그것을 사용하라!

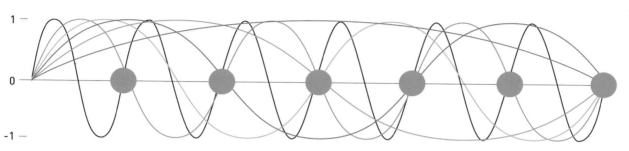

2 BDI의 네 단계가
   언제나 순차적인 것은
   아니다

   도표에서 볼 수 있듯이
   네 단계는 마치 파도처럼
   그 길이와 강도가
   다양하며, 서로 동시에
   일어날 수도 있다.

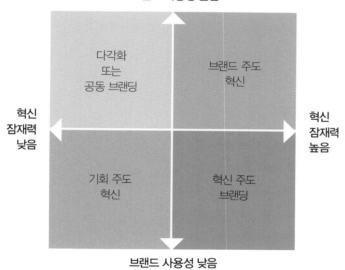

3 BDI가 전략으로
   올바른지 결정하기

   브랜드 사용성과 혁신
   잠재력에 따라 브랜드
   주도 혁신이 따라야 할
   적합한 전략인지
   구분할 수 있다.

마지막으로, 브랜드 주도 혁신을 기업의 상황에 적용시킬 때 조심해야 할 방법론적 위험이 있다.

1 | 일반화: BDI 방법은 본질적으로 각 상황의 특수성을 고려하지 않는다. 다루어야 할 브랜드가 여러 개 있을 수도 있고, 경쟁사가 기업의 시장 점유율을 잠식하고 있을 수도 있으며, 디자이너들이 브랜드를 다루는 데 아무런 문제를 느끼지 못할 수도 있고, 브랜드의 터치포인트 중 단지 몇 개만 통제할 수 있는 상황일 수도 있다. 이런 경우에는 그 방법이 유용해질 때까지 뒤집고, 비틀고, 확장해보기도 하면서 필요에 맞게 방법을 조절한다.

2 | 단순화: BDI 방법은 브랜드에서 혁신을 이끌어내는 프로세스를 단순하게 만드는데, 이는 실제로 인간의 독창성과 훌륭한 기업가 정신이 필요한 까다로운 프로세스이다. BDI 방법은 실제로는 복잡한 개념인 브랜딩, 혁신, 디자인에 새롭고 보다 단순화된 역할을 부여하기도 한다. 그러나 이는 조직에서 본래 수행해야 할 역할을 가지고 있기 때문에 부분적이다.

3 | 세분화: 매 단계마다 다른 형태의 일이 발생하고, 특정한 결과가 요구되기 때문에 BDI는 네 단계로 나뉜다. 하지만 단계들이 항상 시간의 순서를 따르거나 정해진 순서대로 일어난다는 의미는 아니다. 때로는 브랜딩 프로세스에 오랜 시간이 걸리기도 하고, 구축과 탐색에 수년이 걸리기도 한다. 한편 브랜딩에서 도출된 혁신 전략은 내부 또는 외부 환경의 변화에 따라 약 2년마다 조정될 수도 있다. 그리고 나서 여러 개의 다른 디자인 전략이 하나의 혁신 전략에서 나올 수 있는데, 각 전략은 특정 제품 카테고리나 시장 세분화와 연관되어 있다. 이 전략들은 해마다 바뀔 수도 있다. 이러한 디자인 전략에서 생성된 터치포인트들은 계속해서 소규모 프로젝트를 만들어내는데, 이 프로젝트들은 시기적절하게 관리되고 종합·구성되며 처음의 전략에 다시 연결되어야 한다. 각 단계가 시간에 따라 파도처럼 변화하는 긴장감을 볼 수 있을 것이다(83쪽 도표 2 참조). 첫번째 단계가 가장 긴 파장을 나타내고, 네번째 단계의 파장이 가장 짧다.

결론

다음 장에서 소개할 브랜드 주도 혁신 방법은 브랜딩, 혁신, 디자인에 관한 현재 담론에 깊이 뿌리를 두고 있다. 그뿐 아니라 이는 1장과 2장에서 제시된 이론을 바탕으로 파생되어 실무와 학문적 기초 모두에서 전 세계적으로 적용되고 점검되었다. 그렇다 해도 방법에 대해 비판적인 자세를 유지하고 그 범위와 응용 가능성에 대해 잘 아는 것이 바람직하다. 이 소개글은 BDI가 언제, 어디서, 어떻게 최상의 효과를 낼 수 있는 전략인지 판단할 수 있도록, 브랜드 주도 혁신 방법과 그 범위를 토의하기 위해 계획되었다.

생각 고르기:
방법에 대한 고찰

목적

여기서는 지금까지 읽은 내용에 대해 비평적으로 생각하면서, 이 내용을 자신의 경험과 지식에 내재화할 기회를 갖게 될 것이다.

1

1장과 2장을 돌아보았을 때, 여기 제시된 네 단계가 이전의 이론에서 자연스럽게 도출되었는가?

2

네 단계의 내용을 시각화한다면 다음 질문에 답할 수 있을 것이다. 그 안에서 자신이 어떤 역할을 할 수 있는가? 또는 자신이 어떤 역할을 하거나 할 의지를 갖기 위해 무엇이 필요한가?

3

여기 제시된 방법에 대한 비평적 생각이 도움이 되었는가? 제시된 요점에 동의하는가? 방법이 지나치게 문자 그대로 적용되어 실제 상황과는 거리가 멀었던 예를 들 수 있는가?

연습해보기:
자기만의 브랜드 주도 방법 만들기

목적

이 활동을 통해 특정 맥락에서 주어진 문제를 바탕으로 방법과 도구를 개발하고, 1장과 2장에서 배운 내용을 실제적 방법으로 바꾸는 것을 배울 수 있다.

준비

3~5명으로 구성된 팀, 플립 차트 또는 큰 종이, 여러 가지 색상의 포스트잇.

1

각자 10분 동안 BDI 방법이 추구하는 목적이 무엇인지 생각해보자. 예를 들어 '업무를 더욱 효율적으로 하기' 또는 '브랜드 가치를 높이기'와 같은 목적을 포스트잇에 적어보자. 포스트잇을 한 종이에 모아 붙이고 그 내용에 대해 토의하자. '프로세스의 효율성' 또는 '브랜드 의미'와 같이 주제별로 의미를 분류할 수 있는지 살펴보자.

2

1번 목적에 도달하기 위해 필요한 모든 요소, 예를 들어 '공동의 비전' 또는 'R&D와 마케팅은 한 팀'과 같은 요소에 대해 팀원들과 브레인스토밍하자. 각각의 아이디어를 포스트잇에 적은 뒤 한 장 또는 여러 장의 종이에 붙인다.

3

팀원들과 모든 요소에 대해 토의하고 요소들을 '같은 언어로 정의하기' 또는 '아이디어 생산하기'와 같이 분류할 수 있는지 살펴보자. 각 분류별로 종이를 준비하고 포스트잇을 옮겨 붙여 그룹을 만들자.

4

각 분류에서 논리적인 순서를 발견할 수 있는지 살펴보자. 분류들 사이에 순차적인 질서가 자연스럽게 나타나는가? 두 개의 주제가 동시에 발생하기도 하는가? 논리적이라 생각하는 순서대로 종이들을 벽에 붙인다. 각 분류에서는 어떤 일이 진행되는지 분류된 종이에 간략하게 요약해보자.

5

화살표를 이용해 분류들이 서로 어떻게 연결되는지 표시한다. 화살표가 거꾸로 놓이는 경우도 있을 수 있다. 한 분류에서 다음 분류로 가려면 무엇이 필요한지 각 화살표 위에 적어보자.

이로써 당신만의 브랜드 주도 혁신 방법론을 완성하였다. 사진을 찍어 www.branddriveninnovation.com/book/create-your-own-method에 올리고 토론에 참여해보자.

CHAPTER 3
인간 중심 브랜드 만들기

Building a human-centred brand

BDI 방법론의 1단계를 만들어가는 사람들은 자신들의 성과와
갖추고 싶은 영향력에 대한 비전을 공유해야 한다.
그리고 사용자들과 그들이 좋아하는 것에 대해서도
온전히 알아야 한다. 더 나아가 사용자 자신들보다
그들이 좋아하는 것에 대해 더 잘 이해하고 있어야 한다.

브랜드 주도 혁신 방법론의 1단계를 '인간 중심 브랜딩'이라고 하는데, 이는 브랜드가 사람들이 가치 있다고 여기는 혁신을 이끌어내는 도구라고 보기 때문이다. 이 개념은 브랜드의 사용성과 적합성 측면에서 인간 중심적 목적을 위한 브랜딩이다. 즉 이 방법론에서는 반드시 사용성을 고려해 디자인되는 물리적인 도구와 같이 브랜드에서도 사용성 측면을 고려하고, 브랜드가 사람들과 연결되는 방법상의 적합성 또한 고려해야 한다.

이번 장에서는 브랜드를 기초로 혁신을 시작할 때 필요한 것들을 설명한다. 이것은 브랜드 주도 혁신이 일어날 무대를 설치하는 것과 매우 비슷하다. 어쩌면 무대 자체에 대한 것이기도 한데, 무대는 견고하고 충분히 넓어야 한다. 또한 이것은 공연 동안 사용될 무대장치에 관한 이야기이기도 하다. 그러나 무엇보다도 그 연극을 공연할 사람들과 이를 즐길 사람들, 즉 공연자와 관객에 관한 것이다. 공연자들은 서로의 역할을 존중해야 하며, 함께 작업하는 것을 좋아하고 서로를 무조건적으로 신뢰해야 한다.

3.1 브랜드 주도 혁신에서 브랜드의 역할

혁신 기능을 위한 브랜드

어떤 브랜드가 혁신의 기반을 형성하기 위해서는 대개 특별한 주목을 이끌 수 있는 장점이 필요하다. 때로 조직들은 혁신을 추진하고자 할 때 브랜드를 바로 이용할 수 있을 만큼 브랜드가 잘 준비되어 있다. 하지만 대부분 그렇지 못하다. 쉽게 말해 조직에서 브랜드는 마케팅 기능 또한 수행하고 있기 때문이다. 이 역할은 혁신 기능을 위한 브랜드 역할과는 근본적으로 다르다. 우리는 파트 1의 소개글(12~17쪽)에서 이미 브랜드가 수행하는 여러 역할을 살펴보았다. 이번 섹션에서는 혁신 기능을 수행하는 브랜드는 어떻게 다른지 살펴볼 것이다.

1 | 혁신 기능에서 브랜드는 일반적으로 브랜드에 부여되지 않는 분명한 특성을 갖추어야 한다. 예를 들어, 브랜드의 일반적인 역할은 제품의 아이디어를 둘러싼 이야기를 만들고 마케팅에 활용하는 측면이 더 강한 반면, 여기서는 신제품 아이디어 구상에 영감을 주는 역할을 해야 한다.

2 | 혁신 기능에서 브랜드는 브랜드가 자주 수행하지 않는 분명한 역할을 해야 한다. 예를 들어, 조직이 미래에 대한 결정을 할 때 기초가 되는 비전, 모두가 공감할 수 있는 전략적인 비전 역할을 해야 한다. 반면 일반적으로 브랜드는 단지 판매량을 올리기 위해 무형의 가치를 더하는 역할을 할 뿐이다.

3 | 혁신 기능에서 브랜드는 일반적으로 브랜드가 포함되지 않는 프로세스에서 중요한 부분을 차지한다. 대부분 브랜드는 혁신 프로세스 이후에 이루어지는 마케팅과 판매에서 역할을 하는 반면(뷔에이스Buijs와 발켄부르그Valkenburg, 2005), 혁신 기능 브랜드는 아직 디자인 브리프를 만들기 전, 아이디어와 잠재적 방향성, 정보만 있는 혁신의 모호한 초기 단계에서 역할을 한다(코엔Koen 외, 2002).

4 | 혁신 기능에서 브랜드는 일반적으로 브랜드와 업무 관련성이 적어 익숙하지 않은 사람들이 사용하게 된다. 예를 들어, 마케팅 담당자가 브랜드를 다루는 것이 훨씬 일반적이지만, 이 경우 브랜드는 기술 지향적이고 이성적인 성향의 사람들로 구성된 R&D팀이 사용하게 될 것이다.

이 네 가지 기준은 브랜드 주도 혁신 여정을 시작할 때 마주할 브랜드의 상태를 평가하기 위해 활용할 수 있는 체크리스트(218~219쪽 참조)를 구성한다.

BDI의 인간 중심 브랜딩 단계에는 체크리스트(218~219쪽 참조)에 나온 전반적인 조건에 따라 다음 세 가지 시작 단계가 존재한다.

- '약간 그렇다'와 '그렇다'에 해당하는 항목이 15개 이상인 브랜드는 A 범주에 속한다.
- '약간 그렇다'와 '그렇다'에 해당하는 항목이 10~15개인 브랜드는 B 범주에 속한다.
- '약간 그렇다'와 '그렇다'에 해당하는 항목이 10개 미만인 브랜드는 C 범주에 속한다.

A

브랜드의 상태가 매우 양호하고, 브랜드 주도 혁신에 매우 적합하며 많은 작업이 필요하지 않다.

앞서 보았듯이, 때로는 조직 내에서 브랜드가 이미 그러한 기능을 하고 있거나 그에 가까운 역할을 하고 있다. 이는 흔히 페스토Festo(4장의 사례 연구 참조, 144~147쪽) 같은 고도의 전문 기술 회사의 경우이다. 또한 강력한 R&D를 기반으로 빠르게 변동하는 일용 소비재(FMCG) 기업인 프록터 앤드 갬블Procter & Gamble이나 사라 리Sara Lee 소유의 더치 커피 제조사 도위 에그버츠Douwe Egberts 역시 이런 유형에 속한다.

B

브랜드가 복합적인 상황에 놓여 있으며, 브랜드 주도 혁신에 맞는 역할을 하려면 약간 작업이 필요하다.

가장 흔한 경우라 할 수 있다. 브랜드를 강화해 필요한 수준까지 끌어올려야 한다. 브랜드가 명확하고 누군가에 의해 사용되고 있다 해도, 아직은 초기 프로세스에서 모두가 함께 공감할 수 있는 공동의 비전을 포함하지 못한 상태이다. 이 경우 브랜드 주도 혁신 방법 1단계는, 현재의 브랜드 개발에 관여한 사람들의 저항을 극복해내는 과정을 수반한다. 이를 다룰 유일한 방법은 기존의 브랜드가 잠재적으로 어떻게 될 수 있을지 추가 작업으로 그들에게 설명하고, 그 일의 시작부터 그들과 함께하는 것이다.

C

한마디로 조직 내에 분명하게 드러나는 브랜드가 없다.

소규모 기업이나 직관에 따라 비즈니스를 수행하는, 개성이 강한 사람들이 설립, 운영하는 기업에서 흔히 볼 수 있는 사례이다. 이런 기업들은 로고나 브랜드 아이덴티티, 심지어 가치 목록이나 미션 선언문도 갖추고 있을 수 있지만, 혁신을 주도하는 것은 고사하고 제대로 정의된 브랜드도 아직 없는 상태이다.

이번 장에서는 모든 가능한 상황을 염두에 두고 있다. 그러나 3.4에서 설명한 단계는 C에 속하는 브랜드에 기초한다. 확실히 A와 B의 시나리오에서는 인간 중심의 브랜딩 단계를 완성하는 데 에너지가 덜 소모된다. 체크리스트(218~219쪽)를 이용하여 브랜드의 현 위치를 평가하고 그에 맞는 단계를 적용하도록 하자.

3.2 자원으로서의 브랜드

브랜드 주도 혁신에서 브랜드는 자원으로 여겨지기 때문에 브랜드 자체가 목적이 아니라 목적에 도달하기 위한 수단이며, 어떤 프로세스를 통한 결과가 아니라 오히려 프로세스에서 필요한 투입 자료이다. 전략 문헌에 따르면 자원은 조직의 유형 자원(원자재와 설비 기기 등), 무형 자원(지식재산권 등), 인적 자원(기술 및 노하우 등)으로 구성되어 있다(그랜트Grant, 2002). BDI에서 브랜드는 혁신을 주도하는 무형 자원이다(아래 도표 1 참조). 브랜드는 세 가지 방식으로 혁신을 주도할 수 있다.

1 | 영감의 원천이 될 수 있다: 브랜드로부터 새로운 제품이나 서비스에 대한 아이디어가 도출될 수 있다. 브랜드는 새로운 시장 진입, 새로운 비즈니스 모델 개발, 파트너십 형성 또는 신기술 획득에 영감을 줄 수 있다.
2 | 아이디어를 창출하도록 이끌 수 있다: 브랜드 가이드라인(4장과 5장 참조)을 이용해 아이디어에 초점을 주어 전달할 수 있고, 브랜드의 기반에 맞도록 만들 수 있다.
3 | 브랜드 기준과 체크리스트를 사용하여 혁신을 위해 아이디어와 방향성을 걸러낼 수 있다.

전략 관련 문헌에 따르면 가치 있는 자원은 다음의 특성이 있어야 한다.

– 희소성이 있어야 한다.
– 완전 복제가 불가능해야 한다.
– 대체재가 없어야 한다.

브랜드 관점에서 볼 때 이는, 브랜드는 독특해야 하며(일반적인 브랜드는 희소성이 없다), 독특한 인사이트에 기반을 두어야 하고(완벽한 모방은 불가능하다), 조직 자체와 연결되어야 한다(브랜드를 대체 불가능하게 한다)는 것을 의미한다. 가치 있기 위해 이 자원이 희소해야 한다는 것이 조직 안에서도 희소해야만 한다는 의미는 아니다. 오히려 그 반대이다. 예를 들어, 컴퓨터 칩은 제작시 금과 복잡한 기계가 필요하기 때문에 비싸다. 금과 복잡한 기계는 모두 확보하기 어렵고 희소성이 있어 귀중한 자원이다. 하지만 인텔Intel 같은 칩 제조 업체의 생산 과정에서 이러한 기계와 금은 결코 희소해서는 안 된다. 생산 과정이 멈추지 않으려면 이 자원들을 충분히 보유하고 있어야 하고, 바로 확보가 가능해야 한다. 자원으로서의 브랜드도 마찬가지다. 자신의 일을 수행하기 위해 자원이 필요한 모든 사람들이 언제든 사용할 수 있는 형태로 준비되어 있어야 한다. 물질적 자원의 경우, 희소성과 확보 가능성 사이의 모순은 원활한 물품 조달과 재고 관리를 통해 쉽게 해결할 수 있다.

하지만 브랜드를 자원으로 볼 때는 이런 모순을 해결하기가 쉽지 않다. 그럼에도 불구하고 이는 여전히 중요하다. 브랜드는 독특해야 하고, 희소성이 있어야 하며, 인사이트가 있어야 하지만, 한편으로는 모두가 이용할 수 있어야 한다. 모두가 접근 가능하도록 만든 결과 브랜드의 의미가 얕아지는 현상을 어떻게 막을 수 있을까? 또는 브랜드에 깊이와 독특함을 추가하여 결과적으로 접근성이 약해지는 것을 어떻게 막을 수 있을까? 어떻게 하면 복합적이면서도 사용하기 쉽게 만들 수 있을까? 계속해서 '브랜드 사용성'에 대해 좀더 살펴보도록 하자.

1 | 브랜드가 혁신을 이끄는 방법

브랜드는 영감, 가이드라인, 필터라는 세 가지 명확한 방법으로 혁신을 이끌어낼 수 있다.

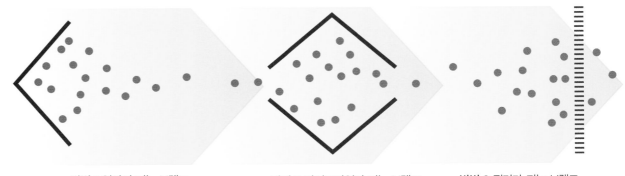

방법 1 영감이 되는 브랜드   **방법 2** 가이드라인이 되는 브랜드   **방법 3** 필터가 되는 브랜드

연습해보기:
브랜드 사용성

목적

이번 활동은 브랜드 사용성의 개념을 실무적 관점에서 살펴보고, 충분히 깊이 있고 영감을 주는 브랜드를 만드는 복합성을 이해하도록 도와준다. 동시에 브랜드에 관여해야 하는 모든 사람들이 브랜드를 쉽게 사용하도록 도와준다.

준비

학생, 동료 또는 친구 등 5명으로 구성된 팀, 종이 몇 장 또는 플립 차트, 포스트잇, 사인펜.

1

잘 알고 있는 기업 브랜드를 선택한다. 자신이 근무했던 기업의 브랜드일 수도 있다. 팀원들과 돌아가며 브랜드를 소개하고, 그 브랜드를 어떻게 알고 있는지 이야기한다. 브랜드를 포스트잇에 적은 후 플립 차트에 붙인다.

2

브랜드가 상징하는 것을 돌아가며 설명한다. 가능한 한 깊고 폭넓게 다루어 실제 브랜드에 담긴 모든 의미를 살펴본다. 내부 관점(조직의 가치와 비전)과 외부 관점(사용자가 브랜드에서 찾은 의미와 애정)에서 브랜드를 바라본다. 다른 팀원에게 포스트잇에 적은 당신의 생각을 재정렬해보게 하고, 가운데의 브랜드 포스트잇 주위에 붙여본다.

3

마지막으로 어떻게 조직 구성원에게 브랜드 콘텐츠가 접근할 만하고, 사용할 수 있으며, 영감을 주고, 이해될 수 있을지 토의한다. 실무에서 이런 작업이 어떻게 이루어졌는지 차례대로 이야기하고, 이 프로세스를 어떻게 잘 적용할 수 있을지 탐구한다. 포스트잇에 필요한 사항을 적어 플립 차트에 정리된 것 주변에 함께 정렬한다.

4

다음 사항에 대해 결론을 내린다. 조직에서 브랜드를 사용하기 위해 무엇이 필요한가? 해결되어야 할 모순(예를 들어, 직관성 vs 구체성)은 무엇인가?

3.3 브랜드 사용성

브랜드 사용성이란 조직 내에서 브랜드가 업무용으로 필요한 사람들에게 사용될 수 있는 정도를 의미한다. 제품에 대한 사용성은 사용자와 사물의 목적에 따라 달라진다. 즉 어떤 사용자에게는 어려운 것이 다른 사용자에게는 쉬울 수도 있으며, 운행 목적에서 비행기는 자동차보다 어려운 사물이다. 사물은 사용자와 사용 목적 사이의 인터페이스를 의미한다. 브랜딩의 사용성도 이와 아주 비슷한데, 브랜드를 사용하게 될 사용자 집단과 사용 목적에 따라 달라진다.

전통적으로 브랜드는 주로 마케팅 커뮤니케이션을 목적으로 마케팅 부서에서 사용된다. 이러한 맥락에서 브랜드 사용성은 마케팅 교육 배경을 가진 사람들이 사용할 수 있는 것인지를 말한다. 아울러 광고 캠페인, 포장 그래픽 및 대중 홍보 활동에도 적합한 것이어야 한다.

브랜드 주도 혁신 과정에서 브랜드를 사용하는 사람들은 디자이너, 개발자, 연구자와 엔지니어들로, 새로운 제품과 서비스를 개발하는 자원으로 브랜드를 사용할 것이다. 이러한 맥락에서 브랜드 사용성은 기술력이나 창의적인 디자인 배경을 가진 사람들이 사용할 수 있는 브랜드인지를 말한다. 또한 제품, 서비스, 환경 디자인 및 연구, 개발 활동들에 사용하기 적합해야 한다.

브랜드 주도 혁신(BDI)에서 브랜드 사용자와 그 사용 목적은 특수하기 때문에, 이 경우 브랜드 사용성은 특별한 문제를 마주한다. 이 점은 3.2에서 논의되었던 모순하에서 명백하다. 브랜드가 사용하기 쉬울수록, 그리고 접근하기 쉬울수록 브랜드의 깊고 복합적이며 풍부한 인사이트를 유지하기가 어렵다. 이 모순을 해결하는 것이 바로 브랜드 사용성이다. 앞서 1.4에서 우리는 브랜드가 혁신을 이끌어내기 위해 브랜드 구축 및 표현에 사용되는 콘텐츠, 형식, 프로세스 모두가 특정 속성을 갖출 필요가 있다는 점을 논의했다. 이 속성들은 다음과 같이 브랜드 사용성에 대한 세 가지 핵심 규칙으로 요약될 수 있다.

1 | 프로세스: 브랜드의 창조와 표현에 가능한 한 많은 사용자를 참여시킨다. 최대한 많은 사람들과 발견한 사실을 공유하고 탐구하도록 한다.
2 | 콘텐츠: 브랜드 콘텐츠가 진실되고 의미 있으며, 동기를 부여하고, 이해하기 쉬워야 한다(1.4 참조).
3 | 형식
  a | 다층적: 브랜드에 다층적으로 접근할 수 있게 만든다. 프로세스를 통한 결론을 보여주지만, 고객이 원한다면 그런 결론에 도달하게 된 프로세스를 직접 파악할 수 있도록 선택의 여지를 남겨둔다.
  b | 시각적: 발견한 사실을 표현할 때 글로만 전달하기보다는 이미지도 사용한다.
  c | 연결성: 단순히 단어를 나열하지 말고 단어들 간의 관계를 알 수 있도록 표현한다.

2   브랜드 사용

표에서 보듯이 브랜드 주도 혁신에서 브랜드를 사용하는 방법은 전통적인 브랜드 사용법과는 다르다.

	전통적인 브랜드 사용	브랜드 주도 혁신에서 브랜드 사용
무엇을	조직의 핵심 제안에 가치 더하기	조직이 핵심 제안을 창조하도록 영감 불어넣기
어떻게	언어적 표현, 2D 형태와 색상 사용	3D 제품, 4D 서비스와 경험 사용
누가	마케팅 부서	R&D, 개발 및 디자인 부서

브랜드 주도 혁신(BDI)을 이루기 위해 브랜드는 특별한 방식으로 만들어져야 한다. 즉 브랜드는 독특하고 다층적인 자원으로 창의적이고 기술력과 연구 배경을 가진 사람들이 접근할 수 있어야 하며, 리서치, 디자인, 개발을 목적으로 이용 가능해야 한다.

브랜드 주도 혁신에서 브랜드는 독특하고 매우 다층적인 자원으로 창의적이고, 기술력과 연구 배경을 가진 사람들이 접근할 수 있어야 하며, 리서치, 디자인, 개발을 목적으로 이용이 가능해야 한다. 이를 위해 구체적으로 혁신에 적합한 방식과 형식으로 신중하게 브랜드를 만들 필요가 있다. 자세한 방식과 형식은 3.4에서 더 자세하게 다룰 것이다.

공유하고 관여하기	내용 생성하기	제시하기

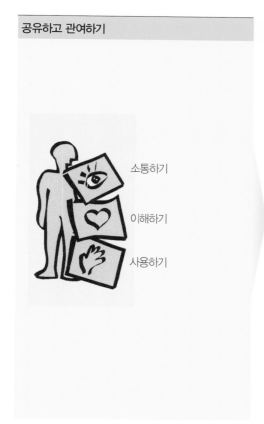

소통하기

이해하기

사용하기

진실한 내용　의미 있는 내용

사용 가능한 내용

영감을 주는 내용

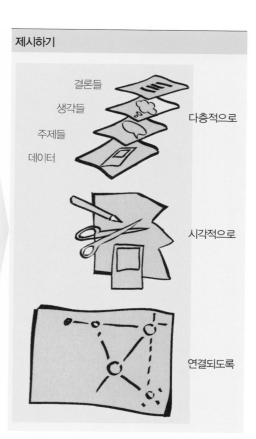

결론들

생각들

주제들

데이터

다층적으로

시각적으로

연결되도록

브랜드 사용성에 대한 세 가지 핵심 규칙

이 기본 원리는 브랜드가 구축되는 방법(프로세스), 브랜드가 말하는 것(콘텐츠), 브랜드가 어떻게 표현되는지 (형식)를 가리킨다(92쪽 참조).

사례 연구: 오세 ^{Océ}

목적

이번 사례 연구에서는 첨단 기술을 가진 B2B^{business-to-business} 조직 안에서 브랜드가 어떻게 혁신을 주도할 수 있는지 이해하고, 조직 문화와 브랜딩이 어떻게 연결되는지 살펴볼 것이다.

오세

오세는 문서 관리와 전문가용 인쇄 장비 분야에서 세계적으로 선도하는 공급 업체 중 하나이다. 오세는 사무용 프린터 및 복사기 시스템과 초고속 디지털 프린터, 기술적 문서와 컬러 그래픽 등의 대형 인쇄 시스템을 제조, 공급하고 있다. 그뿐 아니라 최고의 문서 관리 외주 공급 업체이기도 하다. 1877년 창립된 오세는 네델란드 벤로Venlo에 본사를 두고 전 세계 100여 개국에 약 23,000여 명의 직원을 거느리고 활발하게 비즈니스를 펼치고 있다. 2008년 총매출은 29억 유로(미화 38억 달러−2010년 3월 기준)에 이른다. 오세에 대한 자세한 정보는 www.oce.com에서 확인할 수 있다.

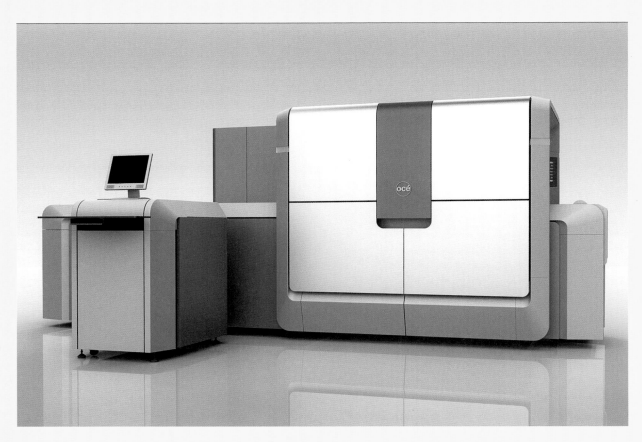

오세 컬러스트림 10000

오세의 대표적인 프린터로 브로슈어, 책, 매뉴얼, 다이렉트 메일 등의 대량 문서를 초고속으로 인쇄한다. 이 프린터는 명확한 브랜드 디자인 언어를 잘 보여주고 있다.

내재된 브랜드를 명확히 정의함으로써 브랜드는 개발자들이
스스로 방향을 찾도록 비추는 등대가 되기 시작한다.
우리가 생산하는 제품에는 오세 브랜드 문화에서 도출된
암묵적 신념이 깊이 스며들어 있다.

오세의 혁신

오세는 전형적인 첨단 기술과 자본재 제조 업체로 제품들이 매우 복잡하며, 독점 기술을 기반으로 쉽지 않은 전문시장을 목표로 한다. 오세의 장비는 건축 업체의 도면 출력, 신문사의 지역판, 또는 은행의 계좌 보고서와 같은 고객의 핵심 비즈니스와 관련된 역할을 수행한다. 이는 오세의 제품이 내구성과 신뢰성에서 매우 까다로운 기준을 보장해야 한다는 것을 의미한다. 일반적으로 이런 기업들은 매우 기술 중심적인데, 이 점에서는 오세도 마찬가지다. 오세는 9개의 R&D 연구소와 2,000명 이상의 R&D 인력을 갖추고 있으며, 그중 1퍼센트가 디자인 인력이다.

오세의 혁신 프로세스가 기술 개발과 함께 시작된다는 것은 놀라운 일이 아니다. 오세의 제품 포트폴리오를 살펴보면, 오세가 디자인에 많은 관심을 두며 사용성과 생산성에 집중하고 있음을 알 수 있다. 이러한 '유연한' 가치는 R&D팀의 명확한 개요의 일부는 아니지만 오세의 고객들이 주목하고 가치 있게 인식하는 부분이다(콘벤트Convent, 2008). 어떻게 이러한 일이 이루어지는가? 신기술 개발에 이토록 중점을 두고 있는 기업이 어떻게 사용자 중심 디자인에 대한 강한 비전과 모든 이해관계자들에 대한 관심에서 비롯된 듯한 강한 일관성을 가진 제품을 시장에 소개할 수 있을까(쾨스Keus, 2008)?

오세의 수석 디자이너이자 오세의 '내재화된 브랜드'(스톰프 Stompff, 2008) 연구에 관여한 기도 스톰프Guido Stompff에게 물어보자. 스톰프는 디자인팀과 R&D팀이 수년간 진행한 다양한 브랜드 구축 활동이 놀라울 정도로 일관적인 결과를 도출해왔다는 점을 발견했다. 또한 그는 오세가 무엇인지에 대해 규정할 때, '포괄적 관계,' '주도,' '실용주의,' '독립성'이라는 주제로 분류되는 가치들이 지속적으로 나타난다는 사실을 발견했다.

스톰프는 오세 브랜드의 가치를 동료들에게 명확하게 언급하는 사람이 없었는데도 불구하고 수년간 일관된 브랜드 결과가 나타났다는 것을 발견하고 놀랐다. 동료들은 오세가 무엇인지 설명하는 것이 없어도 오세가 무엇인지 알고 있는 것 같았다. 이러한 발견으로 스톰프는 조직 문화 분야를 연구하기 시작했고, E. H. 셰인Schein의 저명한 연구를 알게 되었다(『조직 문화와 리더십Organisational culture and leadership』, 3차 개정판, 2004). 셰인은 모든 조직은 '좋은 것'과 '좋지 않은 것'을 판단하는 암묵적인 가정들을 많이 갖고 있다고 파악했다. 이러한 가정들은 공통된 과거에서 공유된 학습의 결과이며, 다르게 말하면 이전에 경험한 성공과 실패의 결과이다. 예를 들어, 한 조직이 혁신적 기술로 큰 성공을 경험하면, 그 조직은 성공하기 위해서는 혁신이 필요하다고 가정하게 된다. 만약 조직이 타제품을 재판매하거나 리포지셔닝하여 큰 성공을 얻었다면, 혁신이 아니라 뛰어난 마케팅이 성공 비결이라고 가정하게 될 것이다.

셰인은 다음과 같은 중요한 관계를 도출했다. 직원들의 행동뿐만 아니라 사옥, 복장 규정 등의 인공물은 근본적, 암묵적 신념의 결과이다. 더 명확하게 말하자면, 어떤 조직이 개발, 판매하는 제품은 그 기업의 신념이 발현된 것이다. 조직이 그것을 좋아하든 그렇지 않든, 조직의 신념은 스스로 '진정성 있게' 모든 인공물에서 드러나며(길모어와 파인, 2007), 결과적으로 사용자가 경험하기 때문에 브랜드에도 강력한 영향을 끼친다. 브랜드와 조직이 서로를 강하게 반영하는 오세와 같은 조직에서, 그리고 애플, 마이크로소프트, BMW, 소니의 경우도 마찬가지로 브랜드는 이러한 신념 체계에 맞추어져야 한다.

스톰프는 셰인이 언급한 '문화 단계'가 브랜드 관련 사항과 연계된다고 말한다. 아래 도표 3의 모델은 존재하는 유사점들을 명확하게 나타내고 있다. 셰인에 따르면, 문화에는 세 가지 단계가 있다. 첫째 단계는 당연하게 생각되는 기본적인 가정이다. 예를 들어 싱가포르항공이 생각하는 최선의 차별화 방법은, 비행중 무엇보다 탑승객과 개인적인 소통을 통해 그들을 세심하게 보살펴주는 것이다. 두번째 단계는 명확히 설명된 추구 신념과 가치이다. 예를 들어, 승무원들이 소통하기 위해 노력해야 할 가치를 상세히 기술한 서비스 매뉴얼이 여기에 해당한다. 그리고 마지막 단계는 이러한 신념이 물리적으로 표현된 인공물이다. 승무원의 행동, 싱가포르항공 비즈니스 클래스의 좌석과 케이터링 서비스 등을 예로 들 수 있다. 브랜드 터치포인트는 이러한 문화적 인공물과 전적으로 일치한다. 즉 승객은 음식, 친절한 승무원, 좌석을 통해 싱가포르항공을 체험하게 된다. 추구하는 가치는 브랜드 성격 brand personality과 같은 공식적인 브랜드 설명과 유사하다.

"이 '하위' 두 단계는 오세의 브랜드에서도 발견되며, 이는 브랜드가 어떻게 디자인과 R&D의 방향을 주도하는지에 대해 많은 것을 알려준다. 하지만 최근까지 브랜딩에서 이 가정의 단계를 설명할 비슷한 개념이 없어서, 오세에서 내가 이를 '내재된 브랜드embedded brand'라고 부르기 시작했다. 가정의 단계처럼 우리 브랜드는 조직에 '내재한다'. 수년 동안 오세에서 일하면 브랜드는 점차 우리가 일하는 방식의 일부가 된다. 때로는 이 내재된 브랜드를 명확하게 나타내기도 한다. 브랜딩 구축 연습은 이런 기저에 있는 신념을 인식하는 능력을 강화하고 긍정적으로 정교화하기 위해 고안되었다. 연습을 통해 브랜드는 개발자들이 스스로 방향을 찾도록 비추는 등대가 되고, 그들의 일에 맞추어진다. 그러나 이 단계와 상관없이 우리가 생산하는 제품에는 오세 문화의 한 부분에서 도출된 암묵적 가정이 내재되어 있다. 이는 오세에만 적용되는 것이 아니다. 제품을 개발하는 조직이라면 신념 체계와 함께 무엇이 '좋은 것'인지에 대한 기준을 가지고 있으며, 이러한 신념은 언제나 조직이 개발하는 제품 안에서 빛을 발한다."

3 문화와 브랜딩 단계

셰인이 분류한 문화의 단계(2004)는 기도 스톰프가 분류한 브랜딩 단계와 대응된다.

인공물 제품, 행동, 언어, 복장 규정, 사옥, 믿음, 이야기	명시적 브랜드 표현 브랜드 터치포인트, 브랜드 속성, 브랜드 전달물
추구하는 신념과 가치 미션 선언문, 전략, 목표	브랜드 아이덴티티 브랜드 본질, 브랜드 가치, 브랜드 성격
기본 가정 근본적인 신념, 패러다임	내재된 브랜드 패러다임, 조직의 가치와 신념에서 파생됨

셰인의 문화 단계   브랜딩의 대응 개념

많은 경우 조직에게 브랜드를 단지 보여주는 방법은
공동의 이해를 이끌어내지 못한다. 직접적인 체험을 통해
진정성을 경험할 때, 브랜드는 조직 정체성의 자원이 되어
역할을 할 수 있다.

오세에서는 브랜드를 구체화하는 행동이 엔지니어와 디자이너가 일하는 방법과 집중할 대상을 결정하게 도와 혁신 프로세스를 주도하는 것으로 보인다. 하지만 기울여야 하는 노력을 보건대, 이런 방식은 디자이너와 개발자로 구성된 소규모 팀 단위에 적합해 보이는 프로세스이다. 25,000여 명의 직원을 고용하고 있는 제조 업체는 어떻게 암묵적 가정을 구체화시켜야 할까? 그렇다면 사용성, 생산성, 인체공학적 특징에 의지하여 사용자가 이들 제품을 지속적으로 인식하는 것이 과연 가능할까?

기도 스톰프는 이렇게 생각한다. "바로 이런 이유로 브랜드 콘셉트가 매우 중요하다. 비록 셰인은 조직 문화의 창시자로 널리 인정받고 있고, 조직 문화를 정의하고 증명하는 데 중점을 두었지만, 그것이 운영되게 만들지는 못했다. 다르게 말하면, 셰인은 문화는 이해했지만 문화를 어떻게 관리하고 변화 또는 전환시킬지는 다른 이들에게 넘겼다. 나는 브랜딩이야말로 개발자가 생각하는 근본적인 가정이 무엇인지 구체화하고, 토론하고, 탐색하고, 변화시키며 심지어 관리할 수 있는 뛰어난 플랫폼 역할을 할 수 있다고 생각한다. 브랜드에 대해 논의함으로써 무엇이 '좋은 것'이고 왜 고려해야 하는지 파악할 수 있다. 내 경험상 요건들이 부딪히는 경우, 예를 들어 가격과 품질에 대한 전통적인 논의를 보자면, 브랜드는 행동을 조정하는 완벽한 도구가 된다. '이것이 오세의 해결책인가?' 또는 '이것이 오세의 제품이 될 만한 가치가 있는가?' 등의 간단하고 직접적인 질문을 하는 것으로 팀원들은 평소의 업무 영역을 넘어 신속한 의사 결정을 내릴 수 있다. 브랜드는 복잡한 문제에 균형을 잡게 하는 더 큰 공동의 목표이자 플랫폼을 제공한다."

하지만 개발팀이 신념과 가정을 유사하게 가지고 있으므로 조직의 신념과 가정이 우수한 제품으로 구체화된다면, 브랜드를 통해 이를 설명할 필요가 있을까? 잠재적으로 이를 '내재된' 채 남겨둘 수도 있을 것으로 보인다.

기도 스톰프는 이런 생각이 맞는 말이긴 하지만 현대 제품 개발의 속성을 무시하는 것이라고 주장한다. 오세가 개발한 대부분의 제품, 어쩌면 모든 제품이 어떤 면으로는 공동 개발된 셈이다. 오세는 여덟 곳의 현장이 있고 일부 제품은 네 곳에서 개발된다. 부품 또는 모듈은 외주 업체에서 조달하고, 일부 제품은 여러 회사가 그룹으로 공동 개발했다. 요약하면, 10년 전까지 조직 문화는 일관성의 자원이 될 수 있었지만 오늘날 기업의 팀은 같은 조직 배경을 공유하지 않는 사람들로 구성되어 있으며, 그럼에도 불구하고 여전히 그들의 행동을 조율해야 한다. 브랜드가 무엇을 상징하는지 설명하고, 과거 성공 신화를 이야기하는 것, 어떤 제품이 실질적인 브랜드 홍보 대사인지 보여주는 것, 브랜드를 나타내는 미래 제품을 디자인하는 것, 이 모든 것들은 무엇이 '암묵적' 가정과 신념인지 빠르게 배우고 가르치도록 하는 방법이다. 하지만 실수해서는 안 되는 것은, 셰인이 말했듯이 대부분 브랜드를 조직에 단지 보여줌으로써 공표된 가치는 모두가 브랜드를 공통적으로 이해하는 데 도움이 되지 않는다. 브랜드를 실제적이고 진정성 있게 경험해야만 브랜드는 조직 정체성에 대한 근원이 될 수 있다.

오세 사례 연구의 결론

1 | 오세에는 브랜드가 마치 문화적인 가정처럼 '내재되어' 있다.

2 | 혁신 맥락에서 브랜딩은 조직 문화와 밀접한 관련이 있다.

3 | 오세에서 혁신은 암묵적으로 브랜드가 주도한다. 오세의 문화는 사용성, 생산성 측면에서 높은 야망을 추구하며, 이는 오세의 모든 터치포인트에서 분명하게 나타난다.

4 | 역사에서 만들어지고 조직 깊숙이 스며든 브랜드가 인위적으로 만들어진 브랜드보다 혁신을 이끌어낼 가능성이 높다.

5 | 브랜드는 가정과 신념을 명확하게 만들고 팀들이 공유하게 하는 방법이다.

3.4 인간 중심 브랜딩 단계

인간 중심 브랜딩human-centred branding은 브랜딩의 인간적인 면을 중심에 놓는 브랜드 구축 방법을 이르는 명칭으로, 브랜드를 가지고 일하는 사람들의 접근이 원활한지, 그들에게 영감을 북돋아주는지 확인하기 위해 브랜드 사용성을 면밀히 살펴본다. 하지만 인간 중심 브랜딩은 브랜드의 비전을 가치 있는 제품, 서비스, 경험으로 담아낼 경우, 사용자가 그 브랜드로부터 어떻게 가치를 느낄 수 있는지도 살펴본다. 이 방법은 이전 장에서 설명한 모든 브랜딩의 인사이트를 하나의 프레임워크로 결합하며, 다양한 시장 내의 여러 조직에서 점검되었다.

인간 중심 브랜딩 프레임워크를 뒷받침하는 여러 원칙들은 다음과 같다.

1 | 구체적인 것에서 추상적인 것으로 추론하고, 다시 반대 방향으로 추론한다.
2 | 브랜드를 내부에서 외부로, 외부에서 내부로 구축한다.
3 | 선형적 프로세스 대신 반복 프로세스를 이용한다. 그 프로세스의 각 단계가 끝나면 이전 단계의 타당성을 확인하고, 필요하다면 새로운 인사이트에 맞게 조정한다.
4 | 정보 수집을 위해 창의적인 워크숍과 제너레이티브 테크닉generative technique을 활용한다.
5 | 가능한 한 많은 인원을 참여시키고 각 단계를 비디오, 사진 등 시각적 형식으로 완전히 문서화한다.

인간 중심 브랜딩 단계는 99~103쪽에 단계별로 요약되어 있으며, 1단계(A), 반복되는 2단계와 3단계(B와 C), 그리고 4단계(D)로 구성된다(모델 형태의 프로세스는 100쪽의 도표 5 참조).

4   관계로서의 브랜드
    브랜드는 회사의 내부 이해관계자와 외부 이해관계자 사이의 관계를 구축하고 담아낸다. 브랜드는 양쪽 이해관계자들의 필요와 욕구를 통해 만들어지면서 동시에 이를 충족시킨다.

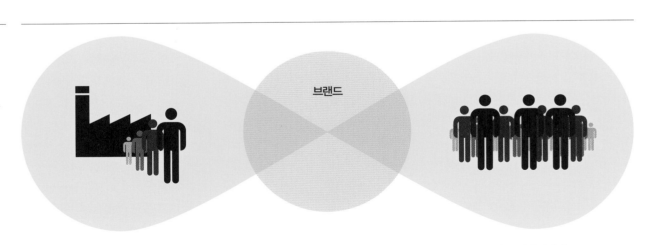

내부 브랜드 이해관계자
디자이너
엔지니어
연구원
마케터

외부 브랜드 이해관계자
사용자
구매자
판매자
서비스 인력

A 단계: 프로젝트 계획하기

브랜딩 프로젝트를 시작하는 단계에서는 흔히 토론과 논쟁 모두가 발생하기 때문에 중요하게 다루어야 한다. 한 조직의 '영혼'까지 파고드는 일은 충돌을 일으킬 수 있다. 그러므로 조직이 왜 이런 프로세스를 시작해야 하는지, 어떤 모습이 될지, 어떤 결과가 예상되며, 어떤 종류의 개인적인 참여가 필요할지 면밀히 설명하는 것이 매우 중요하다. 준비 단계에서는 관련된 모든 사람들이 참여하고 예상 결과를 철저하게 관리하도록 계획해야 한다.

이해관계자로 팀을 구성한다

누가 브랜드를 가지고 일할 것인지 살펴본다. 브랜드 약속을 전달하는 일은 누구의 업무가 될 것인가? 다음과 같은 사람들을 참여시키자! 디자이너, 연구자, 마케팅 담당자, 개발자로 팀을 구성하고 이들에게 무엇을 할 것인지, 왜 할 것인지 설명한다. 가능하다면 사장이나 회사 소유주를 포함한 최대한 높은 직급을 포함할 뿐 아니라 생산현장에서 일하는 사람도 포함해보자. 딜러, 서비스 인력, 중개인 같은 외부 파트너도 일부 참여시킨다. 팀이 지나치게 커지면 모든 세션에 참가하는 핵심 팀과 특별 세션에만 참여하는 추가 팀으로 구분해 구성하는 것을 고려할 수 있다.

브랜드 평가 체크리스트를 토의하고 작성한다

전체 리스트는 218~219쪽에서 참고하도록 한다. 많은 내부 이해관계자들과 함께 이 리스트를 작성하는 것이 중요하다. 작성하는 동안 발생하는 과정과 논의가 결과보다 훨씬 중요하다. 따라서 리스트를 일반 설문지처럼 발송하지 말고, 소규모 토론 그룹을 만들어 함께 작업하도록 한다. 또한 이 그룹이 평가 체크리스트를 작성하는 동안 발생한 논의 사항이나 논쟁은 모두 문서화하도록 한다.

프로젝트를 계획한다

좋은 인간 중심 브랜딩 프로세스에는 대규모 그룹과 함께 수행하는 많은 창의적 세션이 포함되어 있다. 이러한 세션을 준비하기 위해서는 세션당 적어도 하루 또는 그 이상이 걸리며, 세션을 진행하는 데 반나절 또는 하루가 소요된다. 그리고 영상 편집, 오디오 파일 기록, 이미지 선별 작업과 같은 문서화 작업은 세션당 하루 정도의 시간이 필요하다. 또한 고객 등 외부 이해관계자를 선정하는 데에도 많은 시간이 소요된다. 예를 들어, 고객 10명을 모집하는 데 일주일이 걸릴 수도 있다. 그후 세션 동안 수집한 데이터를 분석 및 정리하는 작업이 필요하며, 이는 세션당 하루나 이틀이 소요될 것이다. 워크숍을 진행하거나 사용자 연구를 수행하기 위해 전문가가 필요한 경우 사전에 섭외해야 한다. 따라서 미리 계획을 세우고 충분한 시간을 확보하도록 한다. 인간 중심 브랜딩 프로젝트는 직원 500명 규모의 회사인 경우 반년에서 그 이상의 기간이 소요될 수 있다. 직원 10명 남짓의 스타트업인 경우 3개월 정도의 기간이 필요할 것이다.

5   인간 중심 브랜딩
    단계

인간 중심 브랜딩은
다음 4단계로 구성된다.
프로젝트 계획, 내부적
브랜드 맥락 연구,
외부적 브랜드 맥락
연구, 브랜드 약속
만들기이다.

D
브랜드 약속 만들기

B
내부적 브랜드
맥락 연구

C
외부적 브랜드
맥락 연구

A
프로젝트 계획

내부 브랜드 이해관계자
디자이너
엔지니어
연구원
마케터

외부 브랜드 이해관계자
사용자
구매자
판매자
서비스 인력

B 단계: 내부적 브랜드 맥락 연구

이번 단계는 조직에 브랜드가 제시된 모습을 분석하는 것으로 시작한다. 매우 구체적인 브랜드 터치포인트에서 추상적이며 '내재된' 문화적 브랜드 신념(94~97쪽의 오세 사례 연구 참조)까지 분석한다. 이 단계에서 브랜드가 재구성되고, 그 결과로 내부 비전 선언문이 도출된다. B 단계는 외부 브랜드 연구인 C 단계와 동시에 진행이 가능하다. 내부 인사이트는 외부 연구를 향상시키고, 마찬가지로 외부 인사이트도 내부 연구를 향상시킨다. 신생 회사의 경우 브랜드 터치포인트가 없거나 아직 선언문이 없기 때문에, 대신 세번째로 이번 B 단계를 시작할 수 있다.

현재의 브랜드 터치포인트를 분석한다

조직의 현재 상품, 커뮤니케이션, 건물, 환경, 서비스, 행동 등을 분석한다. 브랜딩의 관점에서 이들은 어떤 의미를 전달하는가? 어떤 암묵적 선택을 드러내는가? 예를 들어 조직이 손님의 주차 장소를 건물 입구 바로 옆으로 지정한다면, 이를 통해 그 조직이 고객을 맞이하는 자세를 알 수 있다. 조직이 제품에 대해 평생 품질보증을 한다면 제품의 내구성과 품질에 대한 그 조직의 자부심을 말해주는 것이다. 경쟁자의 터치포인트를 관찰하고, 참고 자료로 그 터치포인트들이 무엇을 전달하고 있는지 분석하는 것도 유용한 연습이 될 수 있다.

현재 명시된 브랜드 선언문을 분석한다

문서 또는 온라인으로 명시된 브랜드 비전, 미션 선언문, 브랜드의 성격적 특성, 브랜드 약속, 브랜드 가치 등과 같은 모든 브랜드 선언문을 분석한다. 어떤 의미가 전달되는지, 어떤 어조로 전개되는지 분석한다. 결과를 터치포인트와 비교하고 그 차이를 설명하려고 노력하자. 실무에서 실천하기 어려운 선언문도 있는 반면, 실천하고 있는 사항을 글로 표현하기 어려운 경우도 있을 것이다.

'내재된' 조직 문화, 기준, 가치를 분석한다

'우리가 여기서 어떻게 일하고 있는가'에 대한 전형적인 현상들을 관찰하여 조직의 '내재화된' 브랜드를 탐색하고 분석한다. 핵심에 다가가기 위해 디자인 리서치를 사용하자. 조직 안에 잠재된 '가정'에 대해 완전히 파악하자. 이는 기업에 통합된 부분으로, 당연하게 여겨지는 신념과 패러다임이다. 예를 들어 이노센트 스무디(22~25쪽)와 같은 조직에는 일과 재미가 공존해야 한다는 것이 신념일 수 있다. 아이스브레이커(28~31쪽)의 신념은 자연 중심주의가 스타일이라는 생각을 갖고 있다. 이 단계는 앞으로 105~106쪽에서 논의할 기법을 통해 진행될 수 있다.

명시적 브랜드 선언문을 재작성한다

이전 단계에서 배운 내용을 조직의 가치, 성격, 비전, 미션을 설명해주는 명확한 도표를 몇 개로 나타낸다. 앞서 연구했듯이 명확한 브랜드 선언문을 다시 살펴보고, 새롭게 얻은 인사이트를 적용해 도표로 나타낸다. 이 단계에서 도표와 모델을 사용하는 것이 중요한 이유는 두 가지이다. 첫째, 명시적 브랜드 선언문은 잘 기억되도록 시각적으로 표현되어야 한다. 둘째, 개별적인 인사이트 사이의 연결을 보여주거나, 브랜드의 각 요소로부터 서로 도출되는 프로세스를 나타내야 한다. 예를 들어, 우리 회사의 창립자가 발명가라고 가정하면 창의성은 우리 회사의 유산이다. 결과적으로 우리는 자연스럽게 창의적이고 호기심 많은 사람들이 되어가며, 따라서 자연스럽게 혁신을 추구하게 된다.

내부 비전 선언문을 작성한다

선언문은 도표나 모델 형식으로 표현되어야 하며, 다음 질문에 대한 답을 포함해야 한다. '우리는 왜 이 일을 하는가?'(우리를 움직이는 것은 무엇인가), '우리는 어떻게 일을 하는가?'(우리가 일하는 방식은 어떠한가), '우리는 무엇을 하고 있는가?'(우리는 어떤 비즈니스 영역에 속해 있는가) 이 세 가지 질문에 대한 답은 이전 단계들에서 얻을 수 있다.

C 단계: 외부적 브랜드 맥락 연구

이 단계는 내부적 관점 연구인 B 단계와 동시에 진행할 수 있다. 이 외부 연구 단계에서 우리는 조직 밖으로 나가 외부 이해관계자들을 만난다. 이들은 주로 사용자이지만 조직, 소속된 비즈니스 영역, 개발중인 브랜드에 따라 판매자, 서비스 인력, 중개인, 점원, 바이어가 될 수 있다. 한마디로 브랜드의 외부 이해관계자란 어느 정도 브랜드에서 가치를 얻고, 행위와 선택에 브랜드의 영향을 받는 모든 사람들이다. 이들을 더 깊이 이해하기 위해 그들이 브랜드와 접촉하게 되는 맥락, 그들의 동기와 행위를 아는 것은 필수적이다.

가장 대표적인 타깃 그룹 세그먼트를 정의한다

이는 어려운 문제이다. 처음부터 타깃 그룹에 대해 충분히 알지 못한다면, 어떤 타깃 그룹을 조사할지 어떻게 결정할 수 있을까? 여기서 해줄 수 있는 조언은, 앞서 디자인 사고에서 논의했던 반복 과정을 활용하라는 것이다. 먼저 사전 조사 또는 조직의 소매업자나 판매자를 통해 이미 알고 있는 지식을 이용한다. 조사를 시작하고 진행하면서 계속 개선하고 재정립해나간다.

맥락적 리서치 질문과 주제를 정의한다

맥락적 리서치에서는 초점을 놓치지 않으면서 충분히 광범위한 맥락 조사가 가능하도록 조사 프레임을 짜는 것이 중요하다. 예를 들어, 도시에 사는 젊은 세대를 위한 패션 브랜드에 대해 조사한다면, 그들이 어떻게 사는지, 어떻게 공부하고 학교에 가는지, 데이트는 어떻게 하고 어떤 문화 활동을 하는지와 관련한 행동들을 살펴보아야 한다. 이러한 브랜드는 고립되어 '소비되는' 동떨어진 실체가 아니기 때문에, 그들이 브랜드를 경험하는 맥락을 인식하는 것이 매우 중요하다.

맥락 구조화 연구를 준비한다

맥락 구조화 연구 프로그램(3.5 참조)을 준비하는 데는 시간이 필요하다. 이전 단계에서 나온 주제를 토대로 알맞은 질문을 만들고 적합한 워크숍 활동을 디자인하기란 쉬운 일이 아니다. 게다가 연구를 위해 충분한 수로 구성된, 대표성 있는 큰 타깃 그룹을 모집해야 한다. 이런 일을 전문으로 하는 에이전시가 있지만 그들의 도움을 받으려면 시간과 예산이 필요하다. 일반적으로, 외부 이해관계자가 자신의 동기나 행동을 더 잘 인식하고 더 명확히 인지하도록 하기 위해 워크숍이나 가정방문과 같은 일련의 만남을 수행하기를 추천한다.

맥락 구조화 연구를 수행한다

이번에도 가능한 한 많은 내부 이해관계자를 프로세스에 포함시키는 것이 중요하다. 경험이 풍부한 사람들이 워크숍과 가정방문을 이끈다면, 경험이 부족한 연구원인 다른 내부 이해관계자들은 이들과 동행할 수 있다. 궁극적으로 사용자가 처한 맥락에서 그들을 직접 만나는 것보다 효과적인 방법은 없다. 각 단계를 세심하게 시각적으로 문서화하는 것을 명심해야 한다. 연구의 순서는 사용자를 둘러싼 사물들을 포함한 구체적인 행동에서 시작하여 사용자의 추상적인 의견과 아이디어로 나아간다. 여기서부터 연구는 사용자의 비전과 가치를 탐색하는 단계로 이동한다. 다음 단계에서는 사용자의 비전과 가치를 기반으로 더욱 구체적인 면을 재해석할 수 있게 된다.

맥락 구조화를 통한 결과를 모은다

이런 유형의 연구에서 나오는 방대하고 다양한 데이터에 겁먹을 필요는 없다. 시간을 충분히 들여 호기심 많고 창의적인 사람들을 모아 결과를 분석한다면 저절로 결과를 얻게 될 것이다. 반복된 양상이 나타나고 새로운 인사이트가 자연스럽게 떠오를 것이다.

외부 비전 선언문을 작성한다

이번에도 선언문은 도표나 모델 형식으로 제시되어야 하고, 다음 질문에 대한 답변을 포함해야 한다. '그들은 왜 그 행동을 하는가?'(그들을 움직이는 것은 무엇인가), '그들은 행동을 어떻게 하는가?'(그들이 일하는 방식은 어떠한가, 그들은 어떤 프로세스로 우리의 제공물을 사용하는가), '그들은 무슨 행동을 하는가?'(그들은 어떻게 행동하는가, 그들의 삶은 우리의 제공물이 있는 맥락에서 어떤 모습인가).

D 단계: 브랜드 약속 생성

이는 브랜드 주도 혁신 프로세스 첫 단계의 마지막 과정으로 다음 단계로 가기 위한 디딤돌이다. 여기서는 내부 및 외부 연구의 모든 발견점이 한곳으로 모인다. 1.1에서 이미 논의했듯이, 브랜드는 조직의 내부 및 외부 이해관계자들 사이의 관계를 정의한다. 34쪽에서 다루었듯이, 그 관계는 이 시기에 브랜드 약속이라는 형태로 명확히 형성된다.

내부 및 외부 연구로 얻은 인사이트를 결합한다

적어놓은 내용을 비교한다. 내부 연구와 외부 연구에서 얻은 인사이트가 서로 일치하는지, 또 얼마나 일치하는지 살펴본다. 중요한 차이점은 무엇인가? 예를 들어 패션 브랜드의 경우, 내부 사람들은 자신들의 브랜드가 자랑스럽고 시장에서 최고의 브랜드라고 생각할 수 있지만, 외부 사람들은 그 브랜드를 좋아하더라도 단지 그것은 그들이 입을 수 있는 여러 브랜드 중 하나일 뿐이라고 생각할 수 있다.

관계를 정의한다

내부 및 외부 연구 결과에서 얻은 인사이트에서 어떤 종류의 관계가 자연스럽게 발전할 수 있을까? 이 관계를 기업과 사용자 간의 실제 관계와 어떻게 비교할 것인가? 예를 들어, 의류 회사는 사용자에게 모든 의류 종류를 판매하고 제품을 2개 이상 구입하면 할인해주어 자사의 브랜드를 떠나지 못하게 하고 싶겠지만, 사용자는 이런 '독점 행위'를 고맙게 생각하지 않고 더욱 '열린' 관계를 선호할 수 있다.

브랜드 약속을 정의한다

이러한 진술 역시 도표나 시각적 형식으로 표현되어야 하고, 타깃 그룹의 가치가 무엇인지, 조직이 그러한 가치를 왜, 어떻게 전해야 하는지 설명해야 한다. 그전에 조직이 그러한 가치를 전하기 위해 무엇을 할 것인지 설명해야 한다.

사례 연구: 프리바^{Priva}

목적

이번 사례 연구는 실무에서 인간 중심 브랜딩의 프로세스를 이해하고, 이러한 브랜딩 프로젝트가 조직에 미치는 잠재적 영향력을 배우는 기회가 될 것이다. 이 사례 연구는 인간 중심 브랜딩 프로젝트에서 무엇을 할지(이에 대한 자세한 사항은 3.4 참조)보다는 어떻게 할지에 중점을 두고 있다.

프리바 개요

프리바는 원예시장과 지능형 건축물시장 양쪽 분야에서 기후 및 프로세스 제어를 위한 하드웨어, 소프트웨어, 서비스를 개발하고 판매하는 네덜란드 기업이다. 프리바는 1960년대 온실 난방 시스템을 판매하며 사업을 시작했다. 가스 히터에서 방출된 이산화탄소(CO_2)가 작물에 대단히 유익한 영향을 준다는 것이 증명되자, 프리바는 곧 분야를 확장함으로써 효율성 증가에 따른 이득을 얻게 되었다. 프리바는 난방 시설 판매에서 나아가 온실의 전반적인 기후 관리에 대한 전문성을 판매하기 시작했다. 원예와 온실 기후 관리에서 다음 단계로는 건물의 기후 제어 시스템으로 변화했다. 전혀 다른 시장이었지만 비슷한 기후 변화 이슈를 가지고 있었다. 기업은 세계적으로 확장하였고, 현재는 72개국에서 400여 명의 직원을 거느린 기업이 되었다. 프리바는 사람과 환경에 대한 존중을 가장 중요하게 생각하는 가족 경영 형태의 기업이다.

프리바의 CEO 메이니 프린스^{Meiny Prins}는 다음과 같이 설명한다. "프리바는 자원과 자연, 환경을 최대한 신중하게 사용하고 관리하는 것이 우리의 의무이자 책임이라고 생각한다. 그렇기 때문에 지속 가능성 관점의 혁신이 향후 몇 년간 최우선적인 목표이다. 최근 완공된 프리바 본사인 프리바 캠퍼스(네덜란드 데 리르^{De Lier})는 세계에 몇 안 되는 탄소 중립 사옥 중 하나로, 이 개념에 대한 좋은 예라고 할 수 있다."

도전

지난 5년 동안 프리바는 기업으로서 두 가지 큰 변화를 겪었다. 첫째는 2006년 창립자인 얀 프린스^{Jan Prins}가 퇴임하면서 회사 경영권을 딸 메이니 프린스에게 넘긴 것이었으며, 둘째는 지능형 건축물 사업부가 규모와 매출 면에서 급성장했다는 점이다. 프리바의 온실 관련 제품 중 몇몇은 건물에서도 잘 작동되었음에도 불구하고, 지능형 건축물시장은 비즈니스 모델과 가치 사슬 측면뿐 아니라 기술, 제품 포트폴리오, 설치, 서비스 측면에서도 전혀 다른 시장임이 드러났다. 건축물시장은 고유한 방법으로 꾸준히 발전한 별도의 사업부를 통해 서비스가 이루어졌다.

메이니는 자신의 아버지가 수십 년간 헌신과 노고를 통해 회사에 불어넣은 기준과 가치를 회사의 기초가 되었던 원예 사업 부서뿐만 아니라 전 직원이 실천해야 한다는 점을 이내 알게 되었다. 건축물 사업부의 빠른 성장과 학습 곡선 효과가 회사의 나머지 부문에도 혜택을 줄 필요가 있었다. 메이니는 두 사업부 사이의 시너지를 잃고 싶지 않았고, 두 사업부가 같은 가치와 신념을 바탕으로 운영되기를 원했다. 그 이유는 회사가 혁신에 초점을 맞추고 지속 가능성을 위해 리더십을 보여주려면, 강력한 신념과 명확한 비전, 그리고 이를 실행할 결단력이 필요하다는 것을 알고 있었기 때문이다.

프로젝트

2009년 초 메이니는 조직에 내재된 가치와 신념을 명시적으로 만드는 프로젝트와, 이 가치와 신념이 프리바의 전 계층과 부서에서 어느 정도 공유되어 있는지 평가해주기를 질버 이노베이션^{Zilver innovation}에 부탁했다. 초기 가설은 '아그로 Agro'와 '빌딩^{Building}'(106쪽 그림에서 A와 B)이라는 두 사업부의 기저에는 조직의 유산과 가족 DNA를 토대로 공유된 신념이 있다는 것이었다. 관건은 그것을 찾아내 명확히 표현하고 실천하기 쉽게 만드는 일이었다. 프리바는 이 공유된 비전이 그들의 핵심 브랜드 아이덴티티를 형성하였다는 점을 알게 되었고, 이 브랜드에 대한 접근과 사용이 용이해지면 브랜드가 일상적인 의사 결정과 장기적인 전략 계획을 이끌 수 있을 것이라는 점을 깨달았다.

기업이 혁신에 집중하고 지속 가능성을 위해
리더십을 보이고자 한다면, 강력한 신념과 명확한 비전,
그리고 그에 따라 행동하려는 강력한 의지가 필요하다.

1단계: 내부 워크숍을 통해 가치를 발견한다

프로젝트는 프리바의 경영진과 리더들 안에 잠재적으로 내재된 가치를 발견하기 위해 여러 차례 워크숍을 여는 것으로 시작되었다. 워크숍의 구성은 비격식적이고 창의적이었으며, 구체적인 인공물과 행동을 살펴보는 것에서 시작해 추상적인 신념과 가치로 이동했고, 다시 전의 구체적인 활동으로 되돌아갔다. 이 과정은 다음과 같은 수많은 창의적인 실습을 통해 이루어졌다.

- 집에서 가져온 이미지를 이용해 프리바에서의 업무 중 가장 마음에 드는 것에 대해 간단한 프리젠테이션을 준비하세요.
- 프리바의 역사에서 중요한 사건을 엽서에 써서 줄에 매달아주세요. 같은 조원들과 함께 작업하여 순서에 맞도록 놓습니다.
- 프리바를 위한 중요한 이벤트를 만들어보세요. 예컨대 '판매자의 날'과 같이 무슨 날을 만들고 싶나요?
- 여러분이 회사 내 다른 부서 사람과 현장 조사를 가게 된다면 어떤 현장 조사가 될까요? 함께 무엇을 하고 서로에게 어떻게 배울 수 있을까요?
- 부서별로 여러분의 고객을 콜라주로 표현해보세요. 여러분의 고객은 다른 회사의 고객들과 어떻게 다른가요?

수차례 반복해서 워크숍을 실시했다. 첫번째 그룹(최고 경영진)은 두번째 그룹(중간 경영진)의 워크숍에 도움을 주었고, 두번째 그룹은 워크숍의 연구 결과를 각 팀들에게 전달했다.

2단계: 데이터 분석과 패턴 찾기

다양한 워크숍을 통해 콜라주와 같은 참여 결과물, 사진, 기록, 동영상의 형태로 된 방대한 양의 데이터가 모였다. 컨설턴트 2명, 디자이너 1명, 팀장 1명으로 구성된 리서치팀은 특이점, 구조, 프로세스, 모순점, 유사점, 위계와 같은 패턴을 찾기 위해 수일에 걸쳐 데이터를 분석했다. 이런 패턴은 데이터에 개연성을 부여하고, 이를 소통하고 기억할 수 있는 분명한 인사이트로 요약해준다. 이런 유의 분석에는 정해진 규칙이 없다. 단편적인 개별 정보 조각을 발견하고, 그 정보들을 타당한 그룹으로 분류하는 작업을 반복적으로 실시한다. 이를 통해 그룹 간 그리고 그룹 내에 새로운 패턴이 나타난다. 이런 방식은 어린아이가 레고 블록을 정렬하는 것과 비슷하다. 크기, 색깔, 유형에 따라 벽돌을 분류한 후 놀기에 더 적합하게 정렬하는 것과 같다.

데이터 분석에서 나타난 결과는, 프리바가 가치를 창조하는 방식, 파트너십을 구축하는 방식, 고객에 대한 이해 및 고객이 가치를 만드는 방식을 보여주는 분명한 패턴들이었다.

3단계: 모든 사람들 참여시키기

새로운 브랜드 약속으로 정리된 결과 요약과 발견된 패턴을 큰 종이에 표현하여 먼저 경영진 회의에서 발표했으며, 분기 회의를 통해 회사 전체에 전달했다. 이 내용은 의도적으로 최종 결과 형식이 아닌 스케치 형식으로 전달되었다. 모든 사람이 이와 같은 인사이트를 가지고 있었고, 모두가 이에 대해 발언할 수 있었다는 점이 중요하기 때문이다. 리서치팀은 이 스케치를 자신들이 독특하게 '개발'하거나 '발견'한 것으로 전달하지 않고, 순전히 세션중에 언급된 내용을 반복하는 것으로 발표했고, 이를 시각적 기록물로 제공했다. 이 또한 결과물에 대해 주인 의식을 공유한다는 느낌을 갖게 하기 위해서였다.

메이니 프린스,
CEO

이 과정은 우리에게 공유된 비전을 명시화하는 데 큰 도움이 되었다.
시간이 걸리지만, 지금 우리가 보고 있는 것은 직원들이
이 비전을 고객 대응 방법에, 혁신하는 방법에,
그리고 비즈니스 방식에도 적용하고 있다는 것이다.

4단계: 결과 전달하기

경영진과 조직의 여타 부서에서 초기 인사이트를 승인받은 후, 리서치팀은 인사이트를 순서대로 담아 소책자를 만들었다. 책자에는 분석 결과뿐 아니라 극복해야 할 장애물도 소개했다. 책자는 해외 영업소를 비롯해 전 조직에 배포되었다.

5단계: 브랜드 홍보 대사

책자가 완성되고 인사이트가 공유되었으므로, 브랜드를 구축하기 시작했다. 지원자를 중심으로 회사의 전 계층과 부서를 대표하는 인력들이 모여 '브랜드 홍보 대사' 팀을 구성했다. 그들의 수행 과제는 브랜드 비전을 실무에 적용하는 방법을 논의하고, 일상적인 업무가 '브랜드를 실천'하는 데 어떻게 도움이 되고 방해가 되는지 판단하는 일이었다. 이들의 임무는 발견한 내용을 자신의 업무 환경에서 실천하고, 동료들이 이를 따르도록 돕는 일이었다. 경영진은 리서치팀으로부터 브랜드 홍보 대사들을 더 잘 지도하기 위해 브랜드 연수를 받았다.

두 개의 봉우리,
하나의 토대
이 사례에서 나타난 도전 과제는 프리바의 두 사업부 속에 잠재하는 공유된 비전을 발견하는 것이었다.

6단계: 후속 작업

프리바의 브랜드 비전은 정교한 혁신 로드맵에 대한 기반과 사용자 중심 디자인에 대한 새로운 초점을 만드는 동시에, 회사의 제품, 커뮤니케이션, 환경에 대한 디자인 가이드라인을 만들었다. 메이니 프린스에게 이 프로세스에 대한 경험을 질문하자 그녀는 다음과 같이 답변했다. "기업가 정신이 회사로 돌아오는 것이 보인다. 우리 문화는 직원들이 스스로 내면의 힘을 발견하도록 강조하며, 아래에서 위로 향하는 상향식 문화를 취하는 진취적 기업 정신을 갖게 되었다. 상당히 불안정하고 빠르게 변화하는 세상에서 이런 문화를 유지하는 것이 쉬운 일은 아니다. 하지만 나는 우리가 이 내부 브랜딩 프로젝트에 쏟은 노력이 진정으로 효과가 있다고 생각한다. 우리는 이 브랜드 가치를 매우 진지하게 받아들여 대내외적으로 우리가 하는 모든 일에 적용하고 있다."

프리바의 디자인 매니저인 유디스 판 잔텐Judith van Zanten에게 그 변화를 어떻게 경험했는지 질문하자 유디스는 다음과 같이 답변했다. "이 프로세스에서 우리가 얻은 성과는 제품을 개발할 때 대외적인 부분에 더 집중하게 되었다는 것이다. 우리가 누구인지 좀더 잘 알게 되었기 때문에 우리의 고객이 진정 누구인지에 관심을 더 많이 가지게 되었다. 그래서 우리는 새로운 기회를 탐색하기 위해, 우리의 혁신을 공유할 곳을 발견하고 피드백을 얻기 위해 벌써 고객 패널을 구성했다. '진행중인 브랜드brand in progress'라는 프로그램은 내부 프로그램이었지만, 다음 단계로 외부에 적용하여 우리 기업의 판매자, 파트너, 설치 기사, 최종 사용자와의 관계를 프리바의 행동 방식에 따라 돈독하게 만들 예정이다."

프리바 사례에서 얻은 결론

1 | 헌신적인 노력을 통해, 모든 사람이 인정하고 이해하며 소중히 여기는 브랜드 비전을 만들 수 있다.

2 | 워크숍과 같은 창의적인 실습은 내재된 신념과 가정들이 명확히 드러나게 도와준다.

3 | 브랜드가 작동하도록 만드는 일은 세 가지에 대한 것이다. 즉 공유하고, 공유하고, 또 공유하는 것이다.

4 | 한 기업의 역사, 규범, 가치를 기반으로 하는 브랜드는 창조할 수 있는 것이 아니라, 발견하고 명확히 나타내는 것이다.

5 | 어느 지점이 되면 외부 컨설턴트는 뒤로 물러나야 한다. 브랜드가 온전히 조직의 책임이 될 때 브랜드의 소유권과 그로 인한 영향력이 발휘될 수 있다.

workshop 1

workshop 2

analyse the findings

quarterly employee meeting

starting to build the future

the 'booklet'

and now it is up to you

a call for participation

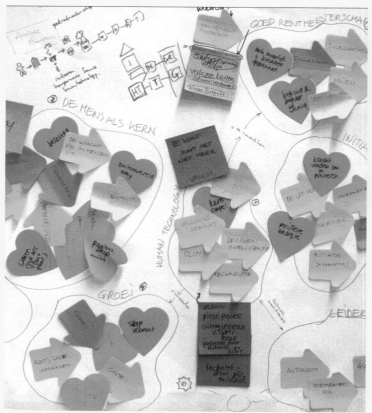

프리바의 '진행중인 브랜드'

브랜드 구축 프로세스는 여러 단계와 수많은 이해관계자를 포함한다 (맨 위).

결과 문서화

이런 프로젝트에서는 워크숍과 인터뷰에서 언급된 모든 내용을 매우 신중하게 문서화하고, 시간을 들여 결과를 분석하는 것이 필수적이다. 결과를 연관성 있는 내용으로 분류하고, 연결 고리와 대응관계를 찾아내는 데는 인내심이 필요하다(왼쪽).

브랜드 홍보 대사 워크숍

브랜드 홍보 대사는 프리바 내 모든 계층과 부서에서 온 사람들로 구성되었다. 그들은 브랜드를 어떻게 업무에서 사용했고, 그 가치를 실행할 때 직면하는 도전은 무엇인지 논의한다(위).

사례 연구: 교보문고/핫트랙스

목적

이번 사례 연구에서는, 다양한 상품과 서비스, 제공 가치로 구성된 브랜드가 인간 중심 브랜드의 관점에서 어떻게 인사이트를 실체화하는지, 그 과정을 중점적으로 살펴볼 것이다.

교보문고와 핫트랙스

교보문고는 1980년에 설립된, 서적 유통 및 출판 기업이다. 2016년을 기준으로 전국에 약 40여 개 영업점을 가진 교보문고는, 역사 및 규모 측면에서 현재 국내 최대 서점이다. 핫트랙스는 교보문고 안에서 음반을 비롯해 문구류, 디지털 제품류를 판매하는 곳으로, 사실상 교보문고와는 분리된 법인이지만 매장 및 온라인몰상에서의 고객 회원 관리는 서로 통합하여 운영하고 있다.

지금처럼 인터넷이 발달하지 않았던 시절, 서울 한복판 종로 1번지에 생긴 광화문 본점은 국내 최초의 초대형 서점으로, 국내 도서를 비롯해 구하기 힘든 외국 도서와 다양한 수입 음반 등을 취급하며 대한민국 대중 지식 문화의 본산이라는 브랜드 이미지를 갖게 되었다. 실제로 교보문고와 핫트랙스는 모든 사람이 지식과 정보, 문화 습득을 통해 자기 성장을 이루고 자아실현의 즐거움을 누릴 수 있도록 노력해온 기업이다. 이러한 운영 이념을 바탕으로 두 브랜드는 사람과 사람이 만나 책의 향기를 느끼고 소통하는 서점의 전통적 가치가 있는 공간이자, 책의 미래 모습을 보여주는 미래지향형 시스템들이 융합된 브랜드가 되고자 하였다.

인간 중심 브랜딩이 적용된 교보문고/핫트랙스 매장 전경

사람과 사람이 만나 책의 향기를 느끼고 소통하는
서점의 전통적 가치가 있는 공간이자,
책의 미래 모습을 보여주는 미래지향형 시스템들이
융합된 브랜드가 되고자 하였다.

도전

2000년대 들어 인터넷의 발달로 출판업계와 음반시장이 급격히 변화했다. 변화 초기에 온라인 서점은 그 어떤 대형 서점보다 많은 장서를 보유하고 있었으며, 굳이 매장에 찾아가지 않더라도 원하는 도서를 주문하고 원하는 곳에서 받아볼 수 있는 서비스를 제공했고, 이에 오프라인 서점의 매출이 타격을 입었다.

이러한 시장 변화로 기존의 인쇄 매체들이 디지털화되고, 콘텐츠 소비 역시 온라인 중심으로 이동하게 되었고, 결과적으로 '종이 책'을 찾는 고객 규모 자체가 줄어들게 되었다.

서점을 찾는 고객 감소는 교보문고와 매장 공간을 공유하는 핫트랙스에도 적지 않은 영향을 미쳤다. 그리하여 교보문고와 핫트랙스는 변화하는 미디어 생태계와 소비 트렌드에 맞춰 복합 문화 콘텐츠를 제공하는 브랜드로 변화를 준비해야 했다.

프로젝트

2014년 말 새로운 영업점을 내기 위해 준비중이던 교보문고/핫트랙스는 오프라인 매장의 역할을 브랜드와 고객이 연결되는 핵심 접점으로 판단하고, 기존 매장과는 다른 고객 중심의 공간과 서비스로 구성하고자 했다.

교보문고/핫트랙스의 새로운 공간 디자인 프로젝트는 브랜드가 제공하는 핵심 상품과 고객이 충족받고자 하는 가치가 무엇인지 그 실체를 파악하는 것에서부터 시작하였다. 고객들이 교보문고와 핫트랙스에 어떤 기대를 품고, 무엇을 사러 오는 것일까, 고객들은 이곳을 어떤 장소로 인식하고 있을까와 같은 서비스와 공간 개발에 필요한 단서를 실제적인 고객 니즈에서 얻고자 했다. 대부분의 리서치 기간 동안 현장에서 섀도잉shadowing과, 심층 인터뷰in-depth Interview를 통해 그들의 생각과 행동을 묻고, 때로는 스스로 고객이 되어 서비스를 체험service safari하며 우리가 가진 궁금증과 여러 단서들을 조합하여 그 연결 구조를 확장시켜갔다.

1단계: 고객의 눈높이로 브랜드의 실체를 이해한다

상품을 판매하는 공급자 중심의 생각에서 벗어나 고객이 원하고 기대하는 '브랜드 가치'를 발견하기 위해 다양한 맥락적 리서치를 진행했다.

섀도잉shadowing

현장에서 특정 고객을 선정해 눈치채지 못하게 따라다니며 관찰하는 기법으로, 매장에 입장하는 순간부터 상품을 탐색하고 구매하고 퇴장하기까지의 여정을 파악하는 것이다. 고객이 매장에 머무는 동안 무의식적으로 어떤 행동을 하는지, 이는 어떤 니즈나 욕구에서 비롯되는지 파악하는 과정을 통해 도출해낸 인사이트는 인간 중심의 브랜드 접점을 디자인하는 데 중요한 기준과 단서가 되었다.

고객 섀도잉 조사를 통해, 고객이 물건을 구매하기 위해 생각보다 많은 시간을 매장 내에서 소비한다는 점을 발견할 수 있었다. 하지만 직관적이지 않은 매대 진열 방식으로 인해 원하는 물건을 찾기 힘들어하거나, 특히 매장이 붐비는 경우 소지품을 들고 있게 되어 쉽게 피로감을 느낀다는 문제점이 파악되었다. 이는 휴식을 위한 공간, 통행에 방해받지 않는 여유 공간이 따로 마련되어 있지 않고, 매장 동선과 공간 배치가 과밀화되어 있기 때문이었다.

심층 인터뷰in-depth Interview

관찰 후 일부 고객을 섭외하여 교보문고와 핫트랙스를 이용할 때의 전체 여정에 대해 심층 질문을 함으로써, 관찰을 통해서는 파악하기 어려운 고객의 인식이나 브랜드 경험에 대한 기대치 등을 파악할 수 있었다.

핫트랙스를 방문하는 고객은 굳이 쇼핑 욕구를 가지고 있지 않더라도 가볍게 시간을 보내거나 호기심에 둘러보는 경우가 많다. 이들 고객은 핫트랙스를 다양한 상품을 판매하는 공간이면서, 구매 목적이 아니더라도 부담 없이 시간을 보낼 수 있는 공간으로 인식하고 있었다.

2단계: 정보의 구조화를 통해 문제의 핵심에 접근한다

리서치를 통해 얻은 다양한 데이터를 여러 방식으로 조합하고 정렬하고 시각화하는 이 과정에서 유의미한 인사이트를 끌어낸다.

페르소나persona

페르소나는 고객의 행동 근거와 니즈에 쉽게 공감하도록 도와주는 툴이다. 관찰 조사와 인터뷰로 수집한 고객의 데이터에서 일종의 패턴을 찾아 유형화하고, 그 특징과 성격을 '페르소나'라는 대상으로 묘사하는 방식이다.

이 과정에서는 '쇼핑의 몰입도'와 '쇼핑의 범위'를 기준으로 교보문고/핫트랙스를 이용하는 고객들의 행동을 유형화하였다. 구체적으로, 매장 상품 탐색 방법과 상품 탐색시 몰입도의 차이에 따라 네 가지 유형의 고객 페르소나를 만들었다.

소비자 여정 지도consumer journey map

설계된 페르소나가 교보문고/핫트랙스를 인지하거나 떠올리

고객 리서치를 통한 공간 분석

고객 섀도잉과 인터뷰를 통해 핫트랙스 매장 주변의 물리적 기회 요소와 장벽 요소를 도출했다. 이는 추후에 개발할 사인 시스템과 브랜드 접점 설계에 활용할 수 있었다.

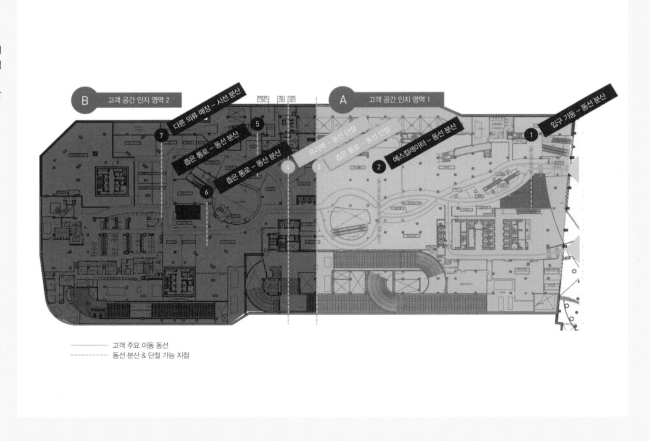

고객 주요 이동 동선

동선 분산 & 단절 가능 지점

상품을 판매하는 공급자 중심의 생각에서 벗어나
고객이 원하고 기대하는 '브랜드 가치'를 발견하기 위해
다양한 맥락적 리서치를 진행했다.

DEPTH

필요한 상품을 꼼꼼히 살펴보는 고객
- 고려 상품의 비교, 확인 목적
- 가격, 디자인 등 구매 기준을 사전 보유
- 상품에 대한 고급 및 맞춤형 정보 필요
- 이탈 가능 고객, 단일 항목 구매

SELF ANALYST

도서, 문구, 사무용품, 음반,
디지털 기기, 키덜트 상품

HEAVY HIKER

도서, 사무용품,
생활용품

여러 상품을 꼼꼼히 살펴보는 고객
- 새로운 정보와 상품에 대한 호기심
- 선물 또는 자신을 위한 상품 탐색
- 여유로운 시간을 핫트랙스에서 소비
- 높은 구매 잠재력, 복합 항목 구매 성향

계획한 상품만 신속히 구매하는 고객
- '바로드림' 또는 온라인 구매 후 현장 수령
- 자주 사용하는 상품 등을 구매
- 높은 객단가, 단일 항목 구매 성향

SHORT TRACKER

도서, 문구,
음반, 디지털 기기

SMALL HANDS EXPLORER

생활용품, 디지털 기기,
키덜트 상품, 문구, 도서

여러 상품을 가볍게 구경하는 고객
- 다양한 상품에 대한 호기심 보유
- 유감성소비와 충동구매 성향
- 상품, 공간, 서비스의 매력이 구매로 연결
- 잠재 고객, 복합 항목 구매 성향

WIDTH

핫트랙스 잠재 고객 유형화

리서치에서 도출해낸 정보와 인사이트를 토대로 핫트랙스 잠재 고객을 네 가지 고객 페르소나로 구분했다. 각 유형은 핫트랙스를 이용하는 동기와 목적, 방식에서 차이를 보인다.

PERSONA_A

CONSUMER JOURNEY
_ Self analyst

"누구나 알 수 있는 정보로는 부족해요.
나에게 딱 맞는 것을 찾기 위해서는 그 이상이 필요하죠."

PERSONA_C

CONSUMER JOURNEY
_ Short tracker

"어떤 제품을 사야겠다고 결정한 이상
가장 편리하고 빠르게 쇼핑을 하고 싶은 거죠."

소비자 여정 지도

앞서 설계한 네 가지 고객 페르소나를 활용하여 세분화된 경험 단계에 따라 행동과 욕구를 시각화했다.

는 순간부터 매장을 찾아오는 길, 매장 입장 후 쇼핑을 하는 과정부터 퇴장까지의 여정에서 각 순간마다 영향을 주는 브랜드 접점을 기록했다. 또한 해당 페르소나가 브랜드 접점에서 경험하거나 느끼게 되는 것들에 대한 정보를 담아 프로젝트 추진 부서와 공유했다.

시각화된 페르소나와 소비자 여정 지도는 프로젝트에 참여한 구성원들이 문제점과 기회 요소를 효과적으로 이해하도록 도우며, 각자 구상한 아이디어를 연결 짓게 하는 디자인의 기준이 되었다.

3단계: 관점을 전환하여 새로운 브랜드 가치의 방향을 설정한다

기존의 교보문고/핫트랙스의 브랜드 접점들은 공급자 중심적인 관점에서 전개되고 운영되고 있었다. 예를 들어, 상품 분류나 디스플레이 방식이 해당 상품을 담당하는 MD나 부서에 따라 구분되어 매장에 진열되었기 때문에 이들의 분류 방식을 이해하지 못한 고객들은 원하는 물건을 찾기 위해 매장을 헤매야 했다. 혹은 최대한 많은 책을 진열하기 위해 빼곡히 세워둔 책장들로 인해 고객이 오가는 통로가 비좁아졌고, 좁은 통로에서 책을 살펴보는 고객은 또다른 고객에게 방해가 되거나 반대로 불편해지는 상황이 되기도 했다.

앞선 리서치와 문제 정의defining a problem 과정을 통해, 교보문고/핫트랙스의 새로운 브랜드 접점은 고객과 사용자 중심의 관점으로 이해하고 설계되어야 했다. 이에 따라 '도서 판매처나 음반 판매처'가 아닌, '콘텐츠 문화를 만드는 컬처 플랫폼'으로 수렴된 디자인의 방향은 새로운 공간 디자인과 세부적인 터치포인트들로 실체화되었다.

4단계: 브랜드의 가치를 경험할 수 있도록 다양한 터치포인트를 디자인한다

책을 팔기 위한 서점의 공간과 새로운 문화를 경험하기 위한 플랫폼으로서의 공간은 단편적으로 상품을 진열하는 방식에서부터 차이가 있다. 새로운 교보문고/핫트랙스는 상품의 종류를 줄이는 대신 선별한 상품의 가치를 더욱 잘 전달하는 공간이 되고자 했다. 기존보다 여유 있는 공간 배치를 통해 매장 내에 체류하는 고객의 쇼핑 몰입도와 체류 시간을 늘리고, 상품의 매력도도 함께 높이는 방향이었다.

이러한 맥락에서, 상품 카테고리, 가격 분류 등 판매자 관점으로 구분되어 있던 기존의 서적류, 문구류, 음반 코너 및 대면 서비스 접점을 고객의 라이프스타일과 관심 분야를 기준으로 재구성하였다. 상품 진열대와 사인 시스템은 공간의 쾌적성(시야 및 동선)을 고려하여 디자인하고, 매장 곳곳에 충분한 독서 공간, 휴식 공간을 두었다. 또한 상품을 구매할 목적이 아니더라도 호기심을 가지고 시간을 보낼 수 있도록 매장 전면에 컨베이어 벨트를 설치하여, 인기 상품과 신상품을 한눈에 볼 수 있도록 구성했다.

인간 중심 브랜드 접근을 통해 교보문고/핫트랙스 매장은 책이나 음반을 살 필요가 없어도 시간을 의미 있게 소비할 수 있는 공간으로 변화했다. 변화한 공간에서 변화한 소비자의 모습은 커피와 함께 독서를 즐기고, 주문한 도서를 기다리는 동안(바로드림 서비스) 음악 코너에서 새로 나온 앨범을 감상하며 이전과는 차이를 보여주고 있다. 교보문고/핫트랙스는 물건을 판매하고 구매하는 공간 이상의, 다양한 상품을 경험할 수 있는 공간으로서, 도심 속 문화 놀이터와 같은 브랜드 가치 공유를 통해 더욱 많은 고객과 소통할 수 있게 되었다.

핫트랙스의 새로운 브랜드 경험을 설계하는 콘셉트

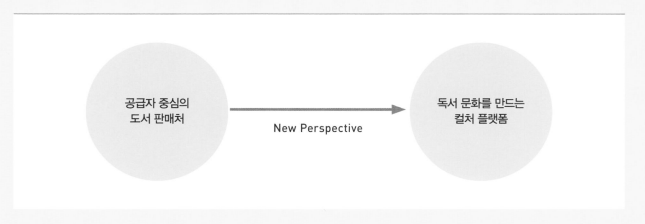

공급자 중심의 도서 판매처 → New Perspective → 독서 문화를 만드는 컬처 플랫폼

인간 중심 브랜드 접근을 통해 교보문고/핫트랙스 매장은
책이나 음반을 살 필요가 없어도 시간을 의미 있게 소비할 수 있는
공간으로 변화했다.

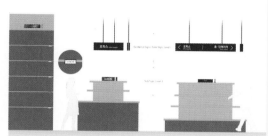

새로운 상품 분류와 인포 체계에 따른 ZONING

고객의 인지 ZONING을 고려한 상품 배열

터치포인트 디자인

새로운 교보문고/핫트랙스 매장은 인간 중심 디자인의 관점으로 공간 설계부터 세부적인 접점 설계까지 이뤄진 사례이다.

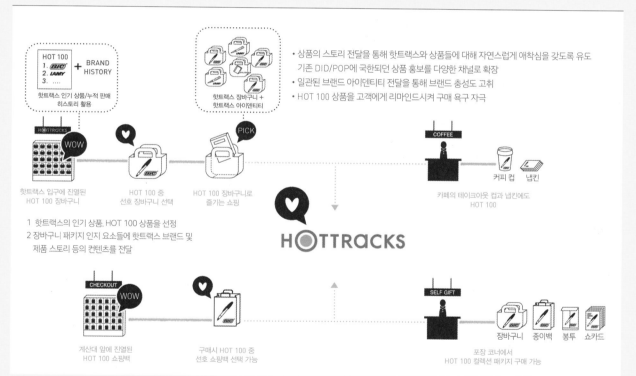

- 상품의 스토리 전달을 통해 핫트랙스와 상품들에 대해 자연스럽게 애착심을 갖도록 유도 기존 DID/POP에 국한되던 상품 홍보를 다양한 채널로 확장
- 일관된 브랜드 아이덴티티 전달을 통해 브랜드 충성도 고취
- HOT 100 상품을 고객에게 리마인드시켜 구매 욕구 자극

핫트랙스 입구에 진열된 HOT 100 장바구니

HOT 100 중 선호 장바구니 선택

HOT 100 장바구니로 즐기는 쇼핑

1 핫트랙스의 인기 상품. HOT 100 상품을 선정
2 장바구니 패키지 인지 요소들에 핫트랙스 브랜드 및 제품 스토리 등의 컨텐츠를 전달

카페의 테이크아웃 컵과 냅킨에도 HOT 100

커피 컵   냅킨

계산대 앞에 진열된 HOT 100 쇼핑백

구매시 HOT 100 중 선호 쇼핑백 선택 가능

포장 코너에서 HOT 100 컬렉션 패키지 구매 가능

장바구니 종이백 봉투 쇼카드

브랜드 경험을 극대화하는 서비스 설계

매장 공간과 브랜드 접점 외에도 고객이 경험할 수 있는 다양한 서비스 아이디어가 개발되었다. 보다 넓은 범위의 경험 설계를 통해 '컬처 플랫폼'이라는 교보문고/핫트랙스의 콘셉트를 실체화하고자 했다.

새로운 경험 공간으로 변화한 교보문고/ 핫트랙스

3.5 인간 중심 브랜딩을 위한 기술: 도구와 방법에 대한 개요

앞서 2장에서 살펴보았듯이, 디자인 리서치는 브랜드 구축에 매우 효과적이다. 디자인 리서치는 영감을 북돋우는 기법들과 풍부한 사례를 보여주는 대단한 흥미로운 분야다. 아래 다룰 내용은 빙산의 일각일 뿐이지만, 디자인 리서치가 왜 브랜드 주도 혁신과 연관이 있는지 인사이트를 제공해줄 것이다.

작은 디자인 리서치 도구 상자

다음은 프로젝트에서 흔히 볼 수 있는 몇 가지 기본적인 디자인 리서치 도구들이다. 이 밖에도 훨씬 더 많은 도구들이 있지만(로렐Laurel, 2003) 이 정도면 도구에 대한 첫 소개로 충분할 것이다.

소비자 여정consumer journeys
목적: 시간의 흐름에 따라 사용자가 제품이나 서비스를 어떻게 경험하는지 이해하도록 돕기 위한 것이다.
소비자 여정은 시간에 따라 사용자의 경험을 나타내는 시각적인 지도이다. 일반적으로 가로축에는 시간을, 세로축에는 다른 사용자나 다른 경험 수준(예: 기능적 또는 감성적 경험)을 보여준다. 소비자 여정에는 실제로 제품이나 서비스를 사용하기 전과 후의 시간 프레임을 포함한다. 페르소나는 종종 소비자 여정에 들어가는 자료로 사용되며, 고객마다 여정이 다르다는 것을 보여준다.

페르소나personas
목적: 전형적인 이해관계자를 프로토타입으로 만들어 프로젝트에서 이해관계자들의 공감을 만들어내기 위한 것이다.
페르소나는 리서치를 통해 발견된 '실제 사람' 또는 브레인스토밍 세션에서 '만들어낸' 사람이 지니는 특징을 시각적이고 일화적으로 구성한 것이다. 페르소나는 프로젝트와 관련 있는 항목으로 손쉽게 구성되지만, 대개 사회생활 및 직장생활에 관한 인구통계학적 정보를 포함하고 있다. 주로 여러 개의 페르소나를 만들게 되며, 각 페르소나는 한 이해관계자 집단을 나타낸다. 페르소나의 형태는 함께 일할 사람들에 따라 달라지지만, 일반적으로 더 시각적이고 자세할수록 더욱 효과적이라고 할 수 있다.

소비자 여정 예시

서비스 디자이너 로렌 큐리에Lauren Currie가 만든 소비자 여정 지도의 예시로, 자선단체 '세이 위민say women'을 위한 것이다. 이 단체는 아동 성학대의 생존자와 거처가 없어 위험에 처한 젊은 여성들에게 숙소를 제공하고 있다.

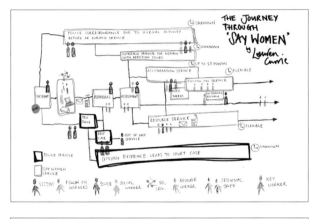

페르소나의 예

패션 브랜드 사용자의 라이프 스타일에 대한 리서치를 기반으로 만든 페르소나의 예이다.

문화적 프로브cultural probes

목적: 사용자가 자기관찰 및 자기표현을 재미있게 하도록 유도하여 사생활 침해 없이 데이터를 수집하기 위한 것이다.

디자인 리서치는 수면 위로 끌어내기 힘든, 사용자에 대한 정보를 알아내는 것이 목적인 경우가 종종 있다. 문화적 프로브(가버Gaver 외, 1999)는 사용자가 자신의 삶에 대해 깊이 생각해보고 시각적으로 표현할 수 있게 도와주는 도구이다. 이런 방식에서는 자료가 수집될 때 연구자가 그 자리에 없어도 된다. 문화적 프로브는 일반적으로 사용자가 일정 기간 동안 다이어리 책자에 내용을 채워넣는 것으로 구성된다. 문화적 프로브 이후에는 종종 인터뷰나 가정방문이 이어진다.

7daysinmylife.com

목적: 간편한 방식으로 사용자의 인사이트를 수집하기 위한 것이다.

www.7daysinmylife.com은 브랜드를 작업하는 사람들에게 제품이나 서비스 사용자의 실생활에 대한 인사이트를 제공하기 위해 만들어진 온라인 리서치 도구이다. 이 사이트는 응답자들이 만드는 온라인 다이어리들로 구성되며, 응답자들은 다양한 과제와 질문에 대해 7일 동안 자신이 찍은 이미지나 글로 다이어리를 채운다. 연구자들은 다이어리의 진행 상황을 확인하고 내용에 대해 답글을 남길 수 있다. 여기서 발전한 대화는 데이터를 심층 분석할 수 있는 토대가 된다.

제너레이티브 세션generative sessions

목적: 단순히 말로 표현하는 것보다 무언가를 만들어냄으로써 리서치 참여자가 자신을 더 잘 표현하도록 하기 위한 것이다.

많은 경우 인터뷰나 질문지는 사용자를 이해할 수 있는 최상의 방법이 아니다. 이는 단순히 사용자들이 자신의 경험이나 감정을 말로 표현하는 데 익숙하지 않기 때문이다. 리즈 샌더스Liz Sanders(www.maketools.com) 같은 사람들이 처음으로 시도한 제너레이티브 세션은, 할당된 과제나 질문에 대해 사용자가 콜라주, 사물, 프로토타입, 또는 모형을 만들게 하여 이러한 단점을 피해간다. 사용자는 무언가를 만들면서 말을 하거나 자신을 설명하는 이야기의 기반으로 물건을 사용하는데, 이러한 행동은 망설임을 없애주고 마음속에 숨겨둔 인사이트가 드러나게 한다.

문화적 프로브

다이어리 책자 형식으로 된 문화적 프로브 예시로, 제품이나 서비스 사용자가 그 내용을 채운다. 이 예시는 디자이너 안드레 위닌크André Weenink가 네덜란드 패션 브랜드에 대해 연구한 것이다.

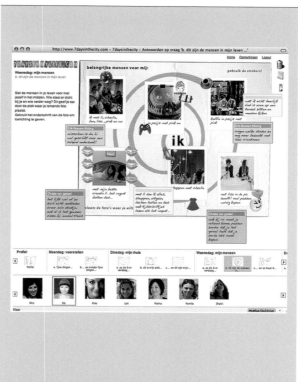

7DAYSINMYLIFE.COM

제품이나 서비스 사용자의 일상생활, 욕구, 희망사항 등을 조사하기 위한 온라인 다이어리 사이트 www.7daysinmylife.com 의 모습이다.

제너레이티브 세션

사용자들이 자신의 경험과 필요를 이야기하는 데 도움이 되는 사물이나 콜라주를 만드는 제너레이티브 세션의 예시이다. 만들기 자체는 목적이 아니라 사용자들이 자신의 이야기를 말하도록 하는 바탕으로 사용된다.

스토리보드 storyboards

목적: 브랜드 경험이나 제품/서비스 인터랙션에 대한 다양한 연쇄적 상황을 시각적으로 포착하기 위한 것이다.

스토리보드는 영화 산업에서 차용한 서사적 기법으로, 특정 디자인이 지닌 다양한 특징을 전달하려는 디자이너들의 요구에 맞춰 변형되었다. 스토리보드로 만드는 방법은 아이디어의 테스트와 평가뿐만 아니라 다른 사람들에게 전달하기 위해서도 사용할 수 있다(www.enginegroup.co.uk). 스토리보드는 일반적으로 소비자 여정처럼 사건의 흐름을 표현하는 일련의 '프레임'으로 제시된다.

맥락적 질의 contextual inquiry

목적: 종종 집과 같이 사용자 고유의 맥락에서 사용자를 이해하고, 이런 맥락에 대한 풍부한 시각적 데이터를 수집하기 위한 것이다.

맥락적 질의는 집, 사회적 환경이나 직장과 같이 그 사람의 환경적 맥락 속에서 시간을 보내며 간략하게 구성된 인터뷰와 관찰 리서치를 접목하여 실시하는 것을 말한다. 이 기법은 에스노그래피보다는 덜 까다로운 규칙으로 이루어진 '디자인을 위한 에스노그래피'의 형태로 볼 수 있고, 디자이너에게 훨씬 더 적합한 결과를 만들어낸다. 맥락적 질의는 관찰이나 인터뷰를 통해 사용자가 일하는 동안 집 또는 직장에서의 생활에 대한 상세한 정보를 수집할 수 있다.

맥락 구조화 context mapping

목적: 혼합된 리서치와 디자인 프로세스에 사람들을 참여하게 하여, 사람과 그들이 사용하는 제품 및 서비스와의 관계를 깊고 다채롭게 이해하는 것이다.

맥락 구조화는 앞서 언급한 다양한 기술과 도구들의 결합으로, 델프트 공과대학교의 산업디자인공학 대학의 인터랙션 디자인학과에서 개발했다. 맥락 구조화는 사용자와 함께 맥락적 리서치를 시행하기 위한 절차로, 여기서 제품 사용 맥락에 관한 암묵적 지식을 얻을 수 있다. 맥락 구조화는 디자인 팀에 정보와 영감을 제공하는 것이 목적이며, 그 디자인팀에서 사용자와 이해관계자는 디자인과 제품 사용 간에 좋은 조합을 만들어내기 위해 디자인 프로세스에 적극 참여한다. 맥락 구조화는 문화적 프로브, 제너레이티브 세션, 다양한 구조화 기법과 스토리보드를 사용하면서, '사용자를 그들 인생의 전문가로 본다'라는 최우선 원칙을 가지고 있다. 또한 사용자가 자신을 잘 표현할 수 있도록 필요한 창의적인 도구를 제공한다.

스토리보드

스토리보드는 사건의 흐름을 시각화할 수 있는 뛰어난 방법이다. 이 그림은 델프트 공과대학교의 전략적 제품 디자인 과정에 다니는 학생의 과제이다.

생각 고르기:
리서치에 대한 고찰

목적

여기서는 인간 중심 브랜드 구축에 대한 생각을 도와줄 수 있는 리서치 기법 도구 상자를 개발하기 시작할 것이다. 우리는 지금까지 브랜딩을 위해 내부 및 외부 리서치를 수행하는 다양한 방법을 살펴보았다. 우리는 이해관계자가 맥락에서 분리되는 리서치 기법은 이번 목적에 적합하지 않다는 점을 알게 되었다.

맥락적 질의, 맥락 구조화 및 다양한 디자인 연구 형태와 디자인 에스노그래피가 여기에 더 적절한 기법이다. 이러한 목적으로 자기만의 도구 상자를 개발하는 것은 좋은 습관이다.

이제 시작해보자!

맥락적 질의

맥락적 질의 리서치는 사용자가 속한 환경과 맥락에서 사용자와 시간을 보내는 것이다. 해당 맥락 안에서 사용자가 어떻게 행동하고 이야기하는지 맥락과 함께 상세하게 문서화하는 것은 디자이너에게 많은 영감을 불러일으킬 수 있다.

1

먼저 목적을 생각한다. 예를 들면, 알고 싶은 것이 무엇인가(현재 우리 브랜드의 터치포인트 너머에 감추어진 궁극적인 가치는 무엇인가)?

2

이를 알 수 있는 방법에 대해 생각해본다(예를 들어, 사람들에게 안내자 역할을 하게 하고, 그 팀에게 건물 주변을 안내하면서 건물의 현재 모습이 왜 그러한 방식으로 되었는지 이유를 설명하게 한다).

3

잘못될 수 있는 것에 대해 생각해본다(예를 들어, 어떤 사람은 그룹을 데리고 다니며 안내하는 것이 쑥스러울 수도 있다).

4

문제를 해결해본다(소집단을 구성하여 서로 안내해주거나 투어를 촬영할 수도 있다).

5

여러 브랜드 질문에 대해 이러한 단계를 거쳐 자기만의 도구 상자를 디자인해보자.

자신의 결과를 다른 사람과 공유하고 싶거나 다른 사람들의 결과가 궁금하다면 www. branddriveninnovation.com/book/toolbox에서 토론에 참여해보자.

전문가 대담:
브랜딩을 위한 디자인 리서치와 맥락 구조화

다음 대담은 리즈 샌더스Liz Sanders와 플라우예 슬리비크 비세르Froukje Sleeswijk Visser가 사용자 인사이트 리서치 방법에 대해 논의한 것이다. 사용자 인사이트 리서치가 기업의 비전을 정의하는 데 어떻게 도움을 주는지, 그리고 비전 있는 브랜드 개발에 적합한 맥락 구조화 테크닉과 방법을 정의하는 데 어떻게 도움을 주는지 살펴본다.

리즈 샌더스는 제품, 시스템, 서비스 및 공간 디자인을 위해 참여적 연구 방법을 사용하는 데 있어 선구자적 인물이다. 오하이오 대학 디자인학과Ohio State University's Design Department, 던디 대학 디자인스쿨School of Design at the University of Dundee, 카네기멜론 대학 디자인스쿨 School of Design at Carnegie Mellon University에서 학생들을 가르치고 있다. 메이크툴스MakeTools의 창립자로 집단 창의성을 위해 제너레이티브 툴을 탐구한다. 오하이오 주립 대학에서 실험 및 정량 심리학으로 박사 학위를 취득했다. www.maketools.com

플라우예 슬리비크 비세르는 델프트 공과대학Delft University of Technology에서 산업디자인공학을 공부했다. 제품 디자인에 내재된 인간적인 면을 그리워하다 맥락 구조화와 다학제적 디자인팀 내에서 어떻게 사용자 인사이트 연구 결과를 소통하고 공유할 것인지에 대해 박사 학위 프로젝트(2004~2009)를 시작했다. 델프트 공과대학에서 학생들을 가르치는 동시에 의뢰인을 위해 맥락 구조화를 수행하고 있다. www.contextqueen.nl

플라우예, 당신은 '맥락 구조화'로 박사 학위를 받았다. 이 리서치 기법을 한마디로 어떻게 설명하겠는가?

플라우예   맥락 구조화는 평소 사용자의 경험을 수집하고 디자인 프로세스에 정보를 전달하고 영감을 주는 데 매우 유용한 리서치 방식이다. 이는 인터뷰, 관찰, 제너레이티브 기법 및 프로브에서 얻은 요소들과 같은 다양한 정성적 연구 기법을 결합해 만든 일련의 절차로 이루어진다. 전형적인 맥락 구조화 연구에는 다음 세 가지 기본 구성 요소가 있다.

1 │ 사용자는 세션이나 인터뷰에 참여하기 전에 자신의 시공간을 주의깊게 느끼도록 한다. 사용자는 기록 수단을 통해 자신의 일상생활과 함께, 사용하는 제품이나 반복적 활동이 어떤 의미인지 구조화한다.

2 │ 개인 또는 그룹 인터뷰 동안 사용자는 자신을 표현하기 위해 제너레이티브 기법을 사용한다.

3 │ 결과는 디자인 프로세스에 정보를 전달하고 영감을 주기 위해 사용된다. 이는 그 결과를 일반적인 연구 보고서로 기술해서는 안 되며, 오히려 창의적인 활동에 유용하도록 만들어야 함을 의미한다.

리즈, 당신이 하고 있는 리서치 유형이 주는 주요한 혜택이 무엇이라고 말하겠는가? 그리고 어떤 상황에서 이러한 리서치를 적용할 수 있는가?

리즈 디자인 프로세스의 초기에 참여적인 마음으로 시행되는 디자인 리서치는, 사람들의 삶을 향상시키기 위해 디자이너가 무엇을 할 수 있고 무엇을 만들 수 있는지, 또는 어떤 경우에는 만들 수 없는지를 배우는 데 가장 도움이 되는 연구 방법이다.

당신은 우리가 하고 있는 디자인 리서치를 '유용하고 바람직한' 리서치라고 부를 수도 있다. 예를 들어, 사람들이 유용하고 의미 있으며 바람직하다고 생각하는 미래의 생활 방식은 무엇일까? 맥락 구조화는 디자인 프로세스의 시작 단계, 즉 사전 디자인 단계에서 매우 자주 사용된다. 이것이 의미하는 바는, 그렇기 때문에 이런 유형의 리서치를 할 때는 당신이 디자인하게 되는 것이 무엇인지 모를 수도 있다는 것이다. 당신의 목표는 사람들이 무엇을 필요로 할지, 또는 미래에 무엇이 우리 삶을 향상시킬지에 대해 배우는 것이다. 이는 종종 디자인을 통해 문제를 해결하는 것보다, 디자인을 위해 기회를 파악하고 설명하는 것인 경우가 더 많다.

추측해보면, 당신이 일하는 방식은 조직이 브랜드 비전을 개발하는 데 있어 도움을 줄 수 있는 방식인 것 같다. 이에 대해 어떻게 생각하는가?

플라우예 그렇다. 이 기법은 원래 새로운 제품과 서비스 개발에 정보를 제공하고 영감을 주기 위해 고안된 것이지만, 맥락 구조화를 브랜드 비전 개발에 사용할 수 있다. 하지만 브랜드 개발에 맥락 구조화를 사용할 때 사람들이 알아야 할 점이 있다. 맥락 구조화 기법은 사용자를 중심 요소로 여기고 사용자가 경험하는 모든 것, 예를 들어 반복된 일상, 동기, 감정, 맥락적 측면, 의미, 필요, 꿈 등이 그 초점을 형성한다는 점이다. 맥락 구조화 연구에서 우리는 사용자에게 어떤 기준이나 가치를 강요하는 행동을 전적으로 삼가야 한다. 그러므로 이런 종류의 디자인 리서치는 사전에 미리 정한 특정 가치를 부여하거나 검증하기 위한 수단으로 전락하지 않기 위해, 매우 열린 마음과 순수한 호기심을 가지고 임해야 한다고 생각한다.

리즈 그렇다. 이런 작업은 조직이 브랜드 비전을 개발하는 데 적합하며, 나 역시 과거에 그러한 프로젝트에 많이 참여했었다. 하지만 제너레이티브 툴을 브랜딩에 최적으로 활용하려면 브랜드를 회사와 고객 사이의 인터페이스로 이해해야 한다. 그 인터페이스는 양쪽으로부터 똑같이 영향받아야 하며, 회사가 사람들에게 일방적으로 제시하는 것이 아니어야 한다. 브랜드는 과거에 그렇게 생각되기도 했지만 다행히도 지금은 바뀌었다.

플라우예 하지만 사용자 경험 리서치는 일반적으로 브랜드 경험 리서치와 같지 않다. 예를 들면 통신사가 혁신적인 서비스를 디자인하려고 할 때, 디자인팀은 사람들이 일상에서 어떻게 소통하는지, 그들의 일상에서 휴대폰이 어떤 역할을 하는지에 대한 탐색적 리서치를 시행할 수 있다. 브랜드 경험 리서치에서는 사용자의 동기나 욕구, 필요가 무엇인지 찾거나 이해하려 하기보다 그들이 특정 브랜드와 어떤 정신적 유대감을 가지고 있는지 물어보는 것에 초점을 맞춘다. 그래서 나는 일반적으로 맥락 구조화 같은 리서치 기법을 브랜드 구축과 연결하지 않는다.

하지만 개별 사용자들이 일상을 경험하며 느끼는 인사이트는 사실 브랜드 비전 개발에 매우 유용한 정보이다. 즉 이러한 인사이트는 회사가 전달하고자 하는 브랜드 비전의 타당성을 확인할 때 사용할 수 있다. 또한 사용자의 관점에서, 회사의 제품과 서비스가 브랜드 비전과 부합하는지 평가할 때도 사용할 수 있다. 최종 사용자의 실질적인 일상 경험까지 포함하는 일을 통해 회사는 보다 적절한 브랜드 비전을 구축할 수 있으며, 나아가 궁극적으로 사용자와 더 강력한 관계를 이룰 수 있는 제품 및 서비스 개발 전략을 수립하는 데 도움을 받을 수 있다.

3.6 결론:
브랜드 주도 혁신에서의 브랜드

이번 장에서는 브랜드 주도 혁신의 첫 단계인 인간 중심 브랜딩을 탐구해보았다. 우리는 혁신 동력으로서 브랜드가 마케팅 커뮤니케이션 내의 브랜드와 어떻게 다른지 살펴보았다. 혁신 동력으로서 브랜드는 콘텐츠, 사용되는 프로세스, 기업 내 역할, 그리고 사용자가 다르기 때문에 특별한 주의가 필요하다. 혁신을 위한 브랜드 구축에서 우리가 발견한 가장 중요한 측면은 브랜드 사용성이다. 이는 브랜드에서 혁신을 이끌 사람들에게 해당 브랜드가 접근이 용이하고 사용이 가능한지 확인하는 개념이다. 우리가 시각화한 단계별 인간 중심 브랜딩 프로세스는, 사람들과 함께하고 그들과 공유하는 프로세스를 통해, 진정성과 의미가 있으며 영감을 일으키고 이해 가능한 내용을 통해, 그리고 최종적으로 이 내용을 표현하는 시각적, 연속적, 층위적 표현 방법을 통해 이러한 사용성에 대해 고려한다.

디자이너들은 인간 중심 브랜드 구축에 가치 있게 기여할 수 있다. 디자이너들이 리서치를 하는 방법은 잠재된 가치와 신념을 드러내주고, 사람에게 공감하는 능력은 그 브랜드가 유용하며 의미 있다는 점을 확증하며, 그들이 정보를 구조화하는 방식은 복잡한 리서치 결과물에 질서를 부여하고, 정보를 시각화하는 방식은 기억하고 이해할 수 있는 브랜드를 만들 수 있도록 도와준다.

디자이너들은 인간 중심 브랜드 구축에 가치 있게 기여할 수 있다.
디자이너들이 리서치를 하는 방법은 잠재된 가치와 신념을 드러내주고,
사람에게 공감하는 능력은 그 브랜드가 유용하며 의미 있다는 점을 확증하며,
그들이 정보를 구조화하는 방식은 복잡한 리서치 결과물에 질서를 부여하고,
정보를 시각화하는 방식은 기억하고 이해할 수 있는 브랜드를
만들 수 있도록 도와준다.

3장의 주요 인사이트 요약

1	혁신 동력으로서 브랜드는 마케팅 커뮤니케이션 내의 브랜드와는 다르다.
2	혁신 동력으로서 브랜드는 프로세스, 콘텐츠, 사람들, 역할 측면에서 차이가 있다.
3	브랜드 주도 혁신에서 브랜드는 혁신으로 가는 방향성을 결정할 때, 영감, 가이드라인, 아이디어 필터로 기능한다.
4	브랜드 주도 혁신에서 브랜드는 직원, 지식재산, 생산 설비와 마찬가지로 조직을 위한 자원이다.
5	브랜드 사용성은 혁신을 주도할 수 있는 브랜드 구축에 필수적이다. 브랜드 사용성은 조직 내에서 직원이 업무 중 실제로 브랜드를 사용하는 정도를 말한다.
6	인간 중심 브랜딩은 혁신을 주도하는 브랜드 구축 프로세스이다. 이것은 반복적인 프로세스로, 내부에서 외부로 하는 사고inside-out thinking와 외부에서 내부로 하는 사고outside-in thinking를 연결한다. 또한 구체적인 생각에서 추상적인 생각으로 자유롭게 이동하며, 이것은 창의적인 워크숍과 디자인 리서치 방법에 기반하는 것으로 가능한 한 많은 사람들을 참여시킨다.
7	인간 중심 브랜딩 단계는 준비, 내부 리서치, 외부 리서치, 그리고 브랜드 약속을 만드는 것으로 이루어진다.
8	디자인 리서치 기법의 다양한 형식은 인간 중심 브랜드를 구축하는 데 적합하다.
9	맥락 구조화는 깊은 인사이트를 줄 수 있기 때문에 인간 중심 브랜드 구축에 특히 적합한 디자인 리서치 기법이며, 맥락적일 뿐 아니라 시각적으로도 풍부하다.

CHAPTER 4

브랜드 주도 혁신의 전략 세우기

Building a brand-driven
innovation strategy

브랜드 주도 혁신의 핵심 아이디어는 브랜드가 실제로
혁신을 주도할 수 있다는 점이다.
즉 브랜드가 혁신을 이끄는 동력으로 적합하며,
혁신은 브랜드를 영감의 원천과 자료로 이용할 수 있음을
의미한다. 3장에서 우리는 브랜드를 혁신 동력으로
적합하게 만드는 방법을 살펴보았다. 4장에서는
이전 내용을 기반으로, 브랜드를 영감의 원천과 자료로
이용하는 혁신 전략 수립 방법에 대해 살펴볼 것이다.

이번 장에서는 3장에서 다룬 인간 중심 브랜드를 토대로 혁신 전략을 수립하기 위한 구조적 접근 방법을 개발할 것이다. 이를 위해 우선 BDI 프로세스에서 두번째 단계의 역할을 살펴보고, 혁신 전략이 실제로 무엇인지 알아볼 것이다. 구체화된 프레임워크를 통해 우리는 브랜드 주도 혁신 전략을 성공적으로 수립하는 데 필요한 단계별 과정을 이해하게 될 것이다.

이번 장은 까다로운 균형잡기에 관한 내용이다. 혁신 전략 수립은 일부는 전략과 구조에 관한 것이지만, 다른 일부는 창의적이고 시각적인 아이디어 도출과 상상력에 대한 것이다. 이 장을 읽은 후 반드시 둘 중 하나가 다른 하나를 배제하는 것이 아니라 오히려 시너지 효과를 낸다는 것을 이해한다면, 당신은 진정한 디자인적 사고자로서 이 책의 마지막 두 장을 읽을 준비가 되었다는 뜻이다.

4.1 브랜드 주도 혁신에서 혁신 전략의 역할

이번 장에서는 혁신 전략과 혁신 전략이 브랜드 주도 혁신에서 맡은 역할에 대해 자세히 알아볼 것이다. BDI 방법론의 두번째 단계는 브랜드 약속을 지키기 위해 전략적으로 고안된 방법들을 다루고 있다. 다시 말하자면, '우리가 사용자들에게 약속한 것이 이것이라면, 그것이 바로 약속을 이행하기 위해 우리가 앞으로 해야 할 일이다'라는 것이다. 혁신 전략은 기업 외부 이해관계자들이 바라는 것과 기업 내부 이해관계자들이 제공할 수 있는 것의 결합으로 만들어진다. 여기에는 인간 중심의 브랜딩 단계에서 구축되었던 것과 같은 관계성과, 그 관계를 키우고 성장하게 하는 방법을 찾는 미래에 대한 관계가 필요하다. 혁신 전략은 내적 가치와 신념에 대한 실천을 구체적인 계획으로 바꾸고, 동시에 외부의 기대와 니즈를 만족시키기 위한 기회를 탐색한다.

미래에 대한 이해

혁신 전략 단계에서의 난관은 아직 당면하지 않은 미래에 대해 결정을 내리는 것이다. 이 도전을 효과적으로 풀어내는 유일한 방법은, 이미 알고 있는 것을 가지고 그 위에 구축함으로써 가능한 미래를 내다보고 떠올리는 것이다. 현재 여기에 있는 것으로부터 미래에 생길 수 있는 것에 대해 추론하는 것을 '예측forecasting'이라 하며, 예측은 그 자체가 하나의 예술적 형태이다. 당신은 올바른 방향으로 예측하고 있는지 어떻게 알 수 있는가? 혁신 전략은 본질적으로 모호함을 품고 있다. 이러한 모호함을 줄이는 한 가지 방법은, 가능성을 열어두고 여러 가지 시나리오를 만들어 가능한 미래에 대해 결정할 수 있는 기반을 다양하게 준비해두는 것이다. 그러나 어느 시나리오가 맞을지는 여전히 알 수 없을 것이다.

브랜드 주도 혁신에서 방향을 제시하는 것은 바로 브랜드 비전이다. 이는 브랜드가 예측 과정을 주도한다는 것을 뜻한다. '미래를 예측하는 유일한 방법은 스스로 자신의 미래를 창조하는 것이다'라는 말이 있다. 기업의 가치와 비전이 성장을 유도하는 BDI 상황에서 볼 때 이 말은 타당하다. BDI에서 이 말은 다음과 같이 해석할 수 있다. '미래는 너무 복잡해서 정확히 어떤 모습이 될지 알기 어렵다. 미래에 흔들리지 않고 똑바로 서 있는 유일한 방법은 스스로 미래에 어떤 역할을 하고 싶은지 결정하는 것이다.' '우리는 미래에 어떤 역할을 하고, 어떤 관계를 확립하고 싶은가?'라는 질문은 '미래는 어떤 모습일까?'라는 질문보다 훨씬 덜 모호하다. 브랜드는 기업의 잠재적 미래를 그려보는 데서 불확실성을 제거해준다.

미래는 너무 복잡해서 정확히 어떤 모습이 될지 예언하기 어렵다. 미래를 파악하는 유일한 방법은, 조직으로서 당신이 미래에 어떤 역할을 하고 싶은지 결정하는 것이다. 그리고 이 역할은 브랜드 가치에 굳건한 바탕을 두어야 한다.

전략적 비즈니스 선택

그러나 혁신 전략 단계는 가능한 미래를 예상해보기 위한 것만은 아니다. 전략적인 비즈니스 선택을 내리기 위한 단계이기도 하다. 혁신적 전략은 본질적으로 당신이 언제, 어떻게, 어느 정도의 계산된 위험을 감수할 수 있느냐에 대해 의식적으로 결정을 내리는 것이다. 네덜란드의 디자인 회사인 NPK의 조스 오베르도프Jos Oberdorf는 이러한 계산된 위험을 감수하는 것에 대해 다음과 같이 설명한다. "혁신은 새로운 제품, 새로운 시장, 그리고 새로운 기술에 관한 것이다. 새로운 제품을 만드는 것이 위험할 수도 있지만, 그 제품을 새로운 시장이나 심지어 새로운 기술과 결합하는 것은 더 위험하다. 혁신 전략은 무엇을 바꾸고 무엇을 그대로 유지할지를 신중하게 선택하는 것에서 시작된다."

이러한 선택들이 신중하게 이루어지지 않는다면, 오베르도프가 여러 프로젝트를 통해 발견했듯이 그 위험도는 프로젝트 진행 과정에서 더욱 증가할 것이다. 왜냐하면 신제품을 가지고 새로운 시장에 진출하고 싶고, 그 제품에 최신 기술을 더하고 싶은 마음이 쉽게 들기 때문이다. 오베르도프의 도표(126쪽)를 살펴보면 혁신적인 제품에서 발생하는 위험을 관리하는 법을 파악할 수 있을 것이다. 이 도표는 신제품에 기존 기술을 사용하여 기존 시장에 진출하는 것이 새로운 기술을 장착하고 새로운 시장에 진출하는 것보다 훨씬 덜 위험하다는 것을 보여준다.

혁신 전략은 선택과 집중에 대한 것이다. 또한 감당할 수 있는 위험 영역 내에서 혁신하기 위한 용기와 이에 따른 제약에 대한 것이기도 하다. 이것은 기업 문화와 사용자의 니즈 및 요구를 고려했을 때, 위험을 감수할 수 있는 능력뿐만 아니라 기업의 목표와 잠재력을 감안해야 한다는 뜻이다. 이러한 점에 비추어볼 때 브랜드는 다시 한번 혁신 전략에서 든든한 지침이 된다.

브랜드 주도 혁신 방법에서 혁신 전략 단계는 무엇을 할 것인가에 대한 계획을 수립하는 것이다. 이는 '미래에 어떤 종류의 제품과 서비스를 어떤 시장에 내놓을 것인가'에 관한 것이다. 그러나 그곳에 어떻게 접근할 것인가에 대한 것이기도 하다. '어떻게 혁신을 이룰 수 있을까?' '선두에서 이끌어야 할까, 아니면 따라가야 할까?' '급진적 혁신을 추진해야 할까, 아니면 점진적으로 추진해야 할까?' '혁신을 위한 기업 내부 환경을 조성하고 최고의 디자이너, 연구원, 엔지니어들을 고용해야 할까, 아니면 아웃소싱하여 외부 단체와 파트너십을 구축할까?' '우리의 혁신에 활기를 띠게 할 요인은 무엇일까?' '성수기를 누리기 위해 노력해야 할까, 아니면 우리에게 적합한 때에 시장에 진입하면 될까?' '특허와 다른 지식재산권을 습득해야 할까, 아니면 시장 선점 우위 효과에 초점을 두고서 시작해야 할까?'(218~219쪽에서 이 질문들에 대한 개요 참고) 이 모든 질문들은 탄탄한 혁신 전략을 만들어가기 위한 로드맵의 일부가 된다. 또한 BDI 관점에서 볼 때 이 질문들은 브랜드를 염두에 두고 답할 수 있고, 그렇게 해야만 한다.

그러나 더 나아가기 전에 과연 혁신 전략이란 무엇인지 생각해보자.

4.2 혁신 전략이란

혁신 전략이란 새로운 제품, 서비스, 프로세스 또는 비즈니스 모델 개발을 통해 기업을 성장하게 하는 전략의 한 부분이다. 전략은 특정 목표에 도달하기 위한 방법을 결정하는 것이며, 이 행동에 대한 장기적인 계획이다. 전략은 목표가 아니다. "우리의 전략은 서유럽 시장에서 리더가 되는 것이다"라고 말하는 것은 이치에 맞지 않는다. 그러나 "우리의 목표는 서유럽 시장에서 리더가 되는 것이다. 그 목표에 도달하기 위한 우리의 전략은 혁신과 디자인을 통한 차별화를 바탕으로 경쟁하는 것이다"와 같이 말할 수 있다.

따라서 혁신 전략은 특정 목표를 성취하기 위해 새로운 제품, 서비스, 프로세스 또는 비즈니스 모델 개발을 활용할 것인지 계획하는 것이다. BDI에서 혁신 전략은 브랜드 약속을 수행하기 위해 새로운 제품, 서비스, 프로세스 또는 비즈니스 모델 개발을 어떻게 활용할 것인지 계획하는 것이다.

우리는 인간 중심의 브랜딩이라는 렌즈를 통해 조직으로서 우리를 어떻게 정의할 수 있으며, 우리가 가치를 창조하고 제공하고자 하는 대상이 누구인지를 살펴보았다. 이 연구 결과로 얻은 것은 브랜드 약속으로, 또한 한 기업으로서 전달하고 싶은 가치이며 분명한 목표이다. 이제 우리는 이 목표에 도달할 수 있도록 우리를 도와줄 계획, 즉 전략에 대한 질문에 이르렀다. 마지막 두 단계인 디자인 전략과 터치포인트 조직화를 통해 이 전략을 실행하는 데 필요한 수단, 기술, 기구에 대해 점차적으로 인식하게 될 것이다. 또한 사람, 목표, 전략, 도구tool라는 이 요소들은 리Li와 버노프Bernoff(2008)가 고안한 'POST 프레임워크'를 함께 형성한다. 이 내용에 대해서는 5장에서 살펴볼 것이다.

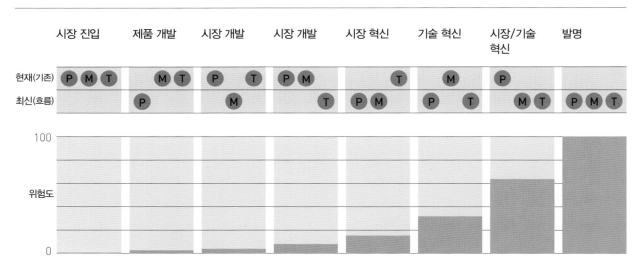

1   혁신 프로젝트에서의 위험 관리

새로운 제품(P)이 기존 시장(M)에서 기존 기술(T)을 이용하며 당면하는 위험은 이것이 새로운 시장에서 새로운 기술을 이용하며 마주하는 위험보다 훨씬 적다(이미지 제공: 네덜란드 NPK 디자인).

브랜드 주도 혁신에서 혁신 전략은, 브랜드 약속을 수행하기 위해
새로운 제품, 서비스, 프로세스, 또는 비즈니스 모델 개발을
어떻게 활용할 것인지 계획하는 것이다.

연습해보기:
혁신에서 전략 추출하기

목적

이번 연습을 통해 혁신의 이면에 있는 전략적
목표를 찾는 법을 배울 수 있을 것이다.

준비

4~6명으로 구성된 팀. 눈에 띄는 혁신을 설명하는
6장의 카드가 필요하다. 이는 놀라운 성공을
이루었거나, 예상치 못했거나, 크게 실패했거나,
또는 엄청나게 똑똑했던 혁신일 수 있다.
27쪽의 연습에서 사용했던 카드를 다시 사용해도
된다. 각자 카드를 1장씩 뽑고 순서대로 돌아가면서
다음 과정을 따르도록 한다.

사례

폭스바겐이 폭스바겐 페이톤Volkswagen Phaeton을
출시한 것은 뜻밖이었다. 어차피 폭스바겐 그룹의
포트폴리오에 포함되어 있는, 아우디 A8을 가진
특정 타깃 그룹을 상대하는 것이 더 합리적이지
않을까? 이런 차를 폭스바겐 브랜드로 소개하는
이유가 뭘까? 신기술을 실험하기 위함인가? 혹시
자신만만한 CEO가 특별하게 여기는
프로젝트일까? 어쩌면 큰 기업들과의 임대 계약을
성사시키거나 유지하기 위해, 폭스바겐측에서는
근로자 계층을 위한 소형차부터 이사회 임원들을
위한 최고급 차종까지 모든 차종을 제공할 수
있어야 했을 수도 있다. 이러한 것을 고려하면
페이톤 출시에 대해 이해할 수 있다.

1

해당 혁신의 본질과 그 혁신을 특별하게 만드는
요소가 무엇인지에 대해 2분 동안 설명한다.
이 혁신은 성공적인가? 누구를 위한 것인가?
이 혁신은 자신이 속한 브랜드를 위해 논리적인
혁신으로 인식되는가?

2

혁신의 목적이 무엇이었다고 생각하는지 5분 동안
설명해본다. 새로운 시장을 발굴하기 위해?
새로운 기술로 수익을 창출하기 위해? 경쟁을
피하기 위해? 그리고 이 목표에 도달하기 위해
어떤 전략을 사용했는가? 이 목적들은 서로
연계성이 있는가?

3

15분 동안 나머지 팀원들과 의견을 나눈다.
다양한 관점과 가능한 시나리오를 생각해본다.

카드 토의를 마친 후 몇 분간 혁신에 관한
이야기를 인터넷으로 확인해본다. 자신의 관점을
뒷받침할 내용을 발견할 수 있는가? 아니면
자신의 관점과 완전히 다른가?

4.3 브랜드 주도 혁신 전략

브랜드 주도 혁신 전략은 이전 장에서 논의한 바와 같이, 브랜드를 기반으로 하는 혁신 전략이다. 이러한 전략을 수립하기 위한 시작 요인으로 브랜드가 필요하며, 그 목표는 브랜드 약속을 수행하는 것이다. 혁신 전략의 다른 일반적인 동기들은 앞서 논의되었는데, 그 동기들은 신기술을 통해 사업을 확장하려는 욕구, 경쟁을 위해 깨어 있어야 할 필요, 새롭게 세분화된 시장의 잠재력 또는 새로운 법 제정에 따른 기회 등이다.

목표와 관련해 그 동기들을 다음과 같이 해석해볼 수 있다.

- 기술
  우리의 목표는 투자한 신기술로 최대한의 수익을 내는 것이다. 우리의 혁신 전략은 이러한 기술을 혁신의 플랫폼으로, 많은 시장에서 다양한 제품 개발을 위해 활용하는 것이다.

- 경쟁
  우리의 목표는 세분화된 시장에서 1위 또는 2위가 되는 것이다. 우리의 혁신 전략은 시장 점유율을 크게 차지할 수 있고 수익이 큰 제품을 개발하는 것이다.

- 새로운 시장 세분화
  우리의 목표는 러시아시장에 진입하는 것이다. 우리의 혁신 전략은 제품 변경을 최소화하여 시장 진입과 시장 점유율 확보에서 우리의 자원을 절약하는 것이다.

- 새로운 법규
  우리의 목표는 네덜란드에서 겨울용 타이어 사용을 의무화하는 새로운 법규를 바탕으로 가능한 한 많은 수익을 내는 것이다. 우리의 혁신 전략은 운전자들이 이 법규를 지킬 수 있도록 쉽고 매력적인 서비스 시스템을 개발하는 것이다.

위 내용에서 두 가지 사항을 발견할 수 있다.

1 │ 앞의 내용은 혁신과 관련하여 타당한 내용이라 할 수 있다. 모든 요인이 바람직하며, 기업가적 관점에서 고려해야 하는 사항이기도 하다. 브랜드 주도 혁신은 '혁신을 위해 브랜드를 사용하고 다른 모든 요인들은 무시해야 한다'고 규정하지 않는다. 오히려 그 반대로 '이 요인들을 특정 방식으로 살펴보라'고 말한다. 이러한 생각은 두번째 포인트로 연결된다.

2 │ 이 동기 요인들 중 우리에게 무엇을 하라고 가르쳐주는 것은 없다. 동기는 특정한 방향으로 밀어주는 일종의 유도체 역할을 한다. 여러분이 조직으로서 그 유도에 어떻게 반응할 것인가는 전적으로 조직의 문화, 가치, 신념, 규범에 달려 있다. 이 단어들을 이전에 들어본 적이 있을 것이다. 혁신을 이끄는 동력에 반응하는 방식은 당신의 브랜드에 달려 있는 것이다!

이 두 가지 발견을 통해 우리는 혁신을 이끄는 것이 무엇이든 간에 그 요인에 반응하는 방법을 결정하도록 도와주는 것이 바로 브랜드임을 알게 된다. 따라서 그런 의미에서 모든 혁신 전략은 최소한 '브랜드 지향적인' 것이어야 한다. 그렇지 않으면 올바른 목표를 갖고 있더라도 그 목표에 이르기 위한 전략은 그렇지 않을 것이다. 어떤 조직이 자사의 규범이나 추구 가치에 따라 행동하지 않는다면, 그 조직은 초점을 잃게 되고 계획과 전략을 만드는 능력을 잃어버리게 될 것이다(셰인, 2004). 그러나 브랜드가 당신이 하는 모든 일을 총괄한다면 브랜드를 동력으로 정의하는 것이 맞지 않을까? 개인적인 구직 활동에 대입해 생각해보면, 당신은 모든 구인 정보를 읽어보고 나서 자신에게 가장 적합한 일을 결정할 것인가? 아니면 자신의 학력, 관심사, 열정에 대해 먼저 생각해보고 나서 당신에게 딱 맞는 기회를 어디서 찾을지 결정할 것인가?

렌즈로서의 브랜드

이 점이 바로 우리가 BDI 방법의 혁신 전략을 다른 방법으로 접근하는 이유이다. 혁신을 위해 많은 목표를 정한 다음 이에 대한 행동 지침으로서 브랜드를 갖추는 대신, 브랜드 약속을 이행해야 할 핵심 목표로 삼고 전통적인 원동력들을 목표에 도달하기 위한 지침으로 삼았다. 이러한 상황에서 시장, 테크놀로지, 법 제정, 트렌드, 경쟁 등에 대한 영향력은 혁신 전략을 구성하는 기회가 되어왔다.

브랜드 주도 혁신 전략에서 브랜드는 렌즈에 비유할 수 있다(데이비스Davis와 던Dunn, 2002). 브랜드는 내부의 영향력이 외부로 투영될 수 있게 통과시키는 렌즈이다. 기업의 자원, 능력과 같은 내부 영향력은 외부 세계에는 무의미할 수도 있고, 내부 자질만을 기준으로 사용자가 기업 간의 차이를 구분하기란 쉽지 않다. 그러나 이러한 내부 자질은 브랜드와 결합할 때 독특해진다. 브랜드 렌즈를 통해 이를 외부로 투영하면, 갑자기 그것만의 초점과 의미를 가지게 된다.

그러나 브랜드는 외부의 영향력이 브랜드 약속을 이행하는 데 사용될 수 있는지 투영해볼 수 있는 렌즈이기도 하다. 이 렌즈가 없다면, 외부 영향력은 초점이나 의미 없이 단지 사실에 불과하다. 브랜드 렌즈를 통해 볼 때 이러한 영향력은 기업을 움직이게 만들 수 있으며, 결과적으로 초점과 의미를 가지게 된다. 외부의 사실은 해석되고 내부에 영향을 미치게 된다. 브랜드를 이렇게 바라보는 것은 수동적으로 혁신을 실행하기보다 더욱 주도적으로 이끌게 만든다. 또한 브랜드는 열정을 가지고 시작하도록 돕고, 이 열정이 현실화될 수 있도록 하는 내부와 외부의 맥락을 고려하게 해준다.

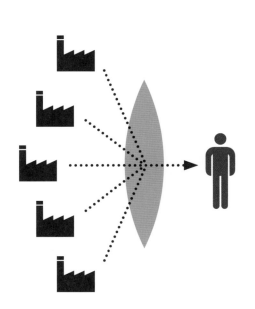

프로젝터로서의 브랜드
내부적 영향력이 초점과 의미를 지니게 된다.

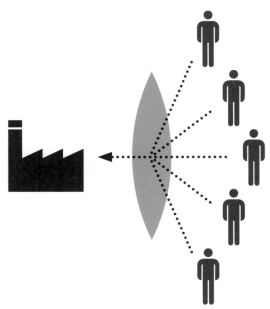

렌즈로서의 브랜드
외부적 영향력이 초점과 의미를 지니게 된다.

2 프로젝터와
렌즈로서의 브랜드

브랜드는 내부의 영향력에 초점을 맞춰 그것을 의미 있는 방식으로 사용자에게 투영해준다. 또한 기업이 외부의 영향력에 초점을 맞추고 명확하게 보는 데 도움이 되기도 한다.

전문가 대담:
브랜드 주도 혁신의 전략 구축하기

브랜드 주도 혁신에 대한 전략을 실무에서는 어떻게 수립하는지, 특히 디자인 매니저가 이 난제를 어떻게 다루는지 궁금할 것이다. 다음 필립 피코Philippe Picaud와 피에르 이브 파니스Pierre-Yves Panis의 대담은 브랜드를 기반으로 하여 브랜드 주도 혁신 전략을 수립하는 실무에 초점을 두고 있다. 이 대담에서는 대기업 조직에서 연구개발R&D과 마케팅을 연계하는 디자인 매니저의 역할에 대해서도 논의하고 있다.

필립 피코는 파리 국립장식미술학교ENSAD를 졸업하고 뉴욕 시라큐스 대학교Syracuse University에서 산업디자인으로 석사 학위를 취득했다. 파리에서 전문가로서 경력을 쌓기 시작한 후 남아프리카공화국에서 2년 동안 활동하였다. 프랑스에 귀국해 디자인 디렉터로 다양한 활동을 했으며, 데카트론Decathlon을 거쳐 2009년부터 까르푸Carrefour에서 근무하고 있다. 국제 디자인 매니지먼트 커뮤니티의 회원이며 현재는 디자인 매니지먼트 학회Design Management Institute, 르노Renault, 파리IFM의 자문위원회에서 활동하고 있다.

피에르 이브 파니스는 프랑스의 전기 배선 장치와 전기 설비 제조 업체인 르그랑Legrand의 디자인 디렉터이다. 미국과 프랑스의 제품 디자인 컨설팅 회사에서 근무하였으며, 기업에서 활동하기 전 8년 동안 아프리카 남부의 짐바브웨에서 도시 비공식 부문 생산 향상을 목적으로 하는 비영리단체인 디자인 코오퍼레이션Design Co Operation을 창립했다. 프랑스 국립고등산업디자인학교Les Ateliers를 졸업했다.

두 사람 모두 대기업의 디자인 매니저이다. 회사에서 혁신 전략과 브랜드 전략에 관련해 어느 범위까지 관여하고 있는가?

피에르 이브   브랜드 전략 업무에 실질적으로 점점 더 많이 관여하고 있다. 최근에는 르그랑 브랜드를 위해 아트디렉션을 개발하는 책임과 권한을 맡게 되었다. 이 말은 내가 포장 디자인, 인쇄물, 웹 디자인은 물론이고 공간 디자인까지 책임져야 한다는 뜻이다.

그렇다고 해서 이 모든 측면에 대한 전문 지식이 디자인에 포함되어 있다는 말은 아니다. 하지만 디자인은 브랜드 가이드라인의 초안을 구성하고, 제안 방향을 만들고, 브랜드 관련 전략을 수립해야 할 책임이 있다. 그리고 디자인의 역할은 적용되는 모든 사항이 이 가이드라인을 따르고 있는지 확인하는 것도 포함한다.

필립   브랜드 전략과 관련해 세 측면으로 관여하고 있다. 첫째는 기업 가이드라인, 포장, 인터넷 및 매장 내 커뮤니케이션과 같은 다양한 곳에 적용되는 아이템을 통해 까르푸의 새로운 아이덴티티를 개발하는 것이다. 두번째 영역은 제품 포트폴리오이다. 이는 까르푸 브랜드로 출시되는 제품 라인 구성과 관련 있는데, 이 제품들은 까르푸에서 판매되는 전체 판매량의 약 30퍼센트 정도를 차지한다. 세번째 영역은 고객의 쇼핑 경험을 지원하는 것을 목표로 하는 모든 디자인 활동을 포함한다.

피에르 이브   르그랑에서 디자인은 점점 더 혁신에 관여하고 있다. 지난 6년 동안 디자인은 혁신의 핵심 동력이었으며, 우리에게 그에 대한 권한이 주어졌다. 예를 들자면, 내가 르그랑에 왔을 때 업무 시간의 15퍼센트를 장기적인 혁신 프로젝트에 투자한다는 방침을 도입했다. 이는 충분히 인식되었고 노력하고 있는 부분이다. 실행에 있어서 솔직히 말하자면, 지난 몇 년 동안 10~12퍼센트의 시간을 투자했다고 알고 있다. 15퍼센트는 아니지만, 그래도 그게 어디인가.

필립　과거 많은 회사에서 혁신은 내부의 연구개발 부서에 속하는 일이었다. 이는 혁신이 내부에서 주도되는 경우가 많았으며, 흔히 엔지니어들에 의해 주도되었음을 의미한다. 하지만 현대의 기업들이 진정으로 가치 있는 혁신은 더 사회적이고 사용자 중심적이며, 사용성에 기반한다는 점을 깨닫고 있기 때문에 상황이 변하고 있다. 이는 혁신이 디자인 역량 쪽으로 더욱 향하고 있는 이유이기도 하다. 우리 회사와 같은 대기업에는 여전히 혁신 전담 관리자가 있지만, 이들은 디자인에 전혀 관여하지 않는다. 그들의 업무는 혁신의 기치를 세우며, 기업에게 혁신을 위한 방법을 가르치는 것이다. 그러나 상품을 판매할 타깃이 있는 실제 혁신 프로젝트에서 디자인은 언제나 중요한 기여를 한다. 디자인이 실제적으로 혁신의 기치를 내세우지 않을 수도 있지만, 오늘날 디자인 없이 진행되는 혁신 프로젝트는 없다.

디자인과 혁신을 통해 브랜드 약속을 이행하는 것을 자신의 임무로 생각한다는 점에서 여러분의 업무는 브랜드 주도적인가?

피에르 이브　그렇다. 브랜드 약속을 이행하는 것을 나의 임무로 보고 있다. 하지만 디자인은 또한 그 브랜드 약속을 형성하는 일부가 되어야 한다. 우리는 분명 제품 디자인 과정에서 이러한 일을 해오고 있다. 그리고 이제는 제품 자체에 내재된 브랜드 약속과, 그 브랜드 약속을 실현하기 위해 창조되는 모든 터치포인트 사이의 전체적인 결속을 만들어낼, 더 좋은 기회를 갖게 될 것이다.

필립　기업 내부 디자이너로서 나의 업무는 브랜드 약속을 실행하는 것이다. 우리가 그 약속의 내용에 영향을 미치거나 내용을 수정할 때도 있지만, 대부분 나의 역할은 커뮤니케이션, 제품, 서비스와 같은 다른 영역의 디자인을 통해 그 약속을 실행하는 것이다. 나는 혁신, 브랜드 개발, 그리고 디자인 사이에 통합점이 있다고 믿는다. 디자인과 혁신을 통해 진화하고 성장하는 기업 전략이 그 기업의 브랜드 이미지에도 영향을 미치기 때문이다. 이처럼 하나의 요소가 다른 것에 영향을 끼친다. 브랜드 개발, 혁신, 디자인은 성장을 위해 기업 전략 주위로 융합된다.

명확하게 디자인 기능이 회사의 혁신 전략 규정의 일부인가? 그리고 그래야만 한다고 생각하는가?

피에르 이브　그렇다, 그리고 그래야만 한다고 믿는다. 그 일에서는 다른 누구도 선두에 서지 않기 때문이다. 우리는 혁신을 더욱 사용자 중심적이며, 가시적이고 실제적이며, 사용 가능하도록 만드는 것과 관련해 엄청난 가치를 창출할 수 있다. 그러나 디자인이 우리의 혁신 전략에서 유일무이한 본질이 되어서는 안 된다. 여러 부서에는 고려해야 할 비즈니스 로드맵과 목표가 있다. 이 부서들은 제품과 시스템의 모든 차원에서 특정 시장에 가치를 전달하는 방법을 알고 있으며, 혁신을 위한 기회를 정의할 때 모두가 함께하는 것이 필요하다.

필립　디자인이 혁신 전략의 일부이며 그래야만 한다는 생각에 동의한다. 디자인이 혁신에 불을 붙이지 않는 경우에도 결국 디자인은 혁신에 가치를 더하게 되어 있다. 이는 디자인이 혁신에 대해 여타 분야와는(예: 엔지니어링) 다른 접근법을 가지고 있기 때문이라고 생각한다. 디자인은 질문을 하는 것이며, 문제 해결에 정해진 규칙을 적용하는 것이 아니다. 그렇게 함으로써 문제를 둘러싼 경계를 허문다. 디자인은 사용자를 잘 이해하며 행동의 사회적 측면을 관찰하는 것에 뛰어나다. 그리고 이러한 이해를 해석하여 복잡한 문제에 대한 혁신적인 해결책을 만든다.

4.4 혁신 전략 단계

혁신 전략 단계는 브랜드 주도 혁신 방법에서 두번째 단계로, 첫번째 단계인 인간 중심 브랜딩 단계에 기반을 두고 있다. BDI에서의 혁신 전략 단계는 여타 혁신 전략 방법론이나 프로세스와는 차이를 보이는데, 이는 브랜드를 투입 재료로 삼기 때문이다. 이 단계가 그 밖의 가능한 모든 혁신 전략 도구들의 가르침을 간과한다는 의미는 아니다. 그러나 분명 다른 점이 있는 것은 사실이다.

브랜드 주도 혁신 전략을 수립하는 것은, 미래에 브랜드 약속을 이행하기 위한 방법을 고안하는 것이다. 이는 이상적인 상황을 그려보며 미래를 만들어보는 단계로 시작한다. 그다음에 브랜드를 렌즈로 이용한다. 첫째, 기업의 자원과 능력을 외부로 투영하는 것으로, 브랜드 약속 이행을 위해 자원과 능력을 활용하는 방법을 찾아내는 것이다. 둘째, 외부 변화와 발전을 살펴, 바람직한 미래를 구축하기 위한 기회로 외부 변화들을 이용하는 것이다. 그런 다음 실무적인 최종 단계에서 이전 단계들에서 얻은 결과를 구체적인 혁신 전략으로 구성하는 것이다.

인간 중심 브랜딩 단계의 토대를 이루는 원리는 혁신 전략 단계에서도 동일하게 작용한다(98~113쪽 참조). 그러나 아래 몇 가지 규칙이 추가로 적용된다.

1 | 판단을 보류하라. 혁신 전략을 세울 때에는 잠재적으로 좋은 방안들도 포기하고 싶은 생각이 쉽게 든다. "그건 시도해봤잖아, 잘 안 될 거야"라고 말하면서 말이다. 아이디어가 성장할 수 있게 하려면 여지를 주자.

2 | 주위를 살펴보라. 자사 브랜드를 기반으로 혁신 전략을 수립한다는 것이 경쟁, 시장 발전, 트렌드 등 외부 요소를 무시해도 된다는 말은 아니다.

3 | 영예에 안주하지 마라. 혁신 전략은 시간이 가도 고정되어 있는 것이 아니다. 전략이 시대에 맞는 최신의 것인지 자주 돌아보고 확인하라.

4 | 전략을 디자인하라. 혁신 전략을 만드는 것은 창의적인 과정이다. 창의적 테크닉을 사용하고, 디자인 사고를 하는 사람들을 참여시키며 시각화하라.

혁신 전략의 단계별 구성은 133~136쪽에 간략하게 소개되어 있다. 아래 도표 3에서는 그 과정을 모델의 형태로 확인할 수 있다. 이는 첫 단계(A)와, 두번째와 세번째 단계(B와 C)의 반복, 그리고 네번째 단계(D)로 구성되어 있다.

---

3 혁신 전략 세우기
   혁신 전략 영역은
   4단계로 구성된다.
   미래 그려보기,
   내부 기회 탐색하기,
   외부 기회 탐색하기,
   혁신 전략 수립하기.

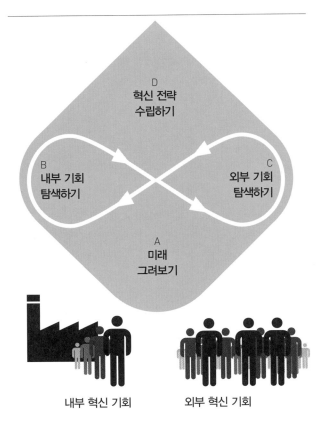

내부 혁신 기회   외부 혁신 기회

조직이 가치에 따라 행동하려 하며 사용자가 자신의 가치에 따라
행동하려 하는 브랜드 주도 혁신에서, 목표와 포부는
원동력으로 고려해야 한다.

A 단계: 미래 그려보기

이 단계는 조직과 이해관계자들을 위한 미래를 그려보는 시기로, 브랜드 약속이 완전하게 이행되어야 하는 시기이다. 세계는 미래에 어떤 모습일까? 당신의 조직은 사용자에게 어떤 종류의 가치를 제공하고, 그것은 조직의 내부 브랜드와 어떻게 부합하는가?

적임자를 참여시켜라

당신은 매우 창의적이고 시각적인 프로세스를 막 시작하려 하기 때문에, 아마도 우뇌로 사고하는 사람을 합류시키려 할 것이다. 당신은 가능한 미래를 시각화하고 프로토타입으로 만들어낼 수 있는 시각적 재능이 있는 사람이 필요할 것이다. 그러나 이 비전을 현실에 안착시킬 수도 있어야 한다. 꿈을 꾸고 난 뒤에는 실천이 뒤따른다. 따라서 일을 실현할 수 있는 사람들을 팀 내에 반드시 포함시켜야 한다. 혁신 전략 수립은 BDI 프로세스의 한 단계이지만, 현실에서는 그 단계가 자주 반복되거나 계속될 수도 있음을 분명히 인지하고 있어야 한다. 이는 매년 이벤트를 만들기 위한 아이디어일 수도 있다.

1단계에 완전히 몰두하라

인간 중심 브랜딩 단계에서 얻은 결론을 가져와 모든 팀원들이 그 의미가 무엇인지 확실히 이해하도록 해야 한다. 팀원들이 그 프로세스에 참가하지 않았다면, 그 결과를 얻기 위해 어떤 작업을 거쳤는지 보여주어야 한다. 팀원들을 반드시 참여시켜야 하며, 만일 이전과 같은 팀이 유지되고 있다면 모든 준비는 끝난 셈이다!

브랜드 목표를 정의하라

내부와 외부 브랜드 비전을 바탕으로 브랜드 목표를 정의해야 한다. 이 항목이 내부 브랜드 비전이라면, 우리가 실제로 성취하고 싶은 것은 무엇인가? 우리의 가치와 비전에 비추어 봤을 때, 우리의 목표는 무엇인가? 그리고 우리의 사용자가 정말로 성취하고 싶어하는 것은 무엇인가? 사용자들의 가치와 비전에 비추어 봤을 때, 그들의 목표는 무엇인가? 여러 옵션을 만들어보자. 딱 한 가지 목표만 고집하지 말고, 여러 가능성 있는 이상향이나 그것의 다양한 변형안들을 정의해봐야 한다. 과감하게 몇 년 후를 생각해보자. '내년에 어디에 있고 싶은가?'에 대해 생각하지 말고, 오히려 '지금부터 5년 뒤 어디에 있고 싶은가?'에 대해 생각해야 한다.

미래의 브랜드 시나리오를 만들어라

BDI 사례에서 미래 시나리오에 사용되는 설득력은 그 전 단계의 목표이다(4.5 참고). 그 이면에 존재하는 생각은, 사실 목표가 당신의 미래 모습에 영향을 미치는 매우 강력한 설득력이라는 것이다. 왜냐하면 이 목표는 당신이 가치를 두고 믿는 것으로부터 직접적으로 자라나기 때문이다. 브랜드 주도 혁신에서 조직은 스스로의 가치에 따라 행동하려 하고, 사용자 또한 자신의 가치에 따라 행동하려 한다. 따라서 목표와 열망은 동력으로 간주되어야 한다.

시나리오를 현실화하라

시나리오를 시각화하고 실현해야 한다. 첫번째 단계에서 만든 페르소나를 이용해 시나리오를 진행해볼 수도 있다. 페르소나는 어떤 경험을 하는가? 무엇을 사랑하는가? 무엇을 놓치는가? 어떤 종류의 제품과 서비스를 만나게 되는가? 미래 시나리오를 이용하여 조직 생활의 하루를 만들어보라. 업무가 어떻게 보이는가? 당신은 무엇에 집중하고 있는가? 당신의 업무 질을 판단하는 기준은 무엇인가? 새로운 파트너는 누구이며, 새로운 경쟁자는 누구인가?

B 단계: 내부 기회 탐색하기

이 단계는 C 단계와 동시에 일어날 수 있으며, 시나리오를 실현할 내부 기회를 찾는 것이다. 내부 혁신 동력을 찾아내고, 그것이 A 단계 시나리오에 기여할 수 있는지 평가하기 위해 브랜드 렌즈를 통해 그것을 외부로 투영한다.

내부 자원과 역량을 구조화하라

당신의 조직이 가지고 있는 독특하고 모방 불가능하며 대체 불가능하고 유용할 수 있는 자원의 총체를 파악하고, 그 자원이 어떻게 역량으로 연결되는지 구조화하라. 예를 들어, 정밀 제조 장비라는 자원을 가지고 있다면, 이 자원으로 매우 높은 품질의 제품을 생산할 수 있는 역량을 가진 셈이다.

내부 자원과 역량의 변화를 구조화하라

조직의 자원과 역량이 어떻게 변화하고 있는지를 총체적으로 파악하라. 이 변화란 새롭게 개발된 기술, 새로운 제조 장비, 다른 회사 인수, 조직 구성원의 인구통계학적 변화, 주식으로 인한 재정적 압박, 경영권의 가업 승계에 따라 달라지는 초점 등이 될 수 있다.

미래의 내부 자원과 역량을 구조화하라

지금까지 구조화한 변화들을 미래에 투영하라. 당신의 자원과 역량이 어떤 방향으로 발전하고 있는가? 어떤 트렌드와 발전을 할 수 있는가? 예를 들어, '우리는 하이테크 솔루션에서 기준을 세우는 방향으로 발전하고 있다'거나 '우리는 젊고 고학력인 인력을 갖추는 방향으로 움직이고 있다', 또는 '우리는 공급업자들과 더욱더 파트너십을 만드는 개방적 구조를 향해 움직이고 있다'와 같은 것이다.

기회를 만들기 위해 자원과 역량을 브랜드에 결합시켜라

브랜드 약속을 살펴보라. 브랜드 약속에 미래 자원과 내부 역량을 결합하여 양측이 어떻게 연관되는지 보라. 여러 개의 흥미로운 연결을 만들어보자. 예를 들어 다음과 같이 생각해보라. 당신의 브랜드 약속이 몸이 불편한 사람들을 위한 서비스를 제공하는 것이라 가정하면, 당신의 자원/역량의 미래는 직원들이 더 높은 교육을 받고 그만큼 복잡한 업무를 수행할 수 있게 되는 것이라고 가정해볼 수 있다. 그리고 이에 맞는 재미있는 결합으로 금융 서비스나 교육 같은 더 복잡한 서비스를 제공할 수도 있다. 브랜드는 자원 또는 역량을 서로 관련 있게 만들기 위해 밖으로 투영해주는 렌즈이다.

시나리오를 구축하기 위해 결합하라

앞서 만든 다양한 결합이 A 단계의 시나리오에 어떻게 기여하는지 살펴보라. '많이 기여함'과 '별로 기여하지 않음' 사이의 축에서 이 결합들이 위치할 곳을 표시해보라.

브랜드는 렌즈이며 이를 통해 당신은 영향 요인을 바라보고, 이 영향 요인들을 당신의 신념과 가치 체계에 연결한다.

C 단계 : 외부 기회 탐색하기

이 단계는 B 단계와 동시에 발생할 수 있으며, A 단계에서 개발된 시나리오를 실현시키기 위한 외부적 기회를 찾는 것이다. 혁신을 위한 외부 동력을 찾고, 이것이 시나리오에 기여할 수 있는지 결정하기 위해 브랜드 렌즈를 통해 이들을 내부로 투영한다.

외부 영향 요인을 구조화하라

당신 조직의 외부 영향 요인을 총체적으로 파악하라. 이들은 일반적인 인구통계학적, 경제적, 정치적, 환경적, 사회적, 기술적 이슈들(DEPEST 요인들)에 기반하는 것들일 수 있다. 그러나 언제나 이 요인들만 있다기보다 더 많은 것들에 성패가 달려 있으며, 해당 조직에만 특징적인 영향 요인도 항상 존재한다. 이와 함께 경쟁 현황도 구조화하도록 한다.

외부 영향 요인의 변화를 구조화하라

외부 영향 요인들이 어떻게 변화하고 있는지를 총체적으로 파악하라. 환경적 압박이 더 있는가? 타깃 그룹의 연령이 더 높아지고 있는가? 경쟁사들이 어떤 방향으로 움직이고 있는가? 신기술이 일반화되고 있지는 않은가?

외부 영향 요인의 미래를 구조화하라

이전 단계에서 구조화했던 변화들을 미래에 대해 투영해보라. 조직의 영향력은 어떤 방향으로 발전하고 있는가? 어떤 트렌드와 성장을 발견할 수 있는가? 예를 들어, '우리 사용자들은 디자인에 더욱 신경쓴다' 또는 '우리 경쟁사들은 소매업으로 이동하고 있다' 또는 '터치스크린은 일반적인 기술이 될 것이다'와 같은 것들을 발견할 수 있다.

기회를 창출하기 위해 영향 요인들과 브랜드와 결합하라

브랜드 약속과 미래 영향 요인들을 결합하고, 이 결합이 어떻게 맞추어지는지 살펴보라. 여러 흥미로운 결합을 만들어보라. 몸이 불편한 사람들에게 서비스를 제공한다는 이전 사례와 브랜드 약속을 다시 생각해보자. 영향 요인 중 하나의 미래 현상으로, 초고속 모바일 연결성이 일반화될 것이라고 가정해보라. 그렇다면 브랜드와의 흥미로운 결합은 모바일 모니터링과 지원 서비스를 제공하는 것이 될 수 있다. 브랜드는 당신이 영향 요인들을 바라보고 이러한 영향 요인과 당신의 신념과 가치 체계를 연결하는 렌즈이다.

시나리오를 구축하기 위해 결합하라

앞서 만든 다양한 결합이 A 단계의 시나리오에 어떻게 기여하는지 살펴보라. '많이 기여함'과 '별로 기여하지 않음' 사이의 축에서 이 결합들이 위치할 곳을 표시해보라.

D 단계: 혁신 전략 세우기

이 단계에서는 실제적인 단계로 돌아간다. 장단기적 미래를 위해 구체적인 계획 안에서 이전 세 단계로부터 얻은 결론을 구조화하고자 기존의 혁신 전략 테크닉을 이용한다.

브랜드 탐색 영역을 구축하라

가장 장래성 있는 내부 및 외부적 기회들을 브랜드 '탐색 영역search areas'으로 결합한다. 탐색 영역은 내부의 역량과 외부의 기회가 결합한 것이다(네덜란드어 'zoek velden' 번역. 루젠뷔르흐Roozenburg와 이켈스Eekels, 1995). 이 경우 브랜드 탐색 영역은 브랜드와 함께 결합된 내부 자원과 역량이 브랜드와 결합된 외부 영향 요인을 만나는 곳이다. 브랜드 탐색 영역은 조직의 DNA와 사용자의 기대를 일치시키는 방향에서 브랜드 약속을 이행하기 위한 기회를 찾을 영역을 규정한다.

혁신 전략의 기준 만들기

어떤 혁신 기준을 사용해야 할지 판단하기 위해 혁신 전략의 기준을 규정하는 평가 체크리스트(218~219쪽)를 이용하라. 체크리스트의 결과와 이에 따른 토의를 기반으로, 당신의 회사를 위한 혁신 전략 기준 리스트를 작성하라. 예를 들어, '우리의 혁신 전략은 과거보다 더욱 사용자 중심으로 이루어져야 한다' 또는 '제품뿐만 아니라 서비스에도 중점을 두어야 한다'와 같은 것이다.

브랜드 탐색 영역을 평가하라

브랜드 탐색 영역을 미리 개발한 혁신 기준에 기반하여 평가하라. 브랜드 탐색 영역을 '최근 혁신 경향에 매우 적합함'과 '최근 혁신 경향에 부적합함' 사이에서 순위를 매겨보라(218쪽의 평가 체크리스트에 '현재' 상태를 평가하는 난이 마련되어 있다). 또한 '목표하는 혁신 경향에 매우 적합함'과 '목표하는 혁신 경향에 부적합함' 사이에서도 순위를 매겨보라(218쪽의 평가 체크리스트에 '미래'의 상태를 평가하는 난이 마련되어 있다).

이제 브랜드 탐색 영역은 네 가지 일반적인 카테고리로 나타나게 된다.

1 | 현재에도 매력적이며 미래에도 매력적임.
2 | 현재에는 매력적이나 미래에는 매력적이지 않음.
3 | 현재에는 매력적이지 않으나 미래에는 매력적임.
4 | 현재에도 매력적이지 않으며 미래에도 매력적이지 않음.

토의 및 선택

1번과 2번 카테고리를 우선 살펴볼 수 있겠다. 2번 카테고리는 좀더 조사할 필요가 있다. 왜 이 탐색 영역은 미래에 더이상 매력적이지 않을까? 무엇이 변하는 걸까? 이 영역이 매력적인 상태를 유지하거나 더 매력적인 것이 될 수 있도록 변화시킬 수 있을까? 3번 카테고리는 지금은 우선권이 없지만 미래를 위한 기회가 될 것이다. 그 기회를 맞이하기 위해 무엇을 준비해야 할까? 4번 카테고리는 우선권은 없으나 신중하게 연구할 필요가 있다. 이 브랜드 탐색 영역이 A, B, C 단계에서 발전하다 D 단계에 이르러 실패하는 요인은 무엇일까? 이 영역은 브랜드가 주도하는 기회라는 점을 감안할 때 더 깊이 연구해볼 만한 가치가 있을 것이다. 어쩌면 우리가 선택한 혁신 평가 기준이 우리의 브랜드 비전과 일치하지 않아서인 것은 아닐까?

탐색 영역을 채워보자

미래의 제품과 서비스를 계획하기 위해 선택된 탐색 영역을 이용해보자. 아이디어를 만드는 동안 각각의 브랜드 탐색 영역은 브랜드 약속을 내부 역량과 외부 기회에 함께 결합하며, 탐색 영역에 있는 각각의 아이디어도 같은 역할을 해야 함을 염두에 두자.

로드맵을 구축해보자

선택된 브랜드 탐색 영역과 그 안에 있는 아이디어를 가로 시간축 위에 표시해 로드맵을 구축해보자(4,5 참조). 로드맵에 다양한 시장, 타깃 그룹, 혁신 주제, 제품 범주 등을 보여줄 수 있는 세로축을 추가함으로써 깊이를 더한다. 로드맵을 이용해 세부적인 혁신 계획을 세우고, 특정 시간 프레임에 맞게 인력 및 자원을 배분하고, 리서치, 아이디어 만들기, 프로토타입 만들기, 테스트의 필요성을 설명해보자. 각 아이디어 사이의 관계를 로드맵에 표시하고 이전 아이디어를 더 발전시킬 방법을 찾아보자. 로드맵을 잘 시각화하여 조직 전체에 가능한 한 여러 곳에 배치해 볼 수 있게 하라. 물론 필요한 곳에서는 비밀을 유지해야 한다.

매력적임

현재 · 미래

매력적이지 않음

4 브랜드 탐색 영역 평가하기

브랜드 탐색 영역은 현재와 미래의 맥락 안에서 매력에 대한 평가가 이루어져야 한다. 현재 매력적인 영역은 즉각적인 관심을 받을 만하다(1과 2). 매력이 사라질 영역(2)은 조사가 이루어져야 한다. 왜 그럴까? 또한 조직들은 미래에 매력적인 영역(3)에 대해 준비해야 한다.

사례 연구: 에트나 ^{ETNA}

목적

이번 사례 연구에서는 인간 중심의 브랜드가 조직의 자원과 역량을 연결하고 타깃 그룹의 필요와 목표에 부응하는 혁신 전략에 어떻게 영감을 불어넣을 수 있는지 살펴볼 것이다.

에트나

에트나는 오븐, 식기세척기, 전자레인지, 스팀 오븐, 냉장고, 레인지 후드, 인덕션, 가스 조리 기구, 전기 조리 기구를 만드는 네덜란드 주방 기구 브랜드이다. 에트나는 원래 1856년에 설립된 주물공장이었다. 석탄 난방 기구부터 농업용 기계에 이르는 다양한 종류의 주물 기구를 생산하던 에트나는 1920년대 말 난방과 조리에서 가스가 석탄을 대체하면서 회사의 초점을 찾게 되었다. 150년 역사를 지닌 이 브랜드는 계속해서 성장하다 전기가 주요 에너지원이 되자 히터 생산을 중단하고 자신의 주요 영역인 주방용품에 집중하기로 했다. 에트나는 제품의 일부, 즉 사용자들이 보고 만지는 부분은 회사 내부에서 디자인하며, 다른 부분은 OEM 공급망을 통

해 만들고 있다. 에트나는 ATAG 네덜란드 B.V.의 일부이며, 벨기에와 네덜란드에 제품을 유통하고 있다.

도전

에트나는 전형적인 네덜란드 브랜드로, 논리적이고 편안하며 접근이 매우 쉽다. 이 브랜드의 접근 용이성은 잘 구성된 포트폴리오, 명료하고 이해하기 쉬운 제품, 성의 있고 제품 정보에 정통한 딜러 네트워크, 개방적이고 비격식적인 커뮤니케이션 어조와 같은 여러 측면으로 설명할 수 있다. 그러나 무엇보다도 에트나의 제품은 저렴한 가격이 강점이다. 시장 하위에서 가격으로 경쟁하는 회사들보다 아주 조금 더 높은 정도이다. 에트나의 사업 매니저인 마틴 판 데르 잔덴Martin van der Zanden은 다음과 같이 정리한다. "우리는 모두가 구입할 수 있는 A 브랜드가 되고 싶다." 이러한 입장에는 중요한 결과가 따른다. A 브랜드 지위를 유지하려면 에트나는 혁신을 해야만 한다. 그러나 에트나는 그들의 타깃 그룹이 구입할 수 있는 정도로 혁신을 유지해야 한다. 이는 에트나가 다음 두 가지 일을 해야 함을 의미한다.

1 | 에트나는 타깃 그룹과 관련 있는 혁신의 기회를 찾아야 하며, 이것은 그들의 라이프스타일과 브랜드 기대와 높은 연관성을 지녀야 한다. 이를 통해 목표 그룹은 그들이 신뢰하는 브랜드와 그들과 관련 있는 제품을 좀더 소비하게 되고, 결과적으로 시장에서 가장 낮은 가격으로 경쟁하는 영역에서 에트나를 선택하게 된다.

2 | 에트나는 타깃 그룹이 낮은 가격대에 비해 기능성, 편안함, 또는 디자인의 혜택을 좀더 누리도록, 매우 접근하기 쉬운 혁신 기회를 찾아야 한다. 이는 에트나가 그들의 공급자들과 긴밀히 협력하고 새로운 기술에 드는 비용을 어떻게 낮출 것인지 예리한 판단력을 발휘하여 현명하게 혁신을 이루어야 함을 의미한다.

브랜드 주도 혁신의 컨설턴트인 질버Zilver와의 대화를 통해 에트나는 혁신 문제를 파악할 시기라고 느꼈으며, 이를 성취하기 위해서는 에트나의 브랜드와 사용자에 대한 정확한 집중이 필수임을 알게 되었다. 에트나는 컨설턴트에게 타깃 그룹과 소비자 여정(114쪽)을 탐색하고, 브랜드에 다시 집중하

사용자 리서치

에트나 제품 사용자들을 더 잘 이해하기 위하여 온라인 사용자 리서치 도구인 ww.7daysinmylife.com(115쪽)을 이용했다. 사용자들에게 주방 이용과 그 상황을 일주일 동안 기록하고 리서치팀과 공유하도록 요청했다. 그다음에 리서치팀이 사용자의 가정을 방문했다. 이 포스터는 사용자 중 한 사람에게서 얻은 인사이트를 요약한 내용이다.

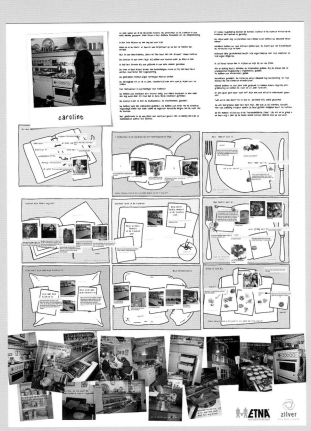

고, 혁신 기회를 파악하며, 디자인 가이드라인을 개발하는 프로세스를 진행해주기를 요청했다.

프로젝트

컨설턴트와 회사는 이 책에서 설명하는 방식과 유사하게 여정을 시작했다. 그들은 다음과 같은 단계를 밟았다.

1단계: 현재 상황 평가

시장, 타깃 그룹, 브랜드, 전략, 혁신, 포트폴리오, 디자인, 가치 사슬과 관련한 기존의 모든 데이터에 관한 평가가 이루어졌다. 평가 결과, 접할 수 있는 정보의 양은 많았지만 사용성이 부족했다. 예를 들어, 시장 리서치 데이터는 매우 정량적이어서 에트나 디자이너들이 작업하기에 충분한 기반을 제공하지는 못했다. 그들의 브랜드는 소통을 위해 광범위하게 사용되고 있었지만, 이제까지 제품 디자인이나 혁신을 위해 사용된 바는 상당히 적었다.

2단계: 7daysinmylife.com

요리와 식생활에 대한 타깃 그룹의 니즈와 기대를 파악하기 위해 www.7daysinmylife.com 맥락 구조화 리서치를 수행했다(114~115쪽). 에트나 소비자들이 일주일 동안 작성한 온라인 일지는 그들의 요리와 식습관을 중심으로 작성되었을 뿐만 아니라, 그들의 인테리어 취향과 라이프스타일도 보여주었다. 온라인 일지 완성 후 리서치팀은 인사이트를 깊이 있게 만들기 위해, 가정환경의 맥락에서도 추가적인 질문을 던지며 에트나 사용자와 제품을 사진 찍기 위해 그들의 집을 방문했다.

3단계: 사용자 데이터 워크숍

첫번째 워크숍에서는 회사의 모든 이해관계자가 참여하여 7daysinmylife.com 리서치 데이터를 살펴보고 페르소나와 소비자 여정을 구축했다. 이 워크숍의 목적은 내부 팀이 사용자의 인사이트에 익숙해지고, 그들에게 공감하며, 그 인사이트를 팀의 일상 업무에서 이용할 수 있도록 하는 것이었다.

4단계: 브랜드 사용성

이 브랜드는 커뮤니케이션 목적을 위해 만들어진 것으로, 사용자 리서치와 워크숍 인사이트를 통해 풍성해졌다. 브랜드는 자원과 역량을 가진 회사와, 니즈와 기대를 가진 사용자 사이의 관계로 파악되었다. 리서치팀은 이 회사가 상반된 두 자질, 즉 이성적이고 논리적인 자세와 흥미 넘치고 열정적인 자세를 결합하고 있다는 점을 발견했다. 이와 동시에 사용자가 두 가지 흥미로운 특성, 즉 매일의 질서와 반복되는 일에 관련된 니즈뿐만 아니라 관습적인 예절과 의미에 관련된 니즈를 함께 가지고 있다는 점을 발견했다. 이러한 두 축 위에 있는 상반되는 자질들을 구조화하여 회사와 사용자의 특성이 만들어내는 네 가지 흥미로운 결합을 도출해냈다. 이 네 가지 결합은 처음 특성보다 더욱 '적극적'이고 영감을 주었으며, 사용자와 회사 간의 관계에 대해 가능성 있는 표현들을 제시하여 혁신을 위한 발판으로 사용되었다.

에트나 브랜드 서클

사용자 리서치와 첫번째 회사 워크숍 이후 얻은 인사이트를 브랜드 원 안에 배치하였다. 이 원에는 리서치에서 발견한 이성적이고 감성적인 내부 특성과 이성적이고 감성적인 사용자의 특성이 결합되어 있다(원의 외부). 회사와 사용자 특성 사이의 결합(1.1 관계로서의 브랜드, 20쪽)은 내부 원에 위치하고 있으며, 혁신 가치라고 부른다. 혁신 가치는 이후의 탐구에 활용될 자료를 형성한다.

트렌드 카드

혁신 전략에서 브랜드 비전은 외부 세계에서 일어나고 있는 일에 연결되어야 할 필요가 있다. 브랜드는 외부적 요인을 걸러내고, 집중하게 하는 렌즈로서 기능한다 (129쪽). '트렌드 카드'는 주방, 요리, 식사에서의 최근 트렌드를 구조화한다. 이 카드들은 두번째 에트나 워크숍에서 브랜드 주도 혁신 기회를 탐색하기 위해 사용되었다.

5단계: 혁신 워크숍

회사의 모든 이해관계자들이 참석한 두번째 워크숍은 새롭게 초점을 맞춘 브랜드와 사용자 그룹의 맥락에서 시장 트렌드와 혁신 기회를 연구하기 위해 진행되었다. 워크숍을 여는 자료로 팀이 발견한 브랜드 인사이트와 주방과 요리에 관련한 최근 시장 트렌드를 함께 소개했다. 회사와 사용자의 특성을 결합한 네 가지 조합은 트렌드, 에트나에 대한 연계성, 제품과 서비스 혁신에 대한 영향을 평가하는 데 사용되었다. 평가를 통해 얻은, 수많은 신제품과 새로운 서비스 아이디어를 선별해 혁신 스케줄에 적합할지 검토했다. 스케줄을 만드는 것 자체가 이번 활동의 목적은 아니었다. 워크숍의 목적은, 아이디어의 우선 순위가 어떻게 되는지, 성취하기 어려운지, 에트나의 전형적인 모습과 부합하는지 여부를 평가하기 위해 팀이 어떤 기준을 이용하는지 알아내는 것이었다.

6단계: 혁신 가이드라인

두번째 워크숍의 결과는 혁신 가이드라인을 발전시키기 위해 리서치 데이터와 결합되었다. 이 가이드라인은 프로젝트 과정에서 얻은 지식을 바탕으로 하였으며, 시각적인 형태로 제시되었다. 이는 가이드라인에 대한 구체적인 예시를 포함하고 있으며, 원본 리서치 데이터(사용자의 의견이나 사례)와 워크숍 결과(참가자들의 의견)로 뒷받침된다.

7단계: 소비자 여정과 디자인 워크숍

회사의 모든 이해관계자들이 참석한 세번째 워크숍은 소비자 여정과 그 여정의 여러 단계에서 디자인의 전략적 역할을 연구하기 위해 개최되었다. 로드맵에서 발전된 최근 상황과 미래 방향 모두 3단계에서 간단히 설명된 소비자 여정으로 구조화되었다. 가능성 있는 각각의 미래 방향은 여정 중 한 단계와 네 가지 혁신 가치 중 한 가지와 대응하여 구조화되었다. 팀의 디자이너들은 이를 기반으로 자신들의 역할과 기여도를 정의하고, 여정의 각 단계를 위한 디자인 방향을 요약하여 설명하였다. 이 외에도 로드맵에 깊이를 더하기 위해 여정의 각 단계마다 무엇을, 누가, 언제, 어디에 해당하는 네 가지 질문에 대한 답을 제공했다.

8단계: 디자인 가이드라인

세번째 워크숍의 결과는 4단계에서 도출해낸 혁신 가치와 관련한 디자인 가이드라인을 개발하는 데 이용되었다. 이번에도 다수의 예시와 원래의 리서치 데이터, 워크숍 자료들과 같은, 매우 시각적인 형식이 사용되었다.

9단계: 프레젠테이션

프로젝트에 관련된 모든 사람들이 결과를 이해하고 수용할 수 있도록, 프로젝트를 받아들일 수 있도록 기업 경영진과 모든 이해관계자를 대상으로 최종 프레젠테이션을 실시했다. 또한 프로젝트 결과가 실행되는지, 인사이트가 새롭게 개발된 에트나 터치포인트에 도달하였는지 확인하기 위한 점검 회의가 계획되었다.

브랜드를 조직의 비전, 문화, 자원, 역량과
사용자의 니즈, 욕구, 꿈과 열망을 이어주는 관계로 이해할 때
브랜드는 혁신을 위한 단단한 토대가 될 수 있다.

에트나 사례에서 얻은 결론

1 | 조직의 브랜드는 흔히 마케팅 커뮤니케이션을 목적으로 만들어진다. 이는 혁신이나 디자인에 곧바로 사용될 수 없다는 말이다. 이런 경우, 이번 사례와 3장에서 설명한 것과 같은 프로세스가 필요하다.

2 | 브랜드를 혁신이나 디자인에 사용 가능하도록 만들 수 있는 한 가지 방법은, 그 조직의 제품과 서비스를 사용하는 사용자들의 삶, 니즈, 열망에 브랜드를 강력하게 연결하는 것이다. 맥락 구조화(116~119쪽)를 통해 이를 현실화할 수 있다.

3 | 브랜드를 조직의 비전, 문화, 자원, 역량과 사용자의 니즈, 욕구, 꿈과 열망을 이어주는 관계로 이해할 때, 브랜드는 혁신을 위한 단단한 토대가 될 수 있다. 브랜드를 토대로 혁신 전략을 세우기 위해서는 외부적 요인을 바라보고 해석하는 렌즈로서의 기능과, 내부적 요인에 초점을 두고 걸러내는 프로젝터로서의 기능을 하는, 사용성 높은 브랜드가 필요하다(129쪽).

4 | 혁신 로드맵과 혁신 가이드라인은 디자인 가이드라인을 위한 좋은 토대를 형성할 수 있다. 무엇을 할지 결정했다면, 그것을 어떻게 할 것인지에 대해 생각을 시작할 수 있다.

5 | 소비자 여정을 구조화하는 것은 브랜드 사고, 사용자 중심 사고, 디자인 사고를 결합하는 훌륭한 방법이며, 사용자 경험의 모든 단계에서 디자인을 전략적으로 활용할 수 있게 해준다.

6 | 이와 같은 프로젝트는 과정이 결과만큼 중요하다. 이해관계자들을 모으고, 리서치 결과를 토의하고, 창의적인 워크숍을 함께 진행하고, 미래에 대해 공유할 비전을 개발하는 것은 팀을 연합하게 하고 혁신 잠재력을 키우는 최고의 방법이다.

7 | 결과를 시각화하라! 하나의 이미지는 천 마디 말보다 더 많은 것을 말한다.

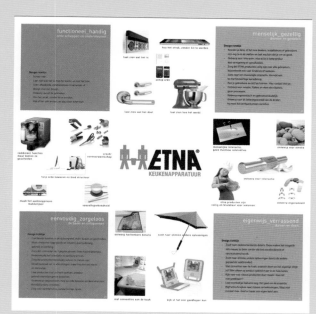

혁신과 디자인 가이드라인

혁신과 디자인 가이드라인은 에트나가 그들의 DNA를 사용자의 니즈와 욕구에 연결시키면서 미래의 제품과 서비스를 디자인할 수 있도록 도울 것이다.

소비자 여정 지도

소비자 여정 지도는 시간 흐름에 따라 사용자가 다양한 터치포인트를 통해 에트나 브랜드를 어떻게 경험하는지 시각적으로 보여준다. 소비자 여정 지도를 만듦으로써 사용자의 관점에서 브랜드 경험을 이해할 수 있고, 서비스를 둘러싼 맥락 안에서 제품을 볼 수 있다.

4.5 브랜드 주도 혁신의 전략을 위한 기술: 도구와 방법들

미래 시나리오

목적: 미래를 시각화하고 최대한 실제적으로 만들어 파악하기.

시나리오는 그럴듯한 미래에 대한 풍부하고 세부적인 묘사로, 기획자가 해당 환경에서 나타날 수 있는 문제, 어려움, 기회를 분명하게 보고 이해할 수 있을 만큼 생생하게 그린 것(위키피디아)으로 정의할 수 있다. 시나리오는 미래에 대한 구체적인 예측이 아니라, 일어날 수 있는 일에 대한 그럴듯한 묘사이다. 시나리오를 구축하여 얻는 장점은, 개연성 있는 미래를 형성하는 힘과 트렌드를 정확히 설명한다는 점이다. 시나리오의 다른 큰 장점으로는 관련 사항을 시각화하는 것이다. 이를 최대한 고도로 세부적이고 실제적으로 만들어, 도래할 미래에 이것이 어떻게 적용될지 디자이너들이 토의하도록 만들 수 있다. 시나리오에는 종종 '과거의 재구성' 과정이 뒤따르는데, 바람직한 미래로 이끌었던 사건들을 정의하며 과거를 되돌아봄으로써 미래를 구성하려 하는 것이다. 시나리오는 주로 중요한 트렌드나 힘과 관련하여 상반되는

두 결과를 나타내는 두 축을 기반으로 만들어진다. 그리고 이 축에 의해 생긴 사분면을 채움으로써 시나리오가 만들어진다.

콘셉트카 전략

목적: 미래를 눈에 보이고 손으로 만질 수 있게 만들어 탐색하기.

미래 콘셉트 전략future concept strategy으로도 알려져 있는 이 전략에 대한 방대한 논의는, 페스토Festo의 사례(144~147쪽)를 참고하라. 이 사례에서 언급했듯이, 자동차 산업에서 이용하는 콘셉트카는 매우 훌륭한 브랜드 주도 혁신 전략 도구이다. 이들은 혁신적인 콘셉트를 시각화하고, 그 비전을 손에 잡힐 수 있게 만들고, 디자이너와 연구원, 기술자와 마케터를 연합시키며, 훌륭한 자원이 되는 사용자 피드백을 얻어낸다. 어떤 이는 콘셉트카를 미래 시나리오의 구체화된 표현이라고 여기기도 한다.

미래 시나리오

델프트 공과대학교의 학생들은 버스 회사를 위해 두 가지 미래 시나리오를 만들었다. 학생들은 사회적 맥락에서 두 가지 가능성 있는 미래 버스 콘셉트를 시각적으로 제시했는데, 이는 미래 개발에 대한 대화와 이러한 개발이 고객 회사에게 무엇을 의미하는지에 대한 대화를 촉진하기 위해서였다.

콘셉트카

BMW 지나Gina 콘셉트카(위 그림)는 자동차 회사가 상상력을 확장시키기 위해 어떻게 미래 콘셉트 개발을 활용하는지 보여주는 좋은 사례이다. 지나 콘셉트카는 신축성 있는 섬유로 자동차 표면을 감싸 자동차 구조와 디자인 표현을 획기적으로 변화시켰다.

창의성을 위한 도구

목적: 문제를 해결하거나 문제에 대한 다양한 해결책을 탐색하기 위해 그룹에서 나타나는 창의력을 활용하기.

인터넷에서 혁신 전략을 위한 도구들을 검색해보면 대부분 창의성을 위한 도구들을 발견하게 될 것이다. 명백하게도, 가장 어렵게 여겨지는 것은 혁신 전략을 규정하는 전략 부분이 아니라 창의성 부분이다. 사업 맥락에서 문제는 복잡하고, 미래는 불투명하며, 팀 내 역동성은 어렵고 책상 위에는 언제나 해야 할 목록이 기다리는 환경에서 완전히 창의적이기는 몹시 힘들다는 점은 인정하기로 하자. 왜 많은 사람들이 창의성 문제를 연구하고, 이러한 업무 환경에서 창의성을 향상시키기 위한 여러 가지 방식을 고안해왔는지 그 이유가 여기에 있다. 이러한 창의적 문제 해결 도구 중에는 체계적 발명 사고SIT, Systematic Inventive Thinking(www.sitsite.com)와 같이 매우 체계적이고 구조화된 도구들도 있다. 다른 도구는 마크 타술 Marc Tassoul이 개발(2009)한 것처럼 좀더 인적자원 활성화와 코칭에 기반을 두고 있는 것도 있다. 이 외에도 러시아의 트리즈TRIZ 방법론(www.creax.com/index.htm)과 같이 특허 문헌에서 발견되는 새로운 기술과 연관된 원리에 기반한 도구도 있다. 그러나 이 모든 창의적 도구들에는 한 가지 공통점이 있다. 즉 창의력이 누군가에게는 있거나 없는 것이 아니라는 전제에 기반한다는 것이다. 창의력은 사업적인 맥락은 물론이고 다른 맥락 안에서도 향상되고 촉진될 수 있으며, 지도 받고 연마할 수 있는 것이라는 점이다. 창의력은 영감이 우연히 발현된 것이라거나 천재성이 임의로 표출된 것이라 여기고 지나가기에는 너무 중요하다.

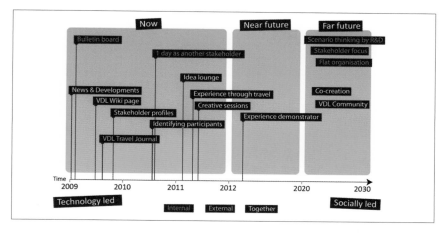

로드맵 만들기

목적: 다양한 혁신에 대해, 또는 시간별 혁신 단계에 대해 시각화된 지도 만들기.

로드맵은 한 조직의 미래를 시각적으로 표현한 것으로, 일반적으로 향후 5년까지의 계획을 다룬다. 로드맵의 주요 목적은 각각의 아이디어가 어떻게 계획되며 제때 정확하게 연결되는지 시각화함으로써 조직의 혁신 계획에 대한 명확한 개요를 마련하는 것이다.

일반적으로 로드맵은 시간을 나타내는 가로축과 로드맵의 특정 목적에 따라 혁신 프로세스의 이해관계자들, 혁신 주제, 시장, 타깃 그룹, 제품 카테고리 또는 지원 프로세스와 같은 항목을 나타내는 세로축으로 구성된다. 시간에 맞게 아이디어를 구조화하는 것 이외에도 로드맵은 여러 아이디어의 관계와 이 아이디어들이 어떻게 상호적으로 구축되는지 보여주어야 한다. 로드맵은 조직, 특정 부서나 비즈니스 단위, 세분화된 시장 또는 제품군 등 다양한 층위에 적용될 수도 있다. 이 같은 사실은 브랜드 탐색 영역 층위에서 일반적인 로드맵을 만들었다면, 아이디어 층위나 부서 층위에서는 세부적인 로드맵을 개발하는 것이 바람직할 수 있음을 말한다.

www.branddriveninnovation.com/book/innovation-tools 에서 유용한 도구들의 예시를 더 많이 확인할 수 있다.

로드맵

델프트 공과대학교의 학생들은 버스 회사를 위해 이 같은 로드맵을 만들었다. 이 로드맵의 가로축은 시간별로 다양한 혁신 방향이 (기술 주도형부터 사회 주도형까지) 표시되어 있고, 세 가지 테마('내부', '외부', '공통')가 각기 다른 색으로 표시되어 있다.

사례 연구: 페스토 Festo

FESTO

목적

페스토 사례 연구를 통해 브랜드 주도 혁신 전략이 실무에서는 어떤 모습인지 살펴보고자 한다. 여기에서는 지속 가능한 혁신 전략의 일부로 미래 콘셉트를 이용하는 방법을 배울 수 있을 것이다. 또한 브랜드 주도 혁신 전략이 결코 소비자 제품 산업에만 국한된 것이 아니라 기업 간(B2B) 첨단 기술 산업에도 매우 적합하게 활용될 수 있음을 보여줄 것이다.

페스토

페스토는 공압 기기와 전기 자동화 기술 분야에서 세계적인 선두 기업으로, 독일 에슬링겐Esslingen에 본사를 두고 있다. 자동화 기술은 제조 시설과 생산 자동화를 위한 기계에 적용된다. 페스토는 선로를 따라 신속히 이동하는 매우 복합적인 기계, 즉 축을 중심으로 회전하고, 부품을 집거나 내려놓고, 기계의 부분들이 제자리에서 정확히 작동하도록 유도하며, 고효율 컨베이어 벨트 위의 제조 설비를 통과하도록 제품을 이동시키는 고도 정밀 기계류 제작을 전문으로 한다. 전 세계적으로 운영되는 독립적 가족 기업인 페스토는 최고의 품질과 고정밀 제품으로 유명하며, 지속적인 혁신 프로세스를 통해 진화해왔다. 또한 페스토는 직업 훈련과 교육을 제공하며, 산업 훈련과 컨설팅 분야에서 전문적이고 산업 지향적인, 수준 높은 해결책을 제시하는 것으로 명성이 높다.

바이오닉 펭귄

이 펭귄들은 원격 조종이 가능한 수영하는 로봇으로, 환경뿐 아니라 서로 간에도 반응할 수 있다. 페스토는 새로운 기술과 파트너십을 탐색하기 위해 이와 같은 생물공학 로봇을 개발하고 있다.

페스토의 브랜드 비전

페스토의 비전에서 그들은 완벽한 기계를 만들기 위해서는 앞을 미리 내다봐야 하고, 오늘날 미래를 창조해야 한다고 단정한다. 미래 콘셉트를 알고 있는 현재와 아직 알지 못하는 미래 사이의 연결 고리이다. 그들은 새로운 아이디어를 시각화하여 고객, 직원, 네트워크 파트너들이 아이디어를 경험하고 토의할 수 있게 한다.

지속 가능한 혁신 전략은 언제나 '우리를 차별화하는 것은 무엇인가'라는 질문을 수반한다. 독창적인 브랜드 표현법을 발견하는 한 가지 방법은 자연을 세심하게 들여다보는 것이다. 효율성은 산업 자동화의 핵심인데, 자연이야말로 이 특성이 잘 이루어져온 곳이다. 페스토는 자연으로부터 이를 배우고 응용하면 완벽하게 효율적인 자동화 패턴을 만들어낼 수 있다고 믿는다. 자연이 수천 년간 진화를 통해 만들어낸 것을 기술을 이용해 재창조하려는 이러한 열망을 '생물공학bionics'이라고 부른다. 페스토는 생물공학을 통해 회사를 성장시키고자 하는 비전을 가지고 있으며, 이는 그들의 브랜드에 필수적인 요소이다. 그들의 비전은 자연에 대한 깊은 존경과, 관련된 효율성을 온전히 이해하고 있다는 점을 소비자들에게 보여준다.

페스토 생물공학 학습 네트워크

페스토가 다른 하이테크 산업 회사들과 차별화되는 점은 그들의 생물공학적 혁신 접근법 때문이다. 페스토는 1990년대에 처음으로 생물공학 프로젝트를 시작했다. 2006년부터 '페스토 생물공학 학습 네트워크Festo Bionic Learning Network'라는 프로그램을 운영하고 있다. 이 프로그램은 1년 단위로 진행하는 탐구적 혁신 프로젝트로 대학교, 학교, 연구소, 특정 분야 전문가들과의 긴밀한 협업으로 이루어진다. 이 프로젝트에는 단기간의 상업적인 목표는 포함되어 있지 않다. 직접 생산으로 이어져야 한다거나, 곧바로 소비자들에게 판매되어야 한다는 의도가 없다. 프로젝트는 실제로 작동하는 프로토타입을 만들어보고, 이를 통해 배움으로써 그들의 비전을 실천하는 것을 목표로 한다.

페스토의 미래 콘셉트 전략

자동차 산업에서 콘셉트카를 제작하는 것처럼 페스토의 혁신 전략도 '미래 콘셉트'에 초점을 맞추고 있다. 페스토의 리서치와 프로그램 전략팀장인 피터 포스트Peter Post 박사는 미래 콘셉트가 어떻게 한 조직, R&D팀, 또는 디자인팀의 미래 비전을 반영하고, 어떻게 그 비전을 실행하는지에 대한 열정을 설명한다. "미래 콘셉트는 시장을 휩쓸기 위한 것이 아니라 그 회사가 어디를 향하고 있는지를 나타내기 위한 것이다. 프로토타입은 여러 전시회와 무역 박람회에 전시된다. 전시된 프로토타입은 대화를 이끌어내고, 관람객들의 반응을 살펴볼 수 있게 한다."

미래 콘셉트는 마케팅 도구 이상의 기능을 한다.

1 | 미래 콘셉트는 브랜드를 해석하여 실체적으로 만든다. 미래 콘셉트를 작업하는 팀은 브랜드의 목표가 실무에서 무엇을 의미할지 판단해야 한다. '이것이 우리의 가치와 신념이라면, 여기서 어디로 가야 할까?' 미래 콘셉트는 문서에 벗어나 그러한 가치들을 실현한다. 단기간에 상업적으로 실행 가능할 필요가 없으므로 디자인 프로세스에 금지 사항이나 제약이 없다. 미래 콘셉트는 앞서 설명한 첫번째 혁신 전략 단계의 일부이다.

2 | 미래 콘셉트는 혁신을 실현하는 방향으로 결정들이 이루어지도록 이끈다. 미래를 위한, 잠재력 있는 방향을 탐구하고 실제로 그 방향에 맞는 프로토타입을 제작함으로써 어디로 갈지 결정하는 것이 더욱 쉬워지고 덜 위험해진다. 미래 콘셉트가 만들어지면 새로운 해결책을 만드는 것이 얼마나 어려웠는지, 결정들이 어떻게 실체화될 수 있는지, 사용자들이 그 결과에 어떻게 반응했는지를 더욱 분명하게 볼 수 있다.

3 | 미래 콘셉트는 디자인 방향을 시험하고 확정되게 한다. 이는 팀 공동의 디자인 비전을 시험하는 도구이며, 브랜드를 3D 디자인으로 해석하는 방법에 대한 방향을 제공한다. 그리고 디자인팀의 디자인 방향과 디자인 트렌드 예측이 맞아떨어지도록 도와준다.

미래 콘셉트는 브랜드 주도 혁신을 위한 완벽한 도구이다.

페스토의 혁신 전략

지난 몇 년 동안 페스토와 유명 대학, 연구소, 개발 회사 간 협업을 수행해온 페스토 생물공학 학습 네트워크는 페스토의 혁신 프로세스에서 필수적인 부분으로 자리매김하였다. 따라서 생물공학 학습 네트워크는 지속 가능한 제품 개발에 있어 새로운 접근법을 평가하기 위한, 페스토 해결법의 경쟁력을 보여준다. 페스토의 생물공학 학습 네트워크의 매니저인 마커스 피셔Markus Fischer는 다음과 같이 말한다. "우리는 우리 분야에서 혁신 리더가 되고자 한다. 그러기 위해 우리는 고객들에게 부가가치를 제공하고자 반복적으로 새로운 경로, 즉 완전히 다른 경로로 계속 움직여야 한다."

페스토의 생물공학 학습 네트워크는 해마다 4~6개 영역의 미래 콘셉트를 만들어냈다. 페스토의 생물공학에 대한 이상적인 접근법은 매년 생물공학 학습 네트워크 프로젝트의 출발점으로 채택된다. 이는 '우리의 제품을 향상시키기 위해 자연에서 무엇을 배울 수 있을까'이다. 해마다 자연에서 발견한 다른 움직임을 영감의 원천으로 선택한다. 즉, 새가 비행할 때 날개의 움직임, 해파리가 헤엄칠 때 꼬리의 움직임, 또는 물속을 미끄러져 다니는 쥐가오리의 움직임이 좋은 예이다. 페스토의 엔지니어, 연구원, 디자이너팀은 학생들, 실무 전문가들과 함께 이러한 움직임을 매우 자세히 연구한다. 그 움직임은 생물공학 기술과 페스토 자동화 제품을 이용해 다시 디자인되고, 작동하는 3D 프로토타입으로 제작된다. 결과는 놀라울 정도로 감동적이다. 원격 조종되는 비행하는 해파리, 군집 행동을 보이며 수영하는 펭귄들부터 심해를 잠수하는 로봇 쥐가오리에 이르기까지 결과물은 다양하다. 이 프로젝트의 결과물은 페스토가 참가하는 모든 무역 박람회에서 시선을 사로잡는다. 마커스 피셔는 "우리는 소비자들에게 영감을 주고 싶고, 이와 더불어 긴밀한 파트너십을 위한 새로운 길을 만들고 싶다"고 덧붙인다.

각각의 미래 콘셉트를 위해 특별한 해결 그룹을 구성해야 했다. 페스토 R&D 부서의 연구원들은 디자이너, 대학교, 학생, 그리고 독립적인 개발 회사와 협업한다. 디자이너들은 브랜드와 기술 혁신 사이에서 통역사 역할을 완벽하게 수행할 수 있다.

생물공학 학습 네트워크의 장점

마커스 피셔는 프로그램 활용에 대해 다음과 같이 설명한다. "생물공학 학습 네트워크는 엄청난 방면에서 장점이 있다. 이는 회사인 우리에게 유익할 뿐만 아니라 우리 고객에게도 유익하다. 우리는 그 결과로부터 배우기도 하지만 프로세스에서 훨씬 더 많은 것을 배운다. 우리는 혁신과 디자인을 위한 수단으로 이 네트워크를 이용하지만, 이는 다분히 브랜드 커뮤니케이션 도구이기도 하다." 피셔는 생물공학 학습 네트워크의 열 가지 주요 장점을 다음과 같이 기술한다.

1 | 전통적인 브랜드 커뮤니케이션 방식보다 훨씬 더 효과적으로 페스토 브랜드의 포지셔닝과 커뮤니케이션을 만든다. 이러한 점은 페스토가 무역 박람회에서 만들어내는 효과로 증명된다.

2 | 페스토의 역량을 매우 설득력 있는 방식으로 보여준다. 페스토는 스토리를 전달할 수 있는 바이오닉 프로토타입들을 가지고 있다.

3 | 엔지니어, 디자이너, 마케터, 판매자들 사이를 정리해준다. 프로젝트를 디자인하고 구축하고 실현할 때 페스토의 브랜드가 무엇인지에 대한 공동의 이해를 끌어낸다.

4 | 회사에 재능 있는 사람들을 끌어들인다. 즉, 인재를 불러들이는 자석 역할을 한다. 새로운 직원을 채용하기 위해 이용하기도 하지만 기술과 리서치 파트너를 구할 때도 이용한다.

5 | 젊은 세대가 기술에 흥미를 갖도록 자극한다. 우리는 기술이 적합한 사람의 손에 있을 때 그것이 세상을 발전시킬 수 있다고 믿기 때문에 생물공학 학습 네트워크는 페스토의 매우 중요한 측면이다.

6 | 혁신을 위해 가능성 있는 미래 방향을 탐색하고 그 방향의 실현 가능성과 잠재력을 평가한다. 우리가 시도하려 하는 것은 상당 부분 어떤 방식으로든 제품으로 연결된다.

7 | 새로운 시장을 탐색하는 데 도움이 된다. 생물공학 학습 네트워크는 위험이 없는 탐색 영역이며, 그 안에서 우리가 새로운 시장에 가치를 더할 수 있을지 평가한다.

8 | 탐색적이고 실험적인 환경 속에서 기술 전문가와 학계가 협업을 통해 가치 있는 네트워크를 만들어내고 유지하게 해준다.

9 | 새로운 제품을 매우 설득력 있는 방식으로 시장에 선보일 수 있는 플랫폼이다. 우리는 네트워크를 통해 새로운 제품을 홍보하고 제품들의 기능을 선보인다.

10 | 프로그램 자체에서 진행된 창출물, 즉 새로운 아이디어들의 혁신 방향성을 좁힐 수 있게 해준다. 우리는 프로토타입을 진행하는 동안 상업적인 프로젝트에서도 종종 부딪히곤 하는 많은 문제들을 해결한다.

마커스 피셔는 다음 내용을 덧붙인다. "우리의 미래 콘셉트 접근법에서 개인적으로 매력적인 점은, 인상적인 결과뿐만 아니라 그 프로세스, 즉 정신적 활동이다. 이것은 매우 실용적인 브랜드 주도 혁신 전략이다. 우리는 다음의 질문을 던지면서 브랜드를 혁신을 위한 동력으로 바꾼다. 아무런 제약 없이 원하는 것을 창조할 수 있다면 우리의 브랜드 약속을 어떻게 이행할 수 있을까? 어떤 제품들이 우리의 비전을 실제로 실현시킬 수 있을까? 그렇다면 우리는 어떻게 이 제품들을 통해 배울 수 있을까? 향후에 의미 있고 수익성 있는 미래 콘셉트로부터 어떻게 파급력을 창출해낼 수 있을까?"

페스토 사례에서 얻은 결론

1 | 브랜드 주도 혁신 전략은 소비자 라이프스타일 산업뿐만 아니라 산업계의 B2B 환경에서도 적용될 수 있다.

2 | 미래 콘셉트는 완벽한 브랜드 주도 혁신 도구이다.

3 | 브랜드의 혁신 잠재력을 알아보려면 상업성을 지향하는 프로젝트가 아닌, 장기적이거나 여러 프로젝트들이 순환되어 구성된 프로그램이 더욱 좋다.

4 | 이러한 전략은 BDI의 2단계 중 첫 부분인 혁신 전략에 속한다. 이 시기에는 브랜드를 기반으로 미래 탐색이 이루어진다.

5 | 이 같은 방식의 혁신 전략 수립은 여러 팀이 협력할 수 있게 해주며, 브랜드와 조직의 방향에 대한 공유된 이해를 만들어내고, 결과적으로 고객의 반응을 유발하여 평가할 수 있게 하는 완벽한 커뮤니케이션 도구가 되어준다.

페스토 생명공학 학습 네트워크의 결과물

페스토 생명공학 학습 네트워크에서 내놓는 결과물은 언제나 세련되고, 흥미로우며 동시에 페스토의 혁신 전략에 필수적이다. 사진은 에어펭귄(위)과 에어젤리(왼쪽)이다. 관련 동영상을 보려면 유튜브에서 'Festo'를 검색하면 된다.

4.6 조직에서 혁신 전략 내재화

혁신 전략 수립은 조직 전반에 걸친 지원이 있어야 한다. 그러므로 그 프로세스의 무게를 짊어지고 이끌어갈 수 있는 팀이 있고, 팀 외부로부터 지원과 이해를 받을 수 있어야 한다.

팀

4.4에서 설명한 것처럼 혁신 궤도에 오르려면 불확실의 영역으로 발을 들여놓게 된다는 사실을 깨달아야 한다. 미래를 탐색할 때에는 일상적인 결정에 쓰인 토대가 더이상 중요하지 않으며, 어떤 것도 가능하나 결코 아무것도 확실하지 않다. 어떤 사람들은 이 점에 안심하고 탐색할 자유를 소중히 여길 것이다. 반면에 다른 사람들은 불확실성이 위협적이고 도전적이라고 받아들일 것이다. 이런 사람들은 당신이 찾고 있는 외향적인 선구자가 아니기 때문에 프로젝트팀에서 제외시키기가 쉽다. 하지만 이런 부류의 사람들이 팀에서 꼭 필요한 다른 기술을 갖고 있는 경우가 많다. 그들은 아이디어를 현실로 연결하는 데 더욱 합리적이면서 노련할 수 있고, 아이디어의 실현 가능성에 대해 비평적이고 세심할 수도 있다.

콘셉트카 또는 미래 시나리오 개발과 같은 혁신 전략을 개발할 때, 사실 당신은 미래를 프로토타이핑하고 시험하는 것이다. 과정상에서 스케치와 프로토타입으로 구현한 가능성 있는 미래는 단지 아이디어일 뿐이며, 목적에 맞지 않으면 그 가능성은 탐색 과정을 거치다 거절당할 수 있음을 분명히 알아야 한다. 조직의 미래에 대해 무작정 결정하는 것이 아니라는 사실을 팀원들과 공유하라. 당신은 세심하게 가능성을 디자인하고 프로토타입으로 만들며, 그래서 미래 방향에 대한 결정은 현명하면서도 위험 감수를 측정하며 이루어질 것이라는 점을 공유해야 한다. 팀원들이 모든 결정, 거절된 모든 방향성, 또는 새롭게 고려하게 된 모든 방향에 대해 알도록 정보를 주어야 한다. 또한 어떤 것이든 가능한, 열린 혁신 연구실open innovation lab을 만들어야 한다.

조직의 나머지 부분

첫번째 팁은 조직 내 혁신 부서 외 나머지 부분을 가능한 한 작게 만들라는 것이다. 이 말은 인력의 범위 내에서 최대한 많은 사람을 혁신 전략 수립에 포함시키라는 의미다. 한편 팀 활동은 반드시 관리 가능한 수준으로 유지해야 한다. 규모가 큰 조직에서는 직접적으로 관련되지 않는 사람들이 늘 있게 마련이다. 이러한 사람들에게 당신이 무엇을 하고 있고, 왜 그 일을 하고 있는지 설명함으로써 그들을 같은 테두리 안에 있도록 해야 한다. 그들에게 과정상의 세부 사항을 알려주어 방해하지 않기로 했더라도, 그 최종 결과는 잘 알려주어야 한다. 여기에는 또한 혁신 전략팀의 제안 방향을 따르도록 유도하는 고려 사항을 전달하는 것을 의미한다. 팀에서 결정이 이루어지는 것과 같은 방법으로 조직 내에서도 그 이야기를 만들어나가야 한다.

모든 것이 불분명한 혁신의 시작 단계에서 전체 프로세스를 자기 것으로 만들고 통솔할 수 있는 전문가는 없다. 어떤 사람이든지 미래 기회에 대해 뛰어나게 감지할 수 있고, 브랜드, 내부 역량, 외부의 필요가 어디에 완벽하게 들어맞는지 정확하게 이해할 수 있다. 성공적인 아이디어는 종종 다양한 전문 분야들이 결합하여 이루어진다. 바로 이 점이 BDI 혁신 전략 수립에 다양한 사람들을 많이 참여시켜야 하는 이유이다.

모든 것이 불분명한 혁신의 시작 단계에서 전체 프로세스를 자기 것으로 만들고
통솔할 수 있는 전문가는 없다. 어떤 사람이든지 미래 기회에 대해 뛰어나게
감지할 수 있고, 브랜드, 내부 역량, 외부의 필요가 어디에 완벽하게 들어맞는지
정확하게 이해할 수 있다. 바로 이 점이 다양한 사람들을
혁신 전략 수립에 참여시켜야 하는 이유이다.

생각해보기:
사용자 주도 혁신의 한계점

목적

사용자 주도 혁신을 비평적으로 검토하고
그 한계점을 이해할 수 있도록 한다.

1

최근 혁신 실무는 기술 주도 혁신에서 사용자 주도
혁신으로 전환되는 흐름이 있어왔고, 이는 매우
바람직한 일이다. 사용자의 니즈가 무엇인지
주의깊게 살펴보고 그에 맞는 기술을 적용하는
것이 기술을 시장에 무조건 내놓는 것보다 훨씬
현명하다. 하지만 사용자 주도 혁신에는 여전히
문제점이 있다. 앞서 논의된 다른 혁신 요인들과
마찬가지로 사용자들이 당신에게 무엇을 하라고
말해주지 않는다는 점이다. 사용자들은 혁신을
위한 엄청난 영감의 원천이 될 수는 있지만,
이 영감의 원천에 어떻게 대응할지는 당신에게
달려 있다. 다시 말하자면, 이 대응은 당신이
속한 조직의 문화, 가치, 신념, 규범에 의해 짜이게
된다. 사용자 주도 혁신이라 할지라도 해석을
위해서는 브랜드가 필요하다.

2

그러므로 사용자 주도 혁신의 문제점은 사용자
리서치 자체로는 혁신을 주도할 수 없다는 것이다.
리서치 결과는 당신의 조직에만 독특하게
나타나는 것이 아닐 것이다. 동일한 사용자를
가지고 동일한 리서치를 진행한 다른 조직 또한
동일한 데이터에 도달할 수 있다. 중요한 것은,
그 데이터를 가지고 하는 일, 즉 데이터를
내부화시키는 방식과 조직의 가치와 규범을
바탕으로 해석하는 방식이다. 즉 '일반적인' 사용자
데이터를 그 기업만의 사용자 인사이트로 바꾸는
것이다. 그러면 그 인사이트가 혁신을 주도할 수
있다.

3

사람들이 사용자 주도 혁신에 대해 말하는 것을
듣게 된다면, 혁신을 이끈 것이 사용자였는지
아니면 사용자에 대한 기업의 해석이었는지
물어보라.
www.branddriveninnovation.com/book/
user-driven에서 사용자 주도 혁신의 장단점에
대한 토론에 참가하고 자신의 인사이트를
공유해보라.

4.7 결론:
브랜드 주도 혁신에서 혁신 전략

이번 장에서 우리는 브랜드 주도 혁신 프로세스의 두번째 단계를 탐구하고, 브랜드 주도 혁신 전략의 구축 과정을 살펴보았다. 혁신 전략은 새로운 제품, 서비스, 비즈니스 모델과 프로세스 개발을 통해 특정 전략 목표를 이행하기 위해 시작된다. 그런 점에서 볼 때 BDI의 혁신 전략 단계는 작업하기에 가장 창의적이고 도전적이면서 흥미로운 단계이다. 이 단계에서는 잠재적 미래가 추구할 가치가 있는지 판단하기 위해 탐색, 디자인, 프로토타입 제작 과정을 거친다.

브랜드 주도 혁신 전략은 혁신의 전략적 목적으로 브랜드의 실현을 언급하고, 브랜드를 원동력으로 취하기에 특별하다. 브랜드 주도 혁신은 브랜드 약속을 실현하기 위한 기회와 지침으로서 기술, 시장, 사용자 트렌드 변화와 같은, 보다 전통적인 동력을 이용한다.

이번 장에서 브랜드 주도 혁신 전략의 수립을 위한 프로세스에 대해 논의하고 이에 도움이 될 만한 방법들을 다루었지만, 혁신 전략 단계의 실질적인 본질은 브랜드를 진지하게 대하는 것에 있다. '우리가 브랜드와 약속하는 것이 바로 이것이라면, 그 약속을 이루기 위해 해야 할 일도 바로 이것이다.' 그 다음에 이 약속을 현실로 바꾸기 위해 할 일은 대부분 당신 자신에게 달렸다. 이번 장에서 소개한 프로세스와 방법들은 그 길을 안내하기 위해 구성되었다.

혁신 전략 단계의 실질적인 본질은 자신의 브랜드를 진지하게 대하는 것에 있다.
'우리가 브랜드와 약속하는 것이 바로 이것이라면,
그 약속을 이루기 위해 해야 할 일도 바로 이것이다.'

4장의 주요 인사이트 요약

1	혁신 전략은 성장과 변화를 통해 전략적인 목표에 도달하는 방법에 관한 것이다. 이는 특정 목표를 성취하기 위해 새로운 제품, 서비스, 프로세스, 비즈니스 모델의 개발을 어떻게 활용할 것인가에 대한 계획이다.
2	브랜드 주도 혁신 전략은 성장과 변화를 통해 브랜드 약속을 이행하기 위해 시작된다. 그것은 브랜드 약속을 이행하기 위해 새로운 제품, 서비스, 프로세스 또는 비즈니스 모델의 개발을 어떻게 활용할 것인가에 대한 계획이다.
3	브랜드 주도 혁신 전략은 조직의 외부 이해관계자들이 바라는 것과 조직의 내부 이해관계자들이 이행할 수 있는 것의 결합으로 만들어진다.
4	브랜드는 혁신 전략 수립 과정에서 불확실성과 모호성을 줄여준다.
5	당신의 혁신을 주도하는 것이 무엇이든 간에 그 동기에 어떻게 대응할지에 대한 결정을 도와주는 것은 바로 브랜드이다. 그런 점에서 모든 혁신 전략은 최소한 브랜드의 방향성을 따라야 한다. 사용자 주도 혁신에서도 사용자가 혁신에 영감을 불어넣을 수는 있지만, 그 혁신의 방향을 이끄는 것은 조직의 비전과 가치이다.
6	브랜드 주도 혁신 전략의 목표는 브랜드 약속을 실행하는 것이며, '전통적인' 혁신 동력은 그 목표에 도달하기 위한 지침이다.
7	브랜드 주도 혁신 전략에서 브랜드는 렌즈에 비유할 수 있다. 내부 역량에 초점을 맞추고 이것을 바깥으로 투영하는 렌즈이며, 외부 기회를 보고 그 기회를 내부화하도록 돕는 렌즈이다.
8	인간 중심 브랜딩 단계의 근저가 되는 동일한 원리가 혁신 전략 단계에서도 유효하지만, 여기에는 그 자체의 특별한 규칙이 있다.
9	혁신 전략 단계에는 미래 그려보기, 내부적 기회 찾기, 외부적 기회 찾기, 혁신 전략 세우기의 단계가 있다.
10	혁신 전략 구축을 위한 도구에는 미래 시나리오, 콘셉트카 전략, 크리에이티브 툴, 로드맵 만들기를 포함한다.
11	혁신 전략을 수립하려면 조직 전반에 걸친 지원을 받아야 한다. 그러므로 그 프로세스의 무게를 감당할 수 있는 팀을 꾸려야 하며, 팀 외부의 지원과 이해를 구해야 한다.

CHAPTER 5
브랜드 주도 디자인 전략 세우기

Building a brand-driven

design strategy

이 장은 브랜드 약속을 전달하는, 의미 있는 터치포인트를 통해
브랜드를 삶 속에서 살아 숨쉬게 만드는 일에는 디자인이
필수적이라는 것을 전제로 한다. 하지만 이러한 전제는 디자인을
올바른 방식으로 활용해야만 실현될 수 있다. 이는 디자인을
어떤 목표에 이르기 위한 하나의 전략적 도구로 활용할 수 있는
적합한 역량으로 생각해야 한다는 것을 의미한다.

브랜드 주도 혁신 과정의 세번째 단계를 다루는 이번 장은, 브랜드 주도 디자인 전략을 세우는 것이라고 할 수 있다. 이는 3장과 4장의 논의를 기반으로 하며, 4장에서 자세히 다루었던 혁신 전략을 출발점으로 삼는다. 2장에서 살펴봤듯이 디자인은 브랜드 주도 혁신에서 매우 큰 역할을 한다. 하지만 이는 디자인이 올바른 방식으로 사용될 때에만 성취될 수 있다. 물론 디자인을 활용하는 올바른 방법이 한 가지만 있는 것은 아니다. 디자인은 다양한 측면을 지니고 있고, 디자인이 이행할 수 있는 목표 역시 매우 많기 때문이다.

디자인을 전략적으로 이용할 때 신경써야 할 점은 현재 목표에 부합하는 올바른 유형의 디자인을 선택하는 것이다. 이는 목수가 작업에 필요한 최적의 도구를 고르는 것과 같다. 이번 장에서 우리는 디자인 전략이 무엇이고, 브랜딩과 혁신의 맥락에서 디자인을 전략적으로 사용한다는 것이 과연 어떤 의미인지 탐색한다. 그런 다음 디자인의 다양한 측면과 여러 기능, 그중에서도 브랜드에 활력을 불어넣는 역할을 살펴볼 것이다. 마지막으로 브랜드 주도 디자인 전략을 세울 때 필요한 프로세스와 기법들을 다룰 것이다.

5.1 브랜드 주도 혁신에서 디자인 전략의 역할

비전을 가치로 전환하기

강한 브랜드 비전을 바탕으로 의미 있는 혁신을 이끌어내는 브랜드 주도 혁신은 디자인이 없으면 길을 잃게 된다. 앞으로 살펴보겠지만, BDI에는 비전을 실현시켜주고, 의미에 형태를 부여하고, 조직 내 단절된 부서들을 공통의 목표를 위해 연결하고, 혁신을 유용하면서 매력적인 것으로 만들어줄 디자인이 필요하다. 좀더 강하게 말하자면, BDI에서 디자인은 매우 중요한 역할을 차지하기 때문에 철저히 전략적으로 접근해야 한다. 즉 디자인을 활용하기 전에 먼저 디자인 전략을 정교하게 세워놓아야 한다는 말이다. 디자인 전략에 수반되는 일이 무엇인지 본격적으로 살펴보기 전에, 일단 디자인이 BDI에 왜 그토록 중요하며, BDI 세번째 단계의 역할은 무엇인지 살펴보자.

BDI의 처음 두 단계의 내용은, 비전을 제시하고 공유된 브랜드 플랫폼과 그에 기반한 혁신 전략을 구축하는 것이다. 두 단계 모두 비전에 대한 생각, 인간 중심적 태도, 미래 지향성 등이 필요하다. 이는 또한 계획과 준비에 시간과 에너지를 투자하는 단계들이다. 즉, 한 편의 연극이 공연될 무대를 짓는 과정이라고 볼 수 있다. 이제 3단계에서 우리는 다음 단계로 넘어간다. 무대가 마련되었으니 연극을 만들 차례가 된 것이다. 따라서 BDI의 세번째 단계의 역할은 이전 두 단계보다 훨씬 더 실용적이고 융합적이며 단기적이고 외부 중심적이다. 이 단계는 새로운 제품이나 서비스를 통해 어떻게 하면 특정 사람들을 위한 가치를 창조할 수 있을 것인가에 대한 내용을 다루고, 그 근간은 브랜드 약속을 실현하는 혁신 전략이라 할 수 있다. 결국 세번째 단계는 타깃 고객 및 그들이 가치 있게 여기는 제품, 서비스, 경험 등을 고려하여 계획을 현실화하는 단계이다.

앞서 2장에서 논의했듯이, 계획을 현실화하는 과정에서 디자인은 매우 중요한 역할을 담당한다. 반드시 디자인만이 추상적인 것을 구체화시킬 수 있어서 그런 것은 아니다. 디자인에 대한 고유한 요소와 디자인을 BDI에서 다목적이고 필수적인 요소로 만드는 것은, 디자인이 비전을 가치로 실현시킬 수 있기 때문이다. 비전을 가치로 실현하는 것이야말로 BDI의 핵심이다. 디자인은 세련된 아름다움과 획기적인 사용성, 그리고 압도적인 경험을 창조하여 이 핵심 임무를 수행할 수 있다. 조직 내부에서도 디자인은 비전을 가치로 실현하는 프로세스 뒤의 엔진이 될 수 있다. 디자인은 목표나 성과 지수가 제각각인 조직 내 부서들을 하나로 이어주고, 계획과 아이디어에 구체적인 형태를 부여해주고, 조직을 위해 가능성 있는 미래를 구상하여 이를 시제품으로 만들고 테스트한다. 또한 디자인은 조직이 사용자 입장에서 한번 더 생각할 수 있게 돕고, 조직 내 창의성과 혁신적 사고를 증폭시키는 역할도 한다.

간단히 말해, 다음 표 1에서 볼 수 있듯이 디자인의 역할은 매우 다양하다.

디자인의 기능	예시
창의성과 혁신 강화	팻보이 사례 연구(52~55쪽)에서 창의성이 발현되게 하고 혁신 가능성을 파악하기 위해 디자인 사고, 디자인 리서치, 기회를 시각화하는 디자인 주도 방식들을 이용했다. 회사 창업주 스스로가 이미 창의적인 사람임에도 불구하고 그는 디자이너들을 항상 곁에 두며 창의성이라는 화두를 놓지 않았고, 결국 그 창의성을 발휘해 조직과 사용자 모두가 납득할 만한 멋진 브랜드 혁신을 이루었다.
공감 능력과 사용자 중심성 강화	발틱 사례 연구(70~73쪽)에서 서비스 디자인 회사인 리브워크는 박물관 직원들이 방문객에게 체계적으로 관심을 기울이고 그들의 입장에서 생각할 수 있도록 도왔다. 좋은 디자이너는 사용자에게 관심이 많고 그들의 삶에 자신을 대입해보는 경향이 있다. 리브워크는 이러한 자연스러운 방식을 사용했으며, 문턱을 낮춘 사용자 인사이트 리서치 기법을 통해 이러한 경향에 대한 열정으로 고객들에게 영향을 주었다.
다른 현안들을 가진 부서들을 연결	프리바 사례 연구(104~107쪽)에서 이 과정을 시작하고 주도한 것은 디자인 매니저였다. 각 부서의 현안을 파악할 수 있었던 그녀는 독립적으로 행동하던 부서들을 공동의 비전 아래 연결했다. 디자인 리서치 방법과 시각화 기법은 각기 다른 비전들을 토론 가능하도록 명확하게 하였다.
조직에 대한 가능성 있는 미래를 구상	페스토 사례 연구(144~147쪽)에서 생물공학 학습 네트워크는 디자인 매니저가 주도하고 디자이너들이 과학자와 엔지니어들과 긴밀히 협력하여 진행한, 기업의 미래 혁신 방향에 대한 탐색 프로젝트이다.
상충하는 이해관계와 요구 사항들을 조율해 하나의 해결책으로 제시	NLISIS 사례 연구(206~209쪽)에서는 많은 모순이 해결되었다. 혁신 과정은 종종 이러한 모순으로 가득할 때가 많다. 혁신에 관여하는 이해관계자들의 요구가 서로 상충되고 이해관계가 다양하기 때문이다. 작은 기업을 규모 있게 보이도록 하려면 어떻게 해야 하는가? 지극히 보수적인 시장에서 신뢰를 유지하면서도 가장 최첨단적이고 현대적이려면 어떻게 해야 하는가?
실체적이고 구체적인 생각과 계획 만들기	델프트 공과대학 산업디자인 엔지니어링 학부가 운영하는 전략적 제품 디자인 석사 과정에서는 매년 100명 정도의 학생들이 기업으로부터 자신의 기획을 구체적이고 설득력 있게 구현해보라는 요청을 받는다. 이 과정에 참여하는 기업으로는 톰톰TomTom 오세Océ, 필립스Phillips, 존슨 콘트롤Johnson Controls Inc., 멕스Mexx 등이 있다.
최종 사용자에게 관련있고 사용성 좋은 혁신 만들기	주방용품 제조 회사인 옥소Oxo는 영리하고 매력적인 디자인으로 인체공학과 사용성을 둘러싼 이슈를 해결했다. 옥소는 손으로 이용하는 모든 도구를 사용성 측면에 각별히 신경써서 제작하고 있으며, 그 결과 기능이 우수하고 손쉽게 사용 가능하며 심미적인 결과물을 만들 수 있었다.
모든 감각을 만족시키는 일관된 경험 창조	버진 애틀랜틱Virgin Atlantic 사례 연구는(186~189쪽) 브랜드가 모든 터치포인트를 통해 종합적인 경험을 어떻게 창출할 수 있는지 보여준다. 이때 그 전체는 부분의 합 이상이다. 디자인 매니지먼트와 디자인 협업으로 이 과정이 가능하다. 고객이 터치포인트들을 하나하나 만나면서 전체적인 경험을 할 수 있도록 소비자 여정을 섬세하게 구축하는 것이 관건이다.
적합한 사람들에게 적합한 이야기를 소통하는 미학	트레스파 사례 연구(176~179쪽)에서 디자인은 건축가의 상상력을 정확하게 자극하는 프로토타입, 환경, 커뮤니케이션을 만들기 위해 사용되었다. 트레스파는 대화를 일으키는 심미적 측면을 의식적으로 고려하고, 선도적인 건축가들에게 마감재에 대한 생각을 확장하도록 독려하였고, 결국 브랜드의 포지셔닝을 강화하였다.

1 조직 내 디자인의 다양한 역할

왼쪽 표는 디자인이 여러 조직 내에서 담당하는 다양한 기능을 보여준다. 각 예시는 이 책에서 다룬 사례 연구에서 발췌했다.

5.2 디자인을 위한 목표 세우기

2.1에서 논의했듯이, 디자인 전략이란 특정 타깃 그룹이나 시장에 도달하기 위해 조직 내에서 목표를 성취하기 위한 전략적 도구로 디자인을 활용하는 방법이다. 따라서 디자인 전략은 본질적으로 다른 전략과 유사하다. 예를 들어, 마케팅에 초점을 두는 마케팅 전략, 재정적으로 이용하는 재무 전략, 또는 사람을 이용하는 인적자원 전략과 마찬가지로 디자인은 목표를 이루기 위한 전략 도구이다. 디자인 전략이 유일하게 다른 것은, 그것이 디자인에 초점을 둔다는 점이다.

4.2에서 우리는 전략을 세울 때 '목표'와 '목표에 도달하기 위한 길'을 혼동해서는 안 된다고 강조했다. 전략은 '길'에 대한 묘사로, '목표'에 대한 묘사가 아니다. 하지만 목표는 여전히 전략을 규정할 때 반드시 필요한 부분이다. 목적지가 명확하지 않으면 가는 길에 대한 설명은 소용이 없다. 디자인 전략을 설명하는 것도 마찬가지다. 이 장에서 전략의 목표를 포함시킨 것도 그러한 이유에서이다. 나아가 전략의 타깃 그룹은 특히 디자인 전략을 논할 때 필수적인 부분이다. 누구를 위해 디자인을 할 것인가도 성공적인 디자인을 위해 매우 중요한 요인인 것이다. 그리고 마지막으로, 디자인 전략을 고안할 때 올바른 디자인 도구들을 선택하는 일도 중요하다.

사람people, 목표objectives, 전략strategy, 도구tools의 요소들을 모아 구성한 것이 POST 프레임워크인데, 이는 리와 버노프가 고안한 것으로 앞서 논의한 바 있다(126쪽). 따라서 BDI의 4단계 차원에서 크게 작동하는 POST 연속 과정 내에서 디자인 전략 단계는 자신만의 POST가 반복되어, 연속 과정 내에 다시 연속 과정이 있는 셈이다. 이 POST 연속 과정은 디자인 전략을 세우는 방법을 논하게 될 5.4의 중심축이다. 디자인 전략을 세울 때 디자인이 달성할 수 있는 목표가 얼마나 다양한지 이해하는 것은 매우 중요하다. 따라서 디자인팀은 목표를 명확하게 정의하고 그 의미를 끝까지 파헤치는 일에 열정적으로 매달려야 한다. 디자인을 사용하는 목적은 뒤따르는 모든 결정에 영향을 미치거나 영향을 미쳐야 하기 때문이다. 여기서 잠시 시간을 내어 그 다양한 목표를 살펴보기로 하자.

왜 디자인을 이용해야 하는가

'왜 디자인을 이용해야 하는가?'라는 질문은 결국 디자인의 목적을 묻는 질문이다. 하지만 디자인 목적을 파악하는 일은 상당히 까다로운데, 이는 목적이 겹겹이 '싸여 있기' 때문이다. 어떠한 목적이든 정의될 수 있는 더 큰 목적이 있게 마련이다. 망치를 예로 들어 목적이 겹겹이 싸여 있다는 의미를 설명해보자. 망치의 첫째 목적은 나무에 못을 박아 넣는 것이다. 이는 망치의 '목적'이라 할 수 있으며, 바로 앞 단락에서 논의한 디자인의 역할과 유사하다. 사실상 이러한 역할이 디자인의 '목적'이다. 하지만 나무에 못을 박는 일은 망치의 목적이지만 망치를 사용하는 목적은 아니다. 망치를 사용하는 목적은 가령 벽에 그림을 걸거나 의자를 고치기 위한 것이다. 하지만 그러한 목적은 다시 집을 꾸미거나 편안하게 앉기 등과 같은 더 상위의 목적에 포함될 수 있다. 그리고 이런 방식으로 모든 목적은 더 광범위하고 추상적인 목적 안에 포함된다.

디자인을 이용하는 목적은 수없이 많고 다양하며 조직마다, 상황마다, 시장마다, 심지어 터치포인트마다 다를 수 있다. 디자인 목적이 어떻게 층을 이루고 있는가에 대한 예시는 도표 2의 대화에서 발견할 수 있다. 대화를 보면, 처음에는 질문에 대한 대답이 당장의 디자인 문제에만 국한된다. 즉 디자인의 주요 목적 중 하나가 재방문 고객의 비율을 높이는 것이라면, 더 나은 서비스 경험을 디자인하겠다는 말이다. 하지만 최종 목적으로 갈수록 답은 보다 일반화되고 보편적 적용이 가능해진다. 디자인 목적을 논할 때는 '수익 증진'이나 '조직의 지속성 유지'와 같은 추상적이고 일반적인 목표를 염두에 두어야 한다. 하지만 보다 구체적인 '하부 층위'의 목표에 초점을 맞추는 것은 더 명확한 지침을 줄 것이다. 디자이너라면 '조직의 연속성을 보호할 수 있는 서비스를 디자인하자'라는 목표보다는 '더 많은 고객이 다시 방문하도록 서비스 경험을 디자인해보자'라는 목표에 더욱 끌릴 것이다.

'어떻게'와 '왜'라고 계속 질문하기

하부 층위의 목표로 토론을 이끄는 좋은 방법은 답이 나올 때마다 계속해서 '어떻게?'라는 질문을 하는 것이다. 다음과 같이 질문을 통해 하위 층위로 다가갈 수 있다. 어떻게 하면 지속성을 유지할 수 있을까? 재무 성과를 높이면 가능하다. 어떻게? 전반적인 수익을 향상시키면 가능하다. 어떻게? 고객당 수익을 높인다면 가능하다. 어떻게? 고객이 계속 우리에게 돌아오도록 만들면 가능하다. 어떻게? 더 나은 서비스 경험을 디자인한다면 가능하다.

하나의 전문 영역으로서 디자인의 목표를 진지하게 고민하고 이를 규정하기 위해 토론을 이끌어가는 것이 중요하다. 제품을 보기 좋게 만들고자 디자인을 불러들일 때마다 즉시 '왜'라고 물어야 한다. 제품을 심미적으로 소구하는 것의 전략적 목적은 무엇인가? 새로운 타깃 그룹에 다가가기 위해, 가격을 더 높게 책정하기 위해, 시장 점유율을 높이기 위해, 경쟁사를 앞서기 위해, 브랜드를 리포지셔닝하기 위해, 유통 채널을 바꾸기 위해 디자인이 필요할 수 있다. 이 모든 답이 디자인을 이용하는 타당한 이유이기는 하지만, 이중 한 가지를 선택해야 한다.

동시에 디자이너들은 매니저가 "수익을 증진시키려면 디자인이 필요합니다!"라고 외칠 때마다, "어떻게?"라고 질문할 수 있어야 한다. 어떻게? 우리가 바라는 것이, 소비자들이 돈을 더 많이 쓰는 것인가, 그들이 더 오래 머물게 하는 것인가, 더 자주 방문하게 만드는 것인가, 아니면 우리 제품을 더 많이 사게 만드는 것인가? 그렇다면 디자인의 역할은 사용성을 높이는 것인가, 심미성을 강화하는 것인가, 성능을 높이는 것인가, 고객과의 상호작용을 강화하는 것인가, 아니면 제품이나 서비스의 전반적인 경험을 향상시키는 것인가?

이 모든 질문은 디자인의 목표를 명확하게 만들기 위해 반드시 답해야 하는 것들이며, 명확한 디자인 목표는 이후 디자인 과정에서 수많은 결정을 내릴 때 지침이 된다.

왜 우리는 서비스 디자인을 신경써야 할까?	사용자가 보다 좋은 서비스를 경험하기를 바라기 때문이다.
왜 우리는 사용자가 보다 좋은 서비스를 경험하기를 바랄까?	재방문하는 고객의 비율을 늘려야 하기 때문이다.
왜 우리는 재방문하는 고객의 비율을 늘려야 할까?	고객 일인당 수익을 늘려야 하기 때문이다.
왜 우리는 고객 일인당 수익을 늘려야 할까?	총수익을 늘려야 하기 때문이다.
왜 우리는 총수익을 늘려야 할까?	조직의 재무 성과를 향상시켜야 하기 때문이다.
왜 우리는 조직의 재무 성과를 향상시켜야 할까?	조직의 지속성을 유지하고 주주들을 만족시켜야 하기 때문이다.

2 디자인 목표

디자인 목표는 '여러 계층으로 싸여 있다'. 즉 각각의 목표가 더 크고 추상적인 목표에 속한다는 의미이다. 더 높은 추상적 단계에 도달하려면 '왜?'라고 묻고, 더 구체적인 단계로 가려면 '어떻게?'라고 물어라.

5.3 브랜드 주도 디자인 전략에서 디자인의 역할

디자인은 하나의 도구로서 가능한 기능도 많고(155쪽 참고) 달성할 수 있는 목표도 많은 만큼(156~157쪽 참고) 잠재적으로 적용할 수 있는 디자인 전략도 굉장히 다양하다(156쪽의 POST 논의와 아래 도표 3 참고). 그중에서도 브랜드 주도 디자인 전략은 특별하다. 이 디자인 전략은 조직이 그들의 브랜드를 사용하도록 돕는 것을 말한다. 여기서 브랜드는 혁신을 주도할 뿐 아니라 혁신을 의미 있는 사용자 경험, 즉 브랜드 약속에 기반하여 소비자가 기대한 것 이상을 주는 만족스러운 경험으로 만들어내기 위해 활용된다. 이러한 브랜드 주도 디자인 전략에서 디자인은 특수한 상황에 있어 그 구체적인 목표를 달성하기 위해 이용된다.

브랜드 주도 디자인 전략에서 디자인의 목표는 브랜드 비전에서 도출해낸 해결책, 인터랙션, 경험을 창조하는 것이며, 이를 통해 추상적인 브랜드 약속을 손에 잡힐 듯 명확하고 의미 있게 만드는 것이다. 자동차 브랜드 볼보를 예로 들면, 볼보의 브랜드 약속은 '삶을 위한 자동차(car for life)'를 만들겠다는 것이다. 이러한 브랜드 약속에서 출발한 혁신 전략은 모빌리티mobility 맥락에서 생명을 보호하고 삶을 향상시키는 것에 초점을 두게 된다. 이에 따라 혁신의 노력 역시 안전, 지속 가능성, 그리고 다양한 연령층과 배경이 다른 여러 집단의 요구를 만족시키는 방향으로 이어지게 된다.

그렇다면 볼보의 디자인 목표는 '삶을 위한 자동차'라는 비전과 그 비전에서 파생한 여러 혁신을 신뢰와 편안함과 즐거움이라는 전체적인 소비자 경험으로 실현하고자 하는 것이다. 따라서 모빌리티 해결책은 삶으로부터 벗어나기보다는 주어진 삶에서 풍부한 관계를 맺도록 한다.

볼보는 이를 위해 여러 디자인 기능을 사용한다. 차내 인체공학은 물론이고 안전이라는 가치를 소통하는 심미성(볼보 자동차의 '어깨' 부분은 측면 보호 시스템side impact protection system을 나타낸다), 딜러·웹사이트·브로슈어·광고 같은 모든 터치포인트에서 소비자가 일관된 경험을 할 수 있도록 조율하는 것까지, 디자인의 여러 기능을 활용해 사용성을 높이고 있다(볼보를 주제로 한 디자인 사례 연구는 토니 마티 카자라이넨의 『디자인의 의미론적 변환』을 참고하라).

3   POST(사람, 목표,
    전략, 기술)

리와 버노프가
소셜미디어 전략을 위해
고안(2009)한
이 프레임은 디자인 전략
개발에도 유용하다.

P	O	S	T
사람 (PEOPLE)	목표 (OBJECTIVES)	전략 (STRATEGIES)	기술 (TECHNOLOGIES)

브랜드 주도 디자인 전략에서 디자인의 목표는
브랜드 비전에서 도출되고, 추상적인 브랜드 약속을
손에 잡힐 듯 명확하고 의미 있게 만드는
해결 방안, 상호작용, 경험을 창조하는 것이다.

디자인의 최종 목적

이제 우리는 브랜드 주도 디자인 전략에서 디자인의 최종 목적이 브랜드 약속을 최대치로 실현하는 것임을 알게 되었다. 그러나 이 최종 목적 안에는 여러 다양한 역할과 목적을 지닌, 훨씬 구체적인 목표들이 겹겹의 층을 이루고 있다는 사실을 확인했다(155쪽 참고).

디자인의 역할이나 디자인이 사용되는 목적은 BDI 프로세스의 첫번째 단계에서 정의한 브랜드 약속에 따라 달라질 것이다. 바로 이 부분 때문에 디자인 전략에 '브랜드 주도'라는 말이 붙는다. 하지만 볼보의 예에서 볼 수 있듯이 디자인은 브랜드의 특정한 면을 따로 부각시키거나 특별한 상호작용을 통해 브랜드 약속을 실현하는 등 무수히 많은 역할을 수행한다.

예를 들어, 볼보는 차체의 넓은 '어깨'나 인체공학적인 좌석 디자인으로 '안전'이라는 브랜드 약속을 전달한다. 하지만 볼보는 디자인을 활용해 기존의 조형적 유산(안전으로 인식된 '박스형' 차체)과 보다 날렵하고 역동적인 라이프스타일 역시 표현하고 싶은 야심 사이의 상반되는 역설적인 문제를 해결해왔다.

총체적인 브랜드 디자인

브랜드 주도 디자인 전략을 세울 때, 디자인의 다양한 역할들이 어떻게 브랜드 약속을 실현할 수 있도록 돕는지 파악하는 것은 매우 중요하다. 디자인이 동시에 여러 역할을 수행할 수 있다면 소비자의 경험이 더욱 풍부해지고 해결책은 보다 설득력을 얻게 될 것이다.

하지만 안타깝게도 많은 브랜드 주도 디자인 전략에서 디자인은 다음 한 가지 역할만 하고 있다. 브랜드 제안에 대해 시각적 아이덴티티visual identity로 포장하기만 하는 것이다. 제품은 조직의 대표 색상을 입고, 정확한 자리에 로고를 달고, 가끔은 브랜드만의 독특한 모양을 하고 있겠지만, 그것이 전부일 것이다. 제품을 판매하는 매장도 색상이며 로고며 브랜드의 시각적 아이덴티티에 맞게 세련된 외양을 하고 있겠지만, 역시 그게 전부이다.

이런 전략에서 디자인은 심미적인 역할만 제한적으로 담당한다. 그리고 이런 경우, 거의 대부분 중요한 기회를 놓치게 된다.

제품의 외관이 그 브랜드처럼 보이는 것에서 나아가 그 브랜드처럼 행동한다면 어떨까? 구체적으로 말하자면, 제품이 수행하는 기능, 그 기능을 수행하는 방식, 고객과 상호작용하는 방식, 제품이 만들어지는 방식, 고객에게 제공되는 느낌 등이 모두 브랜드 철학을 실현하는 창구라면 어떨까? 매장이 겉모습만 브랜드로 옷을 입는 것이 아니라 브랜드 약속에 맞게 행동한다면 어떨까? 브랜드 약속에 맞게 손님을 안내하고, 손님이 집 같은 편안함을 느끼도록 배려하고, 원하는 것을 찾아준다면? 이러한 종류의 총체적인 브랜드 디자인이야말로 브랜드 주도 디자인 전략이 추구하는 바이다.

전문가 대담: 브랜드와 디자인 전략

다음 대담은 제품, 커뮤니케이션, 인터랙션, 환경을 디자인할 때 브랜드의 역할을 주제로 한다. 디자인 실무자들은 어떻게 브랜드를 이용해 디자인 결정을 촉진하고 알리고 주도하는가? 브랜드가 디자인의 심미성, 성능, 사용성에 미치는 영향은 무엇인가? 브랜드를 구축할 때 디자인의 역할은 무엇인가? 이에 대해 디자인 업계의 전문가인 핌 용크만Pim Jonkman과 알도 더용Aldo De Jong에게 물었다.

핌 용크만은 델프트 공과대학에서 산업디자인 엔지니어링을 공부한 디자인 전략 전문가다. 의료와 모빌리티 산업 분야에서 왕성하게 활동하는 스코프 디자인 전략Scope Design Strategy 에이전시를 운영하고 있으며, 기업의 비주얼 브랜드 언어 탐색을 돕는 온라인 측정 도구인 innerbrand.nl의 창립자이자 운영자다. 현재 트윙클Twinckl이라는 예명하에 디자이너이자 사업가로 활동중이다.

알도 더용은 델프트 공과대학에서 화학 엔지니어링으로 석사 학위를 취득했다. 프록터 앤드 갬블Procter & Gamble과 제너럴 일렉트릭General Electric에서 근무한 후, 바르셀로나의 IESE 경영대학원에서 MBA를 밟았다. 에고 혁신 컨설턴트Eggo Innovation Consultants에서 전략적 혁신과 디자인 컨설팅을 담당했으며, 현재 스마트 디자인Smart Design에서 디자인 컨설팅을 하고 있다. 디자인을 전략적 도구로 삼아 혁신을 주도하는 방법에 대해 알리고 있다.

각자 업무에서 브랜딩은 어떤 역할을 하고 있는가?

알도 프로젝트를 시작할 때 우선 세 가지를 평가한다. 첫째, 고객의 브랜드 특징과 가치를 살핀다. 즉, 이들은 누구이며 어떤 사람이 되고 싶어하는가를 묻는 과정이다. 둘째, 고객사의 제품을 사용하는 사용자들이 그 브랜드를 어떻게 보는지를 탐색한다. 셋째, 우리가 디자인하는 제품이 어떤 방식으로 브랜드에 활력을 불어넣을 수 있을지 고민한다. 이 세 가지 평가를 통해 일에 본격적으로 다가가게 된다. 브랜드는 사용자의 마음에 존재하며, 그들이 마주치는 터치포인트의 경험을 통해 형성된다고 생각한다. 따라서 우리의 일은 사용자가 브랜드 경험을 통해 가치를 느낄 수 있도록 적합한 터치포인트를 디자인하는 것이다.

핌 나 역시 브랜드를 여러 각도에서 해석해보며 일한다. 통상 디자인 작업을 시작하기 전에 회사 내 여러 이해관계자들과 수없이 많은 회의를 거치는데, 이는 나에게 요약해준 그들의 브랜드 특징을 본인들은 어떻게 해석하고 있는지 판단하기 위한 작업이다. '혁신'이나 '사용자 친화적'이라는 단어가 그들에게 무엇을 의미하는지, 조직 내의 다양한 해석들을 어떻게 조화시킬 수 있을지 고민한다. 내가 개발한 이너브랜드innerbrand.nl는 이러한 대화를 촉진하고 브랜드 특징을 보다 구체화하기 위한 도구이다. 브랜드는 신제품 개발에 있어 핵심 주제라고 할 수 있다. 브랜드는 다양한 이해관계자들에게 공통의 언어를 부여하고 제품의 진정성을 드러낸다. 따라서 이 언어에 대한 여러 해석을 하나로 통합하는 일은 매우 중요하다.

프로젝트 개요 설명에서 고객 브랜드와 관련된 내용은 어느 정도의 비중을 차지하는가? 또한 당신은 브랜드 구축에 직접 관여하는가?

알도 고객사들은 종종 신제품을 개발하는 것을, 브랜드 포지션을 특정 방향으로 전환하기 위한 수단으로 생각한다. 예를 들어, 브랜드가 더 인간적이거나 열려 있거나 권위 있는 분위기가 되기를 원하는 것이다. 디자인이나 신제품 개발 모두 이러한 전환을 유도하는 방법인데, 그런 의미에서 브랜드는 개요 설명에서 일정 부분을 차지하기도 한다. 하지만 가끔은 브랜드 가치가 쓰인 종이 한 장만을 달랑 받기도 하고, 브랜드에 대한 정보가 거의 전무한 경우도 있다. 그럴 때는 디자인 작업을 시작하기 전에 브랜드에 대한 논의를 심층적으로 발전시키는 일이 필요하다. 결국 이는 브랜드 구축 작업에도 관여한다는 의미이다. 이는 추가적인 조사, 워크숍, 핌이 개발한 것과 같은 도구 등을 통해 이루어진다.

핌 내가 생각하기에 제품과 서비스는 푸딩을 먹는 행위와 같다. 제품과 서비스는 브랜드 약속을 실현한다. 고객사가 이를 이해할 때 그들은 원하는 브랜드 포지션이나 마케팅 전략을 혁신과 디자인 안에서 브랜드 약속이 반영된 제품과 서비스로 변환하는 작업을 우리에게 맡기는 것이다. 하지만 개요 설명에서 브랜드에 대한 설명이 얼마나 명확한가는 고객사마다 다르다. 어떤 경우는 아무것도 적혀 있지 않아서 우리가 이를 직접 발굴해야 하는 경우도 있고, 어떤 경우는 프로젝트의 튼튼한 기초가 되기도 한다.
작업을 시작하기 전에 브랜드에 대해 좀더 깊게 알아봐야 하는 상황도 자주 있다. 이는 결국 신뢰를 쌓는 과정이므로 올바른 질문을 던지는 것부터 시작하면 된다.

브랜드가 제품의 미적인 부분만을 주도하는가, 아니면 제품의 기능성과 사용성을 다루는 방식에도 영향을 미치는가?

핌 브랜드 비전은 제품 디자인의 모든 면에 반영되는 방안을 찾는다. 제품의 외형은 사람들의 선호를 첫눈에 결정짓는 요소이기 때문에 나는 비전을 시각적으로 해석하는 데 초점을 맞춘다. 제품의 미적 특성에는 디자인의 의미design semantics가 내포되어 있기 때문에 제품의 기능성과 사용성을 소통하고 설명하는 데 도움을 준다. 내부 브랜드 도구는 이런 부분을 합리적으로 논의하는 데 도움이 된다.

알도 우리는 제품의 사용성을 중시하는 것으로 유명하다. 하지만 핌이 이야기하는 것처럼 제품의 미적 측면은 고객에게 사용성을 설명하거나 제품의 사용법을 알리는 데 매우 중요하다. 우리는 세 가지 단계가 있다고 말한다. 첫번째 단계는 제품에 별 관심이 없었던 고객을 제품의 개성과 이미지를 앞세워 끌어당기고 제품의 용도를 알리는 것이다. 두번째는 제품 사용 정보를 브랜드에 어울리는 방식으로 고객에게 일관되게 제공하여 고객이 그것을 사고 싶게 만드는 단계이다. 세번째는 제품을 실제 사용할 때 발생하는 단계로, 모든 일이 계획대로 잘 진행된다면 사람들은 자신의 구매 결정을 다시 한번 확인하고 고객으로서 행복함을 느끼게 된다. 고객이 이 세 가지 단계에서 모두 한결같은 브랜드 경험을 할 수 있다면, 당신은 사람과 브랜드를 연결할 수 있는, 강력하고 설득력 있는 경험을 사용자에게 전달해준 셈이다.

핌 나는 디자인이 각기 다른 상황에서 담당하는 역할이 몹시 흥미롭다. 분명 첫번째와 두번째 단계는 제품과 실제적인 인터랙션이 아직 없다. 그래도 여전히 당신은 해당 제품만이 가지고 있는 독창적인 소구점USP, unique selling points을 알려야 하는데, 바로 이 지점에서 디자인의 미적인 면이 큰 역할을 한다. 반면 세번째 단계에서 소구점은 소통하는 것이 아니라 실제로 달성해야 하는 것이므로 사용성 디자인, 인터랙션 디자인, 기능적 디자인의 역할이 훨씬 커진다.

5.4 디자인 전략 단계

디자인 전략 단계는 브랜드 주도 혁신의 세번째 단계로, 첫번째 단계인 인간 중심 브랜딩 단계와 두번째 단계인 혁신 전략 단계에 기반을 두고 있다. BDI에서 디자인 전략 단계가 특별한 이유는, 여기서의 디자인은 넓은 의미에서 브랜딩과 혁신의 세계를 잇는 전략적 활동이기 때문이다. 디자인 전략 단계는 실제로 다학제적 디자인이 실행되는 '터치포인트 통합' 단계의 초석이라 할 수 있다.

결국 브랜드 주도 디자인 전략은, 혁신 전략 단계에서 도출한 결과를 수렴하고, 그러한 전략을 현실화하려면 디자인이 어떤 역할을 담당해야 하는지 탐색하고, 그것을 조직의 제품과 서비스 사용자들을 위한 가치와 의미로 전환하는 작업이다. 이것은 인간 중심 브랜딩 단계의 결과를 발판으로 하며, 이 단계에서 대내외적으로 핵심적인 역할을 주도했던 사람들의 디자인 요구를 반영한다.
또한 이 단계에서는 디자인을 통해 브랜드를 생명력 있게 만드는 방법에 대해 고민하고 브랜드 약속을 실현하는 데 디자인이 어떤 역할을 수행해야 하는지 탐색한다.

앞서 논의했듯이(5.2), 디자인 전략의 단계는 뼈대가 되는 POST 구조, 즉 사람, 목표, 전략, 도구를 가지고 있다. 우선 출발점인 사람과 목표 단계는, 첫번째 단계에서 도출한 인간 중심의 인사이트가 디자인 맥락으로 해석되고, 혁신 전략이 명확한 디자인 목표로 전환된다. 그다음 내외부적 디자인 전략 단계는 디자인이 회사 안팎에서 담당하게 될 역할을 구성하고 디자인의 활용 방법을 선택하는 단계이다. 그리고 '디자인 도구'라고 불리는 마지막 단계에서 이 내외부적 전략은, 디자인 사용과 관련된 구체적인 수행 계획으로 통합된다.

인간 중심 브랜딩 단계와 혁신 전략 단계에서 적용되는 공통 원칙은 디자인 전략 단계에서도 유효하다. 하지만 여기에는 몇 가지 규칙이 추가된다.

1 | 반복되는 원리, 패턴을 찾아라. 디자인을 논하는 가장 쉬운 방법은 구체적인 예를 드는 것이다. 하지만 그 예시 속에서 패턴을 찾는 것이 중요하다. 예시만 나열할 것이 아니라 가이드라인을 세우도록 노력하자.

2 | '왜'라고 물어라. 디자인 자체가 목표는 아니다. 디자인을 전략적으로 사용하고 싶으면, 사용하는 이유를 정확하게 인식하고 있어야 한다.

3 | 다학제적 시각을 가져라. 디자인을 여러 각도에서 살펴보자. 다양한 디자인 영역을 한자리에 모아보자. 각기 다른 영역의 디자이너들이 협력하도록 만들자. 그리고 사용자 입장에서 그 공동 결과물을 평가해본다.

4 | 참여시켜라. 디자인 전략과 디자인 가이드라인을 만들 때 디자이너들을 포함시켜라. 가능하다면 사용자도 포함시켜라.

5 | 시각화하라. 실제로 사용할 수 있는 디자인 전략을 구축하는 유일한 방법은 매우 정교하게 시각화하는 것이다.

디자인 전략 단계는 163~167쪽에 순서대로 자세히 나와 있다. 163쪽의 도표는 첫번째 단계인 A, 계속 순환되는 두번째, 세번째 단계인 B와 C, 그리고 네번째 단계인 D를 보기 쉽게 모델로 만든 것이다.

BDI에서 디자인 전략 단계가 특별한 이유는,
디자인이 넓은 의미에서 브랜딩과 혁신의 세계를 잇는
전략적 활동이기 때문이다.

A 단계: 사람들을 위한 디자인 목표 설정하기

이 단계는 브랜드와 이에 따른 혁신 전략을 실현하기 위해 조직이 어떤 방향으로 디자인을 사용하겠다는 목표를 매우 구체적으로 세우는 단계이다. 이 단계에서 디자인은 사람을 돕기 위해 존재하며, 또한 사람에 의해 창조되는 과정이라는 믿음이 깔려 있다. 목표를 설정하는 첫번째 단계에서는 사람들이 핵심적인 역할을 담당한다.

적임자를 참여시켜라

누구나 디자인에 대한 의견이 있다. 그중에는 타당한지 논란을 일으키는 의견도 있겠지만, 그래도 디자인 전략을 세울 때는 포괄적으로 열린 태도를 취하는 것이 현명하다. 앞서 결정된 선택과 방향을 사람들이 이해하기 바란다면, 다른 단계에서 본 바와 같이 열린 태도는 최선의 선택이다. 당신이 여기에 참여시켜야 하는 사람들은 앞의 두 단계에 참여했던 사람들, 예를 들어 디자인 매니저와 디자이너들이며, 파트너로 자주 일했던 외부 디자이너들이 추가될 수 있다.

1단계와 2단계에 충분히 몰입하라

인간 중심 브랜딩 단계와 혁신 전략 단계의 결과를 팀원 모두가 확실하게 이해하고 있는지 점검하라. 그 과정에 참여하지 않은 사람이 있다면 무엇을 통해 그런 결과에 도달했는지 설명하라. 그리고 그들이 관여하는지를 분명히 해야 한다. 팀원들 모두가 같은 이해 수준을 갖추었다면 준비는 끝났다!

디자인에 대한 포부를 정의하라

브랜드 약속과 혁신 전략에 기반해 디자인에 대한 포부를 정의하라. 스스로에게 물어보라. '만일 이것이 지금부터 5년 후 우리가 바라는 조직의 미래상과 이를 달성하기 위한 혁신 로드맵이라면, 우리가 디자인에 부여하고 싶은 역할은 무엇인가? 우리는 디자인의 선구자가 되고 싶은가?' 많은 기업들이 디자인에 대해 논의할 때 '애플'처럼 되고 싶다고 하는데, 그런 함정에는 빠지지 말자. 애플처럼 되는 일이 쉬운 일도 아닐뿐더러, 많은 기업에게 디자인이 그렇게 냉철하고 절대적인 역할을 하도록 기대하는 것도 합리적이지 않다. 대신 자기만의 포부를 찾아보자.

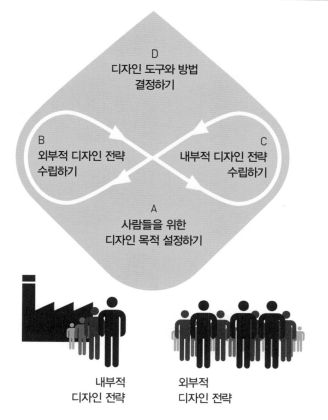

4 디자인 전략 구축하기

디자인 전략 단계는 네 가지 과정으로 구분되는데, 사람들을 위한 디자인 목표 설정하기, 외부적 디자인 전략 수립하기, 내부적 디자인 전략 수립하기, 디자인 도구와 방법 결정하기이다.

조직의 디자인 문화 정의하기

지금까지 조직 내에서 디자인을 어떻게 다루어왔는지 살펴보자. 아웃소싱을 주었는가, 아니면 내부에서 해결했는가? 디자인이 핵심적인 역할을 담당했는가? 155쪽에 나와 있는 디자인의 여러 기능들이 가치가 있는가? 디자인이 프로젝트 초기부터 연계되었는가? 조직 내에서 디자이너는 얼마나 가치 있게 여겨지는가? 한마디로 요약하자면, 조직의 디자인 문화는 어떠한가이다. 실제로 그렇지 않다면, 억지로 디자인을 조직 내에서 중심 역할을 하거나 가치를 인정받는 멋진 것으로 꾸미지 않아도 좋다. '우리는 디자인을 가치 있게 생각하며 디자인으로 더 많은 것을 하고 싶지만 지금 이 시점에서는 내부적으로 디자인의 핵심적인 기능을 지원해줄 문화가 부재한다'라고 말해도 전혀 문제가 없다. 또 한 가지, 디자인을 하나의 도구로 인식하라. 조직 내에서 디자인을 사용하는 목적은 무엇이고, 어떤 목적을 위해서는 사용하지 않는지, 그리고 그것이 조직 문화에 적합한지를 설명해보자.

디자인의 타깃 그룹 정의하기

인간 중심 브랜딩 단계의 외부 리서치 결과로 돌아가보자. 조직 내에서 만들어내는 디자인을 사용할 사람은 누구인가? 그들은 어떤 사람들이며 어떤 디자인을 좋아하는가? 그들의 필요를 최대한 만족시키는 것은 제품 디자인인가, 커뮤니케이션 디자인인가, 환경 디자인인가, 서비스 디자인인가? 그들은 미적 측면에 더 관심이 많을까, 아니면 제품의 성능이나 사용성에 더 끌릴까? 이미 알고 있는 것에서 시작하되 필요하다면 더 조사해보자.

디자인에 대한 포부를 타깃 그룹과 조직 문화에 연결하기

조직의 디자인 문화에 대해 탐색한 내용과 타깃 그룹의 니즈를 그 조직의 디자인 포부에 맞추어보자. 혹시 격차가 큰가? 조직의 포부가 타깃 그룹의 니즈나 조직 내 디자인 문화가 바라는 것보다 더 큰가? 이는 바람직한 야망에서 비롯된 것인가, 아니면 당신이 너무 비현실적인가? 혹은 당신의 목표가 조직 내 디자인 문화와 요청되는 니즈보다 낮은가? 그렇다면 당신은 현실적으로 적절한가, 아니면 충분히 야심적이지 않은가?

디자인의 목표 정의하기

이전 단계들을 거치며 이제 디자인이 조직 내에서 어떤 역할을 할 수 있는지, 누가 디자인을 활용하고 그 혜택을 받을 것인지 상당한 지식을 구축했을 것이다. 그런데 어려운 부분은 다음 단계이다. 구체적으로 두번째 단계의 혁신 전략을 실현하려면 디자인이 무엇을 해야 하는지 정의해야 한다. 각자의 자리로 돌아가 조직이 디자인을 사용하는 목표가 무엇이어야 하는지 올바르게 설정하는 워크숍을 적어도 한 번 이상 개최하자. 어색함을 해결할 한 가지 방법은 이전 프로젝트에서 디자인의 목표가 무엇이었는지 살펴보는 것이다. 그리고 추상적인 단계에서 훑어보기 위해 '왜'와 '어떻게' 게임을 해보자. 디자인 목표는 가능한 한 자세하게 기술하고, 필요하다면 시장, 제품 카테고리, 상황별로 특화된 목적을 정의해보라.

실제로 그렇지 않다면,
당신의 조직에서 디자인을 중심 역할을 하거나
그 가치를 인정하는 멋진 것으로 인식하지 않도록 하자.

B 단계: 외부적 디자인 전략 수립하기

이 단계는 A 단계에서 개발한 디자인 목표를 수행하기 위해 외부적 디자인 전략을 구축하는 것에 초점을 두며, C 단계와 동시에 진행할 수 있다. 외부적 디자인 전략은, 의도한 대상에게 가치를 전달하기 위해서는 어떤 디자인 수단, 분야, 층위, 스타일이 필요한지 판단한다.

대략적인 소비자 여정 프레임워크 개발하기

이 시점에서 소비자 여정의 목적은 사용자가 제품이나 서비스를 이용하며 다양한 경험을 할 때 디자인이 어떤 역할을 하는지 파악하기 위한 것이다(114쪽의 '소비자 여정' 설명 참고). 예를 들어 고객의 경험을 '온라인 검색', '매장 방문', '제품 설치' 그리고 '지원 요청'이라고 해보자. 소비자 여정 지도는 시간 축을 기준으로 고객의 이러한 경험들을 정리한 표로, 각기 다른 사용자 그룹, 다양한 제품이나 서비스 유형에 대해 그릴 수 있다. 이 지도를 통해 사용자 경험을 전반적으로 파악할 수 있고, 사용자와 제품 또는 서비스의 다양한 인터랙션이 무엇인지를 제공한다. 간략하게 정리한 소비자 여정 프레임워크는 디자인이 경험에 각각 어떻게 기여할 수 있는지 평가하기 위해 사용하는데, 이는 다음 단계에서 살펴볼 것이다. 독자들에게 편리하도록 조언을 하자면, 소비자 여정 프레임워크를 만들 때에는 최대한 시각화하고 크게 만들어야 한다. 이 단계의 후반부에 가면 여기에 정보를 써넣을 공간이 많이 필요할 것이다.

각 경험에 맞는 디자인 목표 계획하기

소비자 여정을 참조하여 A 단계에서 설정한 디자인 목표가 각 경험에서 어떻게 구현될 수 있는지 살펴보자. 예를 들어, 디자인 목표가 '열려 있고 환영받는 느낌이 있는 브랜드를 만드는 것'이라면, 이를 이루기 위해서는 매장 환경을 누구나 스스럼없이 들어갈 수 있도록 집과 같이 편안하고 개방된 분위기로 디자인하는 것이 필요할 것이다.

각 경험에 맞는 디자인 기능 계획하기

이루어야 하는 디자인 목표를 기준으로 어떤 디자인 기능이 어떤 경험을 만들어내기 위해 가장 알맞을지 살펴본다. 가령 편안하고 개방된 분위기의 매장은 디자인의 심미성을 통해서도 만들 수 있지만 디자인의 사용성을 활용해도 가능하다. 즉 합리적이고 편안한 동선을 짜거나, 제품을 깔끔하고 정확하게 진열하는 방식을 디자인하거나, 사용자에게 편리한 지불 시스템을 구축하는 것으로도 가능하다.

각 경험에 맞는 디자인 분야 계획하기

소비자 여정에 따른 경험별로 디자인 목적을 이루기 위해 어떤 디자인 분야들을 이용할 수 있을지 살펴보자. 디자인 분야로는 제품 디자인, 환경 디자인, 커뮤니케이션 디자인, 인터랙션 디자인, 서비스 디자인 등이 있다(167쪽 디자인 분야에 대한 전체적인 설명 참조). 예를 들어, 매장 환경을 위해서는 환경 디자인의 역할이 명백히 중요하겠지만 적재 시스템을 위해서라면 제품 디자인이 필요할 수 있다. 매장 내 커뮤니케이션과 동선을 위해서는 커뮤니케이션 디자인이, 매장 내부 키오스크를 위해서는 인터랙션 디자인이 필요할 것이다.

각 경험에 맞는 디자인 층위 계획하기

디자인 층위 모델design layer model(169쪽)을 참고하여 경험별로 어떤 디자인 층위가 가장 중요한지 판단해보자. 제품을 구입할 때는 미적인 층위가 가장 중요한 역할을 담당할 수 있겠지만, 제품을 사용할 때는 인터랙션 층위와 성능 층위가 더 중요할 것이다.

C 단계: 내부적 디자인 전략 수립하기

이 단계는 A 단계에서 개발한 디자인 목표를 달성하기 위해 내부적 디자인 전략을 구축하는 것에 초점을 두고 B 단계와 동시에 진행할 수 있다. 내부적 디자인 전략은 외부적 전략을 촉진하기 위해 조직의 디자인 자원을 올바른 구조와 프로세스로 어떻게 체계화할지 알아본다.

조직 내 디자인 자원에 대한 목록 만들기

마치 자기 성찰의 시간이라 생각하고 다음 측면을 기준으로 기업 내 디자인 실태를 조사해보자.

- 사람: 디자이너는 몇 명이며 어떤 분야의 디자이너를 채용하는가?
- 프로세스: 조직에서 채택한 디자인 프로세스는 무엇이며, 어떤 상황에서 활용하는가?
- 방법과 도구: 어떤 디자인 방법과 도구들을 사용하는가?
- 파트너십: 조직이 디자인 컨설팅 회사나 디자인 학교와 협력 관계를 맺고 있는가?
- 구조: 디자인 부서는 어떤 조직으로 이루어져 있으며 구조는 어떠한가? 조직 내에서 디자인은 어떤 위치에 있는가?
- 리더십: 누가 디자인을 이끄는가? 누가 디자인 사례들을 만들어나가는가?
- 학습: 디자이너들은 어떻게 새로운 것을 배우고 능력을 계발하는가? 그들은 새로운 발전을 어떻게 감지하는가?

내부 자원과 외부 필요 사이의 격차 분석하기

내부적 자원과 B 단계에서 파악한 외부 디자인의 필요가 잘 맞는지 살펴보자. 가령 매장은 사용성과 인터랙션에 대해 고도로 집중하는 것이 필요한데, 현재의 디자인 파트너는 인테리어적 심미성에 있어 더 나을 수 있다.

내부 역량을 높일 부분과 아웃소싱할 부분 결정하기

이전 단계에서 드러난 격차를 잘 살펴보자. 외부 요구에 맞추기 위해 어느 부분에서 보유하고 있는 자원을 향상할 수 있는가? 잉여 자원을 가지고 있지는 않은가? 예를 들어, 그래픽 디자인이 소비자 경험에서 차지하는 역할이 적다고 판단되었음에도 불구하고, 엄청난 장비를 모두 갖춘 그래픽디자인 스튜디오가 있는 것은 아닌가? 갭 분석gap-analysis에 근거하여 새로운 파트너십을 구축하는 편이 나을까? 예를 들면, 현재 매장 디자이너와 같이 일할 수 있는 동선과 사용성 구축에 더 능숙한 매장 디자인 파트너를 찾아야 하는가?

디자인 자원을 위한 개선하기

앞서 탐구했던 니즈를 충족하기 위해 디자인 자원을 어떻게 적용할지 계획해보자. B와 C의 단계로 돌아가 자원을 어떻게 적용할지 판단하고, 각 관점에서 볼 때 어떻게 조정할지 생각해보자.

D 단계: 디자인 도구와 방법 결정하기

이 단계의 목표는 B와 C 단계의 결과를 수렴하여 디자인 가이드라인을 작성하고 디자인 조직을 적합하게 구조화하는 것이다. 다음 단계에서 터치포인트를 종합·구성하기 위해 조직의 도구 상자tool box를 마련한다고 할 수 있다.

디자인 분야별로 디자인 가이드라인 세우기

디자인 가이드라인이나 가이드라인 구축 방법에 대해서는 표 5를 참조하라. 경험별로 외부적 디자인의 니즈가 무엇인지 분석한 것은 다음 과정을 시작하기 위한 충분한 밑바탕이 되었다. 이제 경험별로 파악한 내용들을 새 기준으로 묶어보자. 먼저 조직을 디자인 분야로 구분하는 것부터 시작해본다. 5개 디자인 분야가 소비자 여정에 어떻게 기여할 것으로 기대하는지 한눈에 보이도록 결과를 시각적으로 문서화하라. 소비자 여정 내 디자인 목표를 달성하기 위한 업무적 관계의 시작으로 이러한 문서를 고려하라. 그뿐 아니라 내부 디자이너들과 외부 조직에게 업무를 간단히 설명할 때도 사용할 수 있다.

	제품 디자인	커뮤니케이션 디자인	환경 디자인	인터랙션 디자인	서비스 디자인
심미성	제품의 모양은 어떤가	커뮤니케이션은 어떤 모습을 하고 있는가	환경은 어떤 모습을 하고 있는가	인터랙션은 어떤 모습을 하고 있는가	서비스는 어떤 모습을 하고 있는가
인터랙션	사용자는 제품과 어떻게 상호작용하는가	커뮤니케이션하기 위해 사용자는 어떻게 상호작용하는가	사용자는 환경과 어떻게 상호작용하는가	인터랙션은 어떤 느낌을 주는가	사용자는 서비스와 어떻게 상호작용하는가
성능	제품의 기능은 무엇인가	커뮤니케이션의 기능은 무엇인가	환경의 기능은 무엇인가	인터랙션의 기능은 무엇인가	서비스의 기능은 무엇인가
구조	제품은 무엇으로 만들어졌고 어떻게 만들어지는가	커뮤니케이션은 어떤 기술을 사용하는가	환경은 무엇으로 만들어졌고 어떻게 만들어지는가	인터랙션은 어떻게 만들어지고 프로그램화되는가	서비스는 어떤 기술을 사용하는가
의미	제품이 전달하고자 하는 의미는 무엇인가	커뮤니케이션을 하면서 전달하고자 하는 의미는 무엇인가	환경이 전달하고자 하는 의미는 무엇인가	인터랙션이 전달하고자 하는 의미는 무엇인가	서비스가 전달하고자 하는 의미는 무엇인가

디자인 층위별로 디자인 가이드라인 만들기

디자인 분야별로 디자인 층위들을 포함한 가이드라인을 만들자. 상상력을 일부 발휘해야 할지라도 일단 완성해보자. 의미하는 내용을 잘 전달하기 위해 여러 예시를 활용하자. 이 표를 최대한 채워넣는 것이 목표다.

디자인 조직을 위한 계획 세우기

가이드라인 작성을 마쳤으면 디자인 목표를 실현하기 위한 디자인 구조화에 대한 계획을 명확히 하고 구체적으로 세우자. 어떤 단계를 밟아야 하고, 어떤 인력을 고용하거나 훈련시켜야 하며, 어떤 제휴 관계를 새롭게 맺어야 하는가? 조직 내 어떤 팀이 디자인 의사 결정을 내리며, 그들은 어떻게 함께 일하는가? 목표를 달성하려면 시간이 얼마나 필요한가?

디자인 프로세스, 방법, 도구에 대한 계획 세우기

디자인 목표를 달성하기 위해 당신이 사용할 디자인 프로세스, 방법, 도구 등을 계획에 꼭 포함시켜야 한다. 어떤 도구나 방법을 개발하고 구입해야 하는가? 어떤 훈련이나 개발이 필요한가? 긴밀히 협력해야 할 내부 및 외부 전문가는 누구인가? 조직의 나머지 사람들을 이 여정에 어떻게 참여시킬 것이며, 관련 정보를 어떻게 알릴 것인가? 이러한 질문에 대한 대답을 계획에 모두 포함시켰다면 당신은 탄탄한 디자인 전략을 세운 것이다.

5   디자인 층위와 디자인 분야

디자인에는 많은 층위가 있다. 사용자가 디자인 제품, 커뮤니케이션, 환경, 인터랙션, 서비스 등을 접할 때, 순차적으로 이 모든 층위들을 경험하게 될 것이다 (169쪽 도표6 참고).

5.5 브랜드 주도 디자인 전략을 위한 기술: 도구와 방법들

소비자 여정

브랜드 주도 혁신의 첫번째 단계에서 사용된 소비자 여정은 디자인의 관점에서 보면 더 상세히 이해할 수 있다(소비자 여정에 대한 전체 논의는 114쪽 참고). 소비자 여정 지도는 다양한 사용자들이 오랜 시간 동안 제품이나 서비스를 접하며 경험한 것들을 정리한 것이다. 소비자 여정 지도는 이러한 경험들을 사용자에게 더욱 의미 있고 가치 있는 경험으로 향상시키려면 디자인이 어떤 역할을 해야 하는지 판단할 때 유용하다.

디자인 층위 모델

목적: 디자인을 통해 풍성하고 통합적인 방법으로 브랜드가 생활 속에서 실현되도록 한다.

이 모델은 브랜드 비전을 구체화하기 위해 중요해 보이는 것 이상이 필요하다는 깨달음에서 시작한다. 브랜드 경험 중 다채롭고 가치 있는 경우를 하나 떠올려보자. 테이트모던 미술관Tate Modern gallery을 예로 들면, 건물로 처음 다가가는 순간부터(건물의 인상 깊은 외관), 전시 공간에 들어가 작품을 감상하고, 카페나 화장실에 가는 길을 찾고(빌딩의 구조는 어떠한가), 마침내 집에 돌아가기까지(어떤 것을 계속 기억하게 될 것인가), 이 모든 과정에서 어떤 인상을 받았는지 기억해보자. 디자인 층위 모델은 다른 경험을 하나하나씩 밝혀내며, 사용자가 경험하는 계층적 구조로 브랜드의 터치포인트를 고려한다.

디자인 분야

목적: 브랜드를 생명력 있게 만들기 위해 디자인의 모든 분야가 협력하여 최대의 효과를 추구하는 것이다. 각 분야별로 수행해야 할 구체적인 임무가 있기는 하지만, 공동의 비전을 기반으로 공동의 목표를 가지고 움직인다.

디자인을 구분하는 이유는 단지 작은 단위로 나누기 위해서가 아니라, 전략적 디자인 프로젝트에 착수할 때 디자인을 가급적 통합적이고 다학제적인 관점에서 접근하기 위해서이다. 당신이 가장 좋은 인상을 받았던 브랜드 경험을 떠올려보자.

예를 들어, 애플의 맥북 프로를 새로 구입하고 포장을 풀었을 때의 기분을 생각해보자. 어떤 경험이 특별하게 느껴지는 것은 여러 디자인 분야의 협력으로 이루어진다.

이 책에서는 디자인을 5개 분야로 분류했다. 월리 올린스 Wally Olins가 자신의 저서 『브랜드─세상에 파고든 유혹의 기술On brand』에서 기술한 디자인 분류와 유사한 것으로, 내용은 다음과 같다.

1 | 제품 디자인: 3D 디자인. 여기에는 제품 스타일링, 산업 디자인, 엔지니어링, 패키지 구조, 가구 디자인이 포함된다.

2 | 커뮤니케이션 디자인: 2D 디자인. 여기에는 그래픽디자인, 광고(온라인, 인쇄, 옥외 매체, 통합 미디어 캠페인), 디지털 미디어, 기업 아이덴티티, 2D 패키지 디자인, 사인물 등이 있다.

3 | 환경 디자인: 사람이 들어갈 수 있는 규모의 3D 디자인. 여기에는 인테리어디자인, 건축, 전시 디자인, 공공장소 디자인 등이 포함된다.

4 | 인터랙션 디자인: 제품의 사용과 상호작용에 중점을 둔 2D, 3D 디자인. 여기에는 스크린 인터페이스 디자인이 대표적 예이지만 조절판, 버튼, 레버 등과 같이 물리적인 실체가 있는 인터랙션 디자인 역시 포함된다.

5 | 서비스 디자인: '4D' 디자인. 하나의 서비스를 형성하는 터치포인트들의 모음, 그리고 조직 내 고객을 대응하는 직원들과 사용자 간의 인간적인 상호작용을 디자인하는 일을 포함한다(올린스는 이 단계를 '행위' 디자인 분야라고 말한다).

물론 이 5개 분야는 서로 겹치는 부분들이 있고, 많은 디자인 사례들이 위에서 언급한 하나의 범주에만 속하지 않는다는 것을 발견할 수 있다. 다시 언급하자면, 이러한 구분의 목적은 디자인을 세부 단위로 쪼개기 위해서가 아니라 오히려 포괄적이고 다학제적인 관점으로 디자인을 이해하기 위해서이다.

디자인 가이드라인은 한 조직의 브랜드 비전을 디자인으로 해석하는 방법을 시각적으로 담아내는 수단이다.

디자인 가이드라인

목적: 내부 혹은 외부 디자이너들에게 요약해 제시함으로써 그들이 최상의 성과를 내고 디자인 전략에서 세운 디자인 목표를 달성할 수 있도록 도움을 준다.

디자인 가이드라인은 한 조직의 (브랜드) 비전을 디자인으로 해석하는 방법을 시각적으로 담아내는 수단이다. 디자인 가이드라인은 디자이너들이 어떠한 범주 내에서 그들의 창의성이나 해석을 위한 개인적 여지를 잃어버리지 않도록 돕는 자료이다. 다음은 모든 관계자들에게 도움이 되는 디자인 가이드라인 작성을 위한 방안이다.

1 | 의미하는 바를 나타내는 시각적 예시를 사용하라. 하나의 이미지가 천 마디 말을 대신한다.
2 | 자사 제품과 비슷한 제품뿐만 아니라 다른 시장이나 카테고리의 제품을 예시로 사용하라.
3 | 디자인 가이드라인을 장 또는 절로 나눠보자. 예를 들어 다른 디자인 층위나 디자인 분야를 기준으로 하여 구조를 만들 수 있다.
4 | 가이드라인을 만들 때 의도적으로라도 사람들을 불러 모아 다 함께 디자인을 논의하자. 이미지를 고르고 분류하며 시각적 디자인 가이드라인을 만드는 일은 워크숍 활동에 적합하며, 이를 통해 내부 디자이너, 외부 디자이너, 마케팅팀, 영업팀, 관리팀 등이 소통하며 상호작용할 수 있는 기회를 갖는다.
5 | 가이드라인을 조율하는 방법으로 디자이너들에게 요약 설명하는 방법을 의도적으로 이용하라. 예를 들어, 어떤

외부 대행사에게 본인들이 선택한 이미지를 가이드라인에 반영할 수 있는 기회를 준다면, 그들은 당신이 원하는 바를 더 잘 이해하게 될 것이고 유대감과 주인 의식이 형성될 것이다.

디자인 포맷 분석

디자인 포맷 분석DFA, design format analysis(워렐Warell, 2001)은 브랜드 가치가 특징적 조형 요소를 통해 디자인으로 해석되는 방법을 구조적으로 평가하는 방법이다. 디자인 포맷 분석은 브랜드의 제품 포트폴리오에서 특징적으로 나타나는 모든 미적 요소들을 분석한 뒤, 이러한 요소들이 각각의 제품에 어느 정도까지 반영되었는지 확인한다.

이러한 방법의 결과는 두 가지이다.

1 | 어떤 제품이 브랜드 특유의 개성을 가장 많이 표현하고 있는지 파악하여 어떤 제품이 가장 '대표' 제품인지 알 수 있다.
2 | 브랜드의 디자인적 표현에서 어떤 미적 특징이 가장 중요한지 알 수 있다.

이런 방법이 인터랙션, 성능, 구조, 의미 같은 다른 디자인 층위에도 잘 적용되는지 보는 것은 매우 흥미로우므로 한번 시도해보자.

심미성	감각적 층위	터치포인트가 시각, 후각, 촉각, 청각 같은 감각을 어떻게 자극하는가.
인터랙션	행동적 층위	사용자가 터치포인트와 어떻게 상호작용하며, 터치포인트는 사용자로부터 어떤 행동을 이끌어내는가.
성능	기능적 층위	터치포인트가 하는 일은 무엇이고 어떤 문제를 해결하는가, 어떤 기능성을 사용자에게 제공하는가.
구조	물리적 층위	터치포인트는 어떻게 만들어지고, 무엇으로 구성되어 있으며, 어떤 기술이 사용되는가.
의미	정신적 층위	터치포인트가 전달하는 의미와 감성은 무엇인가.

6 디자인 층위

디자인에는 미적인 외형적 층위만 있는 것이 아니다. 완벽한 디자인 전략이라면 모든 층위를 고려해야 한다 (167쪽 참조).

사례 연구: 대퍼^{Dapper}

DAPPER

목적

본 사례 연구는 디자인 전략이 실제로 적용되는 방식을 보여줄 것이다. 이를 통해 디자인 전략 도구의 활용 방법에 대해 알 수 있을 것이다.

대퍼 패션 소개

대퍼 어패럴 주식회사Dapper General Apparel Company Limited는 1979년에 설립된 태국 방콕의 의류 브랜드로 의류, 신발, 액세서리 전문 제조 업체이자 무역 회사이다. 브랜드의 영향력이 국내외로 계속 확장되는 추세여서 태국 전역은 물론이고 아시아 및 유럽의 몇몇 국가에 단독 매장과 아웃렛을 운영하고 있다. 본 사례 연구는 델프트 공과대학 전략적 제품 디자인과에 재학중인 아이순 수카리트쿨Aisoon Sucharitkul이 석사과정의 일환으로 대퍼의 신발 사업 부문에서 수행한 프로젝트를 바탕으로 하였다.

사례 연구

수카리트쿨은 '디자인 철학'(라바시Ravasi와 로야코노Lojacono, 2005)이라 불리는 개념을 발전시키기 위해 대퍼에서 졸업 연구를 시작했다. 디자인 철학은 '핵심 디자인 원리'와 '스타일 아이덴티티'라는 2개의 관련 요소로 구성되어 있다. 첫번째 요소인 '핵심 디자인 원리'는 디자이너나 제품 개발자에게 제품을 어떻게 디자인해야 하는지 방향을 알려주는 분명한 가이드라인이다. 이 원리는 디자이너가 제품의 외관과 기능을 결정할 때 영향을 주는 일련의 공유된 신념을 바탕으로 한다. 반면 '스타일 아이덴티티'는 그 브랜드다운, 즉 경쟁자들과 구별되는 더 구체적인 디자인 표현들(모양, 색상, 재질, 패턴 등의 조합)을 의미한다. 2009년 중국 베이징에서 열린 D2B2 디자인 매니지먼트 컨퍼런스에서 수카리트쿨이 논문(수카리트쿨 외, 2009)을 통해 밝힌 대로, 스타일 아이덴티티는 디자인 층위 모델(167, 169쪽 참조) 중 미적 층위와 밀접하게 연결돼 있고, '핵심 디자인 원리'는 우리의 브랜드 주도 디자인 전략과 매우 흡사하다.

패션계의 디자인 철학

패션의 흐름이 바뀌면 제품의 심미적 측면 역시 끊임없이 변신을 거듭해야 하는데, 이는 재질, 실루엣, 감촉, 색상, 패턴과 같은 디자인 속성에 고스란히 영향을 준다. 동시에 패션계 내의 회사들은 자사의 브랜드 약속에 부합하는 패션 트렌드를 세심히 선별해 강력한 브랜드 아이덴티티를 구축하고자 노력한다. 브랜드와 별 연관이 없는 트렌드라면 무시하고, 도저히 무시할 수 없는 대세 트렌드라면 신제품 디자인의 외형에 적용할지도 모른다. 하지만 브랜드와 관련 있는 패션 트렌드라면 제품 디자인에서 나아가 더 깊은 층위, 즉 브랜드가 의미하는 개념적 층위에까지 영향을 미친다.

디자인 층위 모델 적용하기

패션계의 특징에 맞게 브랜드 주도 디자인 프레임워크를 적용하고자 새로운 프레임을 만들었다(171쪽 맨 위). 이 프레임워크에서 가장 바깥 층위인 심미적 측면은 끊임없이 변화하는 부분으로, 패션에서 변수라 할 수 있는 디테일, 색상, 재료, 감촉, 실루엣 등의 변화에 맞춰 계속 바뀐다. 하지만 디자인 층위의 안쪽으로 들어올수록 이전보다 일관성의 정도가 점점 높아진다.

컵에 든 음료를 바깥 부분에서 저을 때 액체가 회전하는 모습을 상상하면 이 모델이 쉽게 이해될 것이다. 원의 중심은 그대로 있는 반면 바깥 부분은 젓는 속도에 따라 더 빨리, 또는 느리게 회전한다. 이 비유에서 핵심 디자인 원리는 액체의 점도라고 할 수 있다. 디자인에 대한 태도에 따라 어떤 회사는 물 같아서 패션 변화에 따라 쉽게 변화하는 반면, 다른 회사는 시럽 같아서 패션의 변화에 대응할 때 저항 정도가 높아 기껏해야 표면의 층위에서만 변화에 반응한다.

디자인 원리와 스타일 아이덴티티 리서치

4개월간 태국에서 디자인 매니지먼트 컨설턴트로 근무하며 대퍼를 조사한 수카리트쿨은 기업의 디자인 원리와 스타일 아이덴티티를 밝혀냈다. 이 책에서 접근하는 방법과 마찬가지로 수카리트쿨은 디자인 리서치 기법을 사용하여 기업의 문화와 유산, 창업자, 직원은 물론 태국의 패션계, 브랜드 사용자들의 욕망, 라이프스타일, 쇼핑 행동 등에 대해 심도 있고 응용 가능한 인사이트를 얻어냈다. 또한 수카리트쿨은 이 패션 브랜드가 현재 사용하는 디자인 언어를 파악하기 위해 디자인 포맷 분석(169쪽 참고)을 실시하기도 했다.

대퍼 디자인 철학 도구 네 가지

학문적 이론 프레임워크, 현장 리서치, 그리고 디자인 층위 결과에 근거해 대퍼 디자인 철학DDP, Dapper design philosophy 도구 네 가지를 개발했다. 이 도구는 대퍼가 자신의 디자인 철학을 더 확실히 이해할 수 있게 하고, 사원들이 실제적으로 그 철학을 일상 업무에 쉽게 적용하도록 하였다. 네 가지 도구는 아래와 같다.

DDP 열쇠

DDP 열쇠라고 불리는 첫번째 도구는 작은 책자다. 이 책은 경영진부터 브랜드 매니저와 디자이너에 이르기까지 남성화 디자인에 관여하는 모든 관계자들을 위해 만든 것이다. DDP 열쇠는 디자인 철학을 구성하는 여러 요소들, 브랜드 약속, 디자인 원리, 스타일 아이덴티티, 패션 시스템 간의 관계를 보여준다. 관계자들은 이 책자를 통해 디자인 철학 프레임워크에 대해 간략한 설명을 읽고 이해할 수 있다.

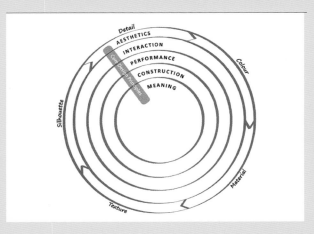

디자인 층위 모델에 대한 재고

수카리트쿨은 169쪽의 디자인 층위 모델을 컵 안의 액체를 휘저을 때의 모양으로 비유했다. 바깥쪽은 안쪽보다 훨씬 빨리 회전하고(심미적인 측면이 의미보다 훨씬 빨리 변하고) 액체의 점도가 높을수록 회전 속도는 더 느리다(디자인 원리가 더 강할수록 안정성이 강해진다).

네 가지 DDP 도구

수카리트쿨은 태국의 패션 기업인 대퍼에서 수행한 연구 결과로 대퍼에 적합한 네 가지 디자인 철학 도구를 만들었다. 이는 디자이너들이 브랜드의 핵심 원리와 스타일 아이덴티티를 작업에 반영할 수 있도록 돕는 도구들이다.

첫번째 도구: DDP 열쇠

DDP 열쇠는 대퍼 디자인 철학을 구성하는 모든 요소들을 요약해서 보여준다.

DDP 약속의 상자

DDP 약속의 상자promise cube는 대퍼 브랜드와 소비자 간의 관계를 설명하는, 유형의 인터랙티브 도구이다. 신발 디자이너들을 비롯해 다른 이해관계자들이 책상 위에 놓아두고 브랜드 약속에 몰입하도록 돕는 도구로 사용할 수 있다.

이것은 또한 업무중 브랜드 약속에 대한 새로운 인사이트가 필요할 때도 사용할 수 있다. 예를 들어 마케팅 전략, 매장 디자인과 홍보 활동 등에 사용할 수 있다. 디자인 철학의 핵심이라 할 수 있는 브랜드 약속은 고객들이 대퍼 신발을 구입하고 사용할 때 무엇을 기대하는지에 대해 깊은 인사이트를 제공한다. DDP 약속의 상자는 이러한 브랜드-소비자 관계에 인사이트를 제공한다.

DDP 원칙 카드

이 원칙 카드principle cards는 디자이너와 다른 이해관계자들이 DDP에 내재되어 있는 핵심 디자인 원칙을 이해하고, 그로부터 영감과 방향성을 얻기 위해 만든 것이다. 원칙 카드는 디자인 층위 모델에 기반을 두고 있으며, 브랜드 약속을 디자인으로 실현하기 위한 도구이다. 카드는 양면으로 각각 '디자인 원칙'과 '질문 사항'을 다룬다.

'디자인 원칙'은 다섯 가지 디자인 층위와 관련한 원칙의 이미지와 설명을 보여주며, 대퍼의 모든 남성화 라인을 아우르는 주요 원칙에 대한 사용을 설명한다.

반면 '질문 사항'은 사용자로 하여금 대퍼 신발을 선택하게 할 수 있는 새로운 패션 트렌드에 대해 생각해보게 한다. 이 측면은 신제품 생산과 발표에 앞서 이것이 브랜드에 잘 어울리는지 세심히 살펴보는 데 이용할 수 있다.

DDP 스타일 팔레트

DDP 스타일 팔레트style palettes는 일종의 디지털 템플릿 도구로 신규 신발 컬렉션을 디자인하는 데 사용될 수 있다. DDP 스타일 팔레트는 과거 3년간 출시했던 모든 남성화 라인에 대한 정보(이미지, 판매 데이터, 디자인 세부 사항 등)를 담고 있는 '과거 스타일 팔레트'와 트렌드에 대한 새로운 정보를 담고 있는 '새로운 스타일 팔레트'로 이루어져 있다. 디자이너들이 직접 취합한 이 정보는 신규 컬렉션에 반영할 만한 스타일과 패션 요소들을 과거의 주요 요소와 혼합한 것이다. 이러한 방법은 컬렉션 내에서도, 다른 컬렉션 간에도 디자인의 일관성을 유지할 수 있다.

두번째 도구:
DDP 약속의 상자

대퍼의 디자인 철학 약속의 상자는 대퍼의 내적 가치를 사용자의 니즈와 연결시킴으로써 브랜드의 핵심 약속을 구성한다.

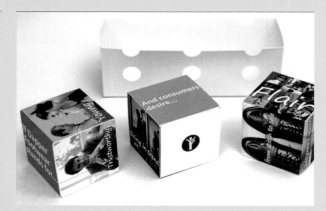

세번째 도구:
DDP 원리 카드

대퍼 디자인 철학 원리 카드는 169쪽의 디자인 층위 모델을 활용해 브랜드 약속을 실행 지침으로 전환한다.

대퍼 디자인 철학의 핵심은
소비자의 기대에 대한 인사이트를 제공하는 브랜드 약속이다.

테스트

DDP 도구는 당시 2008년 패션 컬렉션을 위한 신규 남성화 라인 출시에 시험적으로 도입되었다. 대퍼의 디자이너들은 이 도구들이 '디자인에 대한 새로운 접근'이며 대퍼뿐만 아니라 태국의 다른 패션 브랜드에도 적용 가능할 것이라고 말했다. 나아가 이런 색다른 경험은 CEO와 관리자들이 여성화 라인에도 DDP 도구를 도입하고, 가능하면 핸드백과 의류 라인에도 도입하도록 설득하였다.

하지만 디자이너들은 이 도구들이 혁신적이어서, 기업 내 모든 사람들이 이 도구를 미래 컬렉션을 위한 새로운 브랜드 제품의 전략적 디자인 과정 일부로 온전히 수용하여 지속적으로 실행하기까지는 어느 정도 시간이 걸릴 것 같다고 말했다.

DDP 도구 활용은 내재하는 브랜드 약속을 반영하고, 독특한 스타일 아이덴티티를 갖춘 신규 풋웨어 모델 개발로 이끌어주었다. 회사측이 제공한 최근 시장 데이터에 따르면 이 모델은 높은 매출 실적을 올리고 있으며, 특유의 '시그니처' 디자인 덕에 대퍼의 남성화 브랜드 내에서 가격 프리미엄을 형성했다.

대퍼 사례 연구에서 얻은 결론

1 | 디자인 원리, 스타일 아이덴티티, 브랜드 비전은 서로 긴밀하게 연결되어 있는 개념이다.
2 | 브랜드 가치를 관련된 제품으로 해석, 반영하고자 할 때 디자인과 디자인 전략은 매우 중요하다.
3 | 브랜드 주도 디자인 전략을 구축하면 매우 실용적이고 적용 가능한 도구를 만들 수 있다.
4 | 브랜드 주도 디자인 전략은 브랜드 약속이 잘 반영된 새로운 디자인 결과물을 이끌어낼 수 있다.
5 | 조직의 내외부적 맥락에 대한 이해 없이는 탄탄한 디자인 전략을 구축할 수 없다.
6 | 디자인 가이드라인과 도구가 디자이너를 제약하는 것이 아니라 영감을 제공할 때 디자이너들은 이들에 대해 상당히 만족한다.
7 | 위에서 제시한 방법과 도구들은 문화적 맥락이 다르더라도 활용할 수 있다.

5.6 조직에서 디자인 전략 내재화하기

조직 내에서 디자인 전략 프로젝트를 시작할 때 우선 알아야 할 점은, 그 누구도 디자인 전략의 필요성을 불현듯 깨닫지는 않는다는 점이다. 디자인이 일종의 전략적 능력이고 조직의 목표들을 달성하는 데 일정 부분 역할을 하며, 디자인 자체가 구체적인 목표들을 달성하기 위해 적용될 수 있으며 조율되고 연마될 수 있다는 개념은 많은 조직에게 낯설 것이다. 여전히 많은 조직에게 디자인은 기회가 나타났을 때 마법사의 모자에서 꺼낸 토끼 같은 묘책이고, 회사의 이윤이나 매출을 올려줄 수도 있고 아닐 수도 있는 블랙박스 같은 존재이다. 그러나 동시에 조직하고 구조화하고, 영감을 불러일으키거나 제어하기 어려운 대상이기도 하다. 그러므로 디자인을 최대치로 활용할 가치가 있고 전략적으로도 매우 효과적인 도구라고 생각한다면, 따라서 디자인 전략을 제대로 구축하려는 계획을 사람들에게 설명하고자 한다면, 많은 경우 일장 연설을 해야 할지도 모른다.

하지만 이 장에서 제시한 여러 프레임워크를 활용할 때, 디자인이 주는 이성적이면서도 더 감성적인 장점을 설명할 때, 그리고 이를 조직의 전략적 목표와 연계시켜 설명하는 데 성공할 때 경험은 우리에게 가르침을 주며, 당신의 노력은 빛을 발할 것이다. 아래의 주요 원칙들을 적용한다면, 디자인 전략을 조직에 내재화하는 일이 훨씬 쉬워질 것이다.

당신이 하는 일을 설명하라

디자인 전략 자체는 목표가 아니다. 이 사실을 잊지 말자. 당신의 노력이 조직과 조직의 전략적 목적을 달성하는 데 어떤 도움이 되는지 설명할 수 있어야 주변 사람들의 지원을 받을 수 있다. 디자인 전략은 설명이 필요하다. 대다수의 사람들이 당신이 하는 일을 이해하지 못할 것이다. 당신이 무엇을 하고, 어떻게 하고, 왜 하는지 설명하는 데 시간을 들여야 한다. 이는 흥미를 유발할 것이고 지원을 확보하는 데 도움이 될 것이다.

사람들을 참여시켜라

당신은 디자이너 또는 디자인 매니저이겠지만, 그렇다고 디자인이 자신의 소유물은 아니다. 비디자이너들을 한자리에 모아 디자인에서 기대하는 바가 무엇인지, 어떻게 하면 디자인이 각자의 업무에 도움이 될지를 물어보라. 그후 그들이 예시 이미지를 모으고, 콜라주를 만들고, 경쟁사의 디자인을 품평해보고, 자사의 현재 디자인을 평가하도록 해보자. 이 과정에서 당신이 얼마나 많은 것을 얻을 수 있는지, 그리고 얼마나 많은 지원을 받을 수 있는지 놀랄 것이다.

목표를 정하고 측정하자

제대로 된 디자인 전략을 사용하기 위해 설득할 때, 구체적인 목표를 정하고 그 성취 정도를 측정하는 일에 주저하지 말자. 목표란 효율적인 디자인 프로세스일 수도 있고, 협력 기관들 간의 관계 향상일 수도 있고, 디자인과 기업 전략의 조화일 수도 있고, 더 나은 방법과 도구의 도입일 수도 있다. 목표는 경영진에게 그것을 약속한 당신과 조직의 상황에 따라 달라질 것이다. 중요한 점은 그 목표를 위해 디자인 전략을 내재화하고, 끝까지 실행하고, 목표가 어느 정도 이루어졌는지 평가하는 것을 두려워하지 말라는 것이다. 이런 과정을 통해 당신은 상당한 자신감을 얻을 것이고, 디자인 전략은 그에 합당한 신뢰를 얻게 될 것이다.

연습해보기: 디자인 전략 도구 활용하기

목적

본 연습에서는 전략적 도구들이 실무에서 어떻게 작용하고, 전략적 디자인 프로젝트에서 어떤 가치가 있는지를 발견하기 위해, 이 장에서 자세히 설명한 여러 디자인 전략 도구들을 활용해보고자 한다.

준비

2명, 벽에 길게 붙일 수 있는 흰색 종이, 검은색·녹색·빨간색 사인펜, 포스트잇, 약간의 시간.

1

디자인 전략가로서 분석해보고 싶은 최근의 제품이나 서비스 경험을 하나 고른다. 예약하고 휴가를 보내는 것과 같은 사례처럼 소비자 여정의 기간이 상당히 긴 것으로 고른다.

2

돌아가면서 상대방에게 자신의 경험을 최대한 상세히 설명한다. 경험의 각 단계에서 느꼈던 개인적인 감정을 빠뜨리지 않고 말하도록 한다.

3

경험별로 길이가 3미터 정도 되는 흰색 종이를 1장씩 벽에 가로로 붙인다. 시간별로 경험이 발생한 단계를 정한다. 각각의 단계를 포스트잇에 쓴 뒤 흰 종이에 붙여 구조화한다. 당신은 소비자 여정 지도를 만든 것이다!

4

각 단계를 검토하면서 어느 정도까지 브랜드가 반영되었는지 분석해보자. 각 단계는 해당 브랜드로서 독특한가, 브랜드가 상징하는 바를 반영하였는가? 브랜드를 반영하고 실현하는 데 디자인이 사용되었는가?

5

각 포스트잇 아래 검은색 펜으로 각 단계의 디자인 목표가 무엇인지 적어본다. 가령 휴가 여행지를 예약하려던 중 언젠가 여행 안내서인 『론리 플래닛Lonely planet』을 뒤적였다고 가정하자. 이 책의 디자인 목적은 당신에게 최신 정보를 제공하는 것이다. 이후 여행지의 모습을 '플리커Flickr'를 통해 검색해보았을 수 있다. 그렇다면 플리커의 디자인 목표는 당신에게 기대감을 안겨주고, 찾는 이미지를 발견하도록 도와주는 것이다.

6

이제 155쪽의 표를 참고하여 각 단계에서 어떤 디자인 '기능'이 집중적으로 활용되었는지 녹색 펜으로 적고, 어떤 디자인 기능이 실제 사용되지는 않았지만 있었더라면 좋았을지 빨간색 펜으로 적어보자. 가령 공항의 수속 창구는 미적으로 뛰어난 디자인이었지만, 줄 서고 기다리고 서류를 다루는 과정은 상당히 과거의 방식이었을 수 있다. 그렇다면 디자인이 좀더 혁신적으로 적용될 여지가 있었던 것이다.

7

다음으로 각 단계에서 어떤 디자인 '분야'가 가장 집중적으로 사용되었는지 녹색 펜으로 적고, 어떤 디자인 분야가 실제로는 사용되지 않았지만 있었더라면 좋았을지 빨간색 펜으로 적어보자. 예를 들어 여행지 리조트가 건축물로는 매우 시선을 끌지만, 직원들의 서비스는 눈에 띄게 형편없었을 수 있다.

8

각 단계에서 어떤 디자인 '층위'가 가장 집중적으로 사용되었는지 녹색 펜으로 적고, 어떤 디자인 층위가 실제로는 사용되지 않았지만 있었더라면 좋았을지 빨간색 펜으로 적어보자. 예를 들어, 렌터카 사무실의 인테리어는 오래되어 보였지만 직원들과의 의사소통은 매우 효율적이었을 수 있다. 두 종이를 전체적으로 훑어보며 디자인이 얼마나 복합적인지 깨닫고 놀랄 것이다. 디자인 전략을 탄탄하게 구축하면 더 좋은 경험을 만들어낸다는 것이 보이는가? 이 경험에 관련된 조직이 디자인 전략을 세운다면 어떤 도움을 주겠는가?

사례 연구:
트레스파 인터내셔널 BV Trespa International BV

목적

이번 사례 연구에서는 한 기업이 자사의 핵심 역량을 사용자의 니즈와 열망에 연계시키면서 다학제적 디자인 전략을 통해 브랜드를 리포지셔닝하여 어떻게 자사의 목표를 이루었는지 살펴보고자 한다.

트레스파 소개

트레스파 인터내셔널 BV는 외장재 패널, 장식용 건축 입면 패널, 내부 마감재를 제조하여 판매하는 기업이다. 네덜란드 베르트Weert에 공장을 두고 있으나, 국제적인 판매 네트워크를 통해 전 세계로 제품을 수출하고 있다.

트레스파의 혁신 과제

트레스파가 사업을 시작한 1960년대부터 이미 건축 업계는 매우 역동적이었다. 하지만 건축 트렌드가 변하고, 건축 환경의 니즈가 변하고, 법규가 바뀌는 가운데서도 트레스파는 영향력을 꾸준히 유지하기 위해 항상 혁신적이고 유연해야만 했다. 현재 트레스파의 매출 중 신규 제품이 기여하는 비율은 10퍼센트 정도이다. 마케터, 디자이너, 리서치 엔지니어로 이루어진 다학제적 팀은 미래 제품을 만들기 위해 끊임없이 협력한다. 하지만 획기적인 기술 혁신은 상품화되기까지 오랜 시간이 걸리므로 트레스파는 생산 시설에 대한 투자 비용이 굉장히 높고, 그렇기 때문에 R&D팀은 생산 측면에서 상당히 큰 제약을 안고 있다. 그리고 무엇보다 트레스파의 제품은 화학적으로 복합적이므로 수많은 규제를 통과해야 한다.

건축 트렌드와 니즈는 획기적인 혁신보다 한 발 더 빠르게 변화한다. 이런 이유로 트레스파는 제2의 혁신 사이클을 운영하고 있는데, 이것이 바로 디자인을 통한 혁신이다. 모든 분야(제품, 환경, 커뮤니케이션, 인터랙션, 서비스)에서 디자인을 활용하는 점진적인 혁신을 추구하여 건축가와 그들의 니즈에 끊임없이 발맞추는 것이 특징이다.

탄탄한 디자인 전략으로 도전에 맞서기

트레스파에게 디자인 그 자체는 목적이 아니다. 트레스파는 구체적인 전략적 목표를 이루기 위해, 특정 시기마다 맞닥뜨린 도전에 맞서기 위해, 다양하고 구체적인 방법으로 디자인을 활용해왔다.

어떤 이는 트레스파의 디자인은 시간이 지나면서 '스타일로서의 디자인'에서 '혁신으로서의 디자인'으로 성장해왔다고 말한다(덴마크 디자인 센터의 '디자인 사다리design ladder'에 기반, 2003). 하지만 또 한편으로는 디자인의 의미가 성장했다기보다는 상황에 따라 모습을 달리한 것이라고도 볼 수 있다.

디자인 전략의 진화

트레스파가 디자인을 활용해온 역사를 보면 네 시기로 나누어볼 수 있다. 각각의 시기에 디자인이 얼마나 다른 방식으로, 또 항상 전략적으로 사용되었는지 면밀히 살펴보자.

기간	미션	트레스파의 역할	디자인의 초점
성능 개발	최고의 기능과 성능을 제공하는 것	기능적 혜택을 제공하는 기업	동종 업계 중 패널의 기능과 성능에서 최고
패널 스타일링	패널의 스타일링과 다양성에서 선두를 지키는 것	감성적 혜택을 제공하는 기업	트렌드에 맞는 패널 스타일링
통합 디자인	통합적 디자인 방안을 통해 신진 건축가들을 이해하고 이들에게 영감을 주는 것	통합적 해결 방안을 제공하는 기업	통합형 입면 해결 방안
디자인 리더십	최신의 혁신과 디자인으로 뛰어난 건축가들의 도전을 장려하는 것	혁신과 디자인의 파트너	전문성과 공동 창조

7　디자인 전략의 진화

트레스파에게 디자인 자체는 목적이 아니다.
트레스파는 구체적인 전략적 목표를 이루기 위해,
특정 시기마다 맞닥뜨린 도전에 맞서기 위해,
다양하고 구체적인 방법으로 디자인을 활용해왔다.

1960~1998 성능 개발 단계

맥락
트레스파의 외벽 패널은 기능적 품질을 인정받았다. 트레스파는 외벽 패널 시장에서 거의 생산 기술만으로 강력하게 경쟁 우위를 차지하고 있었다.

전략
성능은 트레스파만의 핵심적인 차별 요소였다. 트레스파 제품 컬렉션, 커뮤니케이션, 외벽 패널의 시공 프로젝트 모두 매우 기본적인 기능 중심으로 이루어졌다. 트레스파는 모든 단계에서 기술적 우위를 이루는 데 온 힘을 쏟았다.

디자인 매니지먼트
디자인은 R&D가 주도하고 있었으며, 기능의 우수함을 알리고 내구성, 신뢰도, 품질과 같은 역량을 나타내는 데 집중했다. 디자인 매니지먼트는 디자인과 엔지니어링을 조화시키는 데 초점을 두었다.

브랜드 리서치
수년간 트레스파의 브랜드 이미지는 지식, 해결책 제공자, 디자인, 가격 포지셔닝, 기능성이라는 5개 차원에서 측정되고 경쟁자들과 비교되었다. 이 기간의 시장조사를 보면 트레스파의 기능적 이미지가 두드러짐을 확인할 수 있다. 트레스파는 전문적이고 신뢰할 수 있는 고품질 브랜드로 자리매김하였으나, 그 이상으로 매력적이거나 흥미롭게 보이지는 않았다.

1998~2004 패널 스타일링 단계

맥락
트레스파의 기능적 우위가 평준화되었다. 트레스파 제품의 기능적 측면에서의 경쟁은 막을 내리고, 건축가와 부동산 개발자들 사이에서는 심미적으로 우수한 마감재에 대한 니즈가 상승하고 있었다. 트레스파는 그동안 축적해온 제조 및 R&D 전문 기술을 발휘해 건축가의 창의적인 입맛에 맞게 부가가치를 생산해내야 했다.

전략
트레스파는 디자인의 초점을 '기술' 주도에서 '기술과 디자인' 주도로 전환해야 함을 깨닫고 디자인 매니지먼트에 집중한 새로운 경쟁력을 만들기 시작했다. 우선 제품에서 고객으로 초점을 이동했다. 트레스파의 고객은 디자인에 트레스파를 사용할지를 결정하는 건축가로, 마감재의 심미성, 표현력, 그리고 입면에 대한 통합적인 접근에 관심이 많다. 이에 따라 개발한 새로운 컬렉션은 균형잡힌 색상 구성, 재질감과 구조를 건축가들에게 제공한다.

디자인 매니지먼트
디자인을 주도하는 것은 시장이 되었고, 성능이나 표현 모두 건축가의 니즈를 충실히 반영하도록 변화하였다. 그 결과 현대적이고 미적으로 우수한 디자인이 선택되었다. 이때의 디자인 매니지먼트는 디자인과 마케팅을 조화시키는 데 초점을 두었다.

브랜드 리서치
시장조사에 따르면 디자인 이미지가 향상되었다. 기능성을 그대로 유지하고 가격 포지셔닝 방식을 약화하면서 트레스파는 고급 시장을 점유하는 주자가 되었고, 서유럽에서 제품을 계속 제조할 수 있었으며, 가격 인하를 피할 수 있었다.

2004~2009년 통합 디자인 단계

맥락
건축 산업상 요구 사항이 점차 많아지면서 단순한 공급자보다 해결책 제공자를 선호하게 되었다. 이때 지속 가능성과 기후 제어가 중요한 이슈가 되었다. 이에 트레스파는 통합형 입면 개발을 위한 전문 기술 향상에 힘썼다.

전략
트레스파의 디자인 매니지먼트 역량은 디자인 전문성과 기술적 노하우 두 측면 모두에서 한층 더 성장한다. 트레스파는 질버 같은 디자인 매니지먼트 에이전시, 장 누벨Jean Nouvel과 노먼 포스터Norman Foster 같은 건축가들과 협업하면서 동시대 최첨단 건축에서 디자인이 어떻게 구현될 수 있는가를 탐색하기 시작한다. 이러한 디자인에 관한 새로운 관점 덕에 트레스파는 일류 건축물을 가능하게 하는 조력자로 자리매김한다. 이는 직원들 역시 건축가의 창의성을 이해하고 도와야 한다는 점을 암시하고 있다.

디자인 매니지먼트
디자인은 점차 고객 중심적이고 실험적인 모습으로 변화하였다. 디자인의 초점은, 건축가의 열망을 파악하고 미래의 콘셉트를 구상하여(142쪽 참고) 트레스파의 역량을 증명하고 반응을 이끌어내는 것이었다. 디자인 매니지먼트는 디자인과 고객을 조화시키는 데 중점을 두었다.

브랜드 리서치
이 기간의 시장조사에 따르면 트레스파의 디자인 이미지는 훨씬 더 향상되었다. '지식'과 '해결책 제공자' 부문의 비중 역시 증가했다. 트레스파가 고급 브랜드로 포지셔닝되면서 가격 경쟁력에 의존하는 정도는 더욱 낮아졌다.

트레스파 퍼스펙티브

트레스파가 지향하는 미래 콘셉트 전략은 '퍼스펙티브 Perspective'라는 프로그램으로 구체화되었다. 이것은 2004년에 시작된 다학제적 디자인, 혁신, 커뮤니케이션 프로그램이다. 트레스파의 광고 디렉터인 아르트 얀 판 데르 메이던Aart Jan van der Meijden은 프로그램 시작부터 함께해왔다. 이 프로그램의 주목적은 트레스파의 제품이 잠재적으로 얼마나 미래지향적인 방식으로 적용될 수 있는지를 주제별로 전시하여 건축가들과 의미 있는 대화를 나누고자 함이다. 이를 통해 자사의 역량과 전문 기술을 널리 알리고 업계 관계자들에게 새로운 화두를 제시한 트레스파는, 디자인 파트너이자 해결책 제공자로서 역할을 다져나갔다.

입면 시스템 건축에서 '퍼스펙티브' 프로그램은 자동차 산업에 비유하자면 콘셉트카 같은 것이다. 그런 면에서 퍼스펙티브는 142쪽의 페스토 사례의 접근 방법과 비교할 수 있다. 즉 이는 내부 조직을 일관성 있게 단결시키고, 디자인 철학을 세상에 구체적으로 보여주며, 주 타깃 고객인 건축가로부터 반응을 이끌어내기 위한 트레스파만의 방식인 셈이다. 퍼스펙티브 프로그램 덕에 트레스파 브랜드는 새 고객을 유치할 수 있었고, 정기적인 혁신 사이클의 내실을 다질 수 있었다.

박람회
퍼스펙티브 프로그램을 촉진한 요인 중 하나로, 매년 전 세계를 순회하는 건축 박람회에서 선보인 트레스파의 박람회 부스를 꼽을 수 있다. 이 기회를 통해 트레스파는 자사의 비전을 실제 완성된 3차원의 모습으로 보여주고, 이를 세심하게 조율하여 적용한 최적의 경험을 안겨주었다. 판 데르 메이던은 다음과 같이 말한다. "고객들이 우리에게 많은 것을 기대하게 되었다. 그러나 박람회 부스는 내부적으로도 중요한 효과가 있다. 마케팅, R&D, 영업팀을 하나로 연계하고 우리의 꿈을 구체적인 현실로 구현하게 해주기 때문이다. 또한 처음에는 불가능하다고 생각했던 적용 방식들을 이루어냈다."

뉴욕 전시 매장
최근 트레스파가 감행한 모험 중 하나는 뉴욕에 전시 매장을 여는 것이었다. 자국의 트렌드를 앞세운 네덜란드 출신 디자

이너들이 팀을 만들어 '빅애플big apple이라 불리는 뉴욕에 네덜란드 디자인이라는 섬'을 만든 것이다.

다음 단계는 무엇인가
퍼스펙티브 프로그램을 운영한 지 6년이 된 만큼 트레스파의 디자이너들과 마케터들은 새로운 도전 방식을 찾고 있다. '트레스파의 다음 여정은 무엇이 될 것인가?'라는 질문에 판 데르 메이던은 다음과 같이 밝히고 있다. "트레스파는 미래에 큰 기대를 걸고 있고, 혁신을 꾀할 수 있는 기회도 무궁무진하다. 무엇보다 끊임없이 기능을 혁신해야 하겠지만, 중요한 것은 그 혁신이 시스템 차원에서 이루어져야 한다는 사실이다. 입면은 미디어, 기후 시스템, 에너지 수확, 자연 채광 시스템 등의 플랫폼이므로, 이러한 분야의 디자인과 R&D에 대해 전문성을 쌓아야 한다. 또한 다른 입면 전문가들과 협력 관계를 맺어야 할 것이다. 선진 건축가들과 손잡고 그들의 꿈을 현실화하기 위해 혁신과 디자인으로 협력하면서, 동시에 우리의 미션도 실현하도록 노력해야 한다."

트레스파 사례에서 얻은 결론

1 | 좋은 디자인 전략은 시간이 흐르면서 변화한다. 디자인 전략은 새로운 맥락, 열망, 타깃 고객, 트렌드, 역량이나 기술적 진보에 따라 변경된다.

2 | 트레스파는 브랜드가 받는 영향을 주시하면서 수년간 디자인 전략 실행 결과를 측정했다. 고객 만족, 판매량, 수익, 재구매, 고객 프로필 등도 디자인 효과를 평가하기 위해 측정할 수 있는 영역이다. 하지만 측정해야 하는 대상은 전적으로 무엇이 목적인지에 달려 있다. 트레스파의 디자인 목적은 브랜드를 리포지셔닝하는 것이었다.

3 | 트레스파의 디자인 전략은 매우 다학제적이다. 제조 기업이지만 고객과의 상호작용을 강화하기 위해 커뮤니케이션, 환경, 웹, 서비스 디자인을 일관성 있게 사용했다.

4 | 트레스파 같은 기업은 디자인을 브랜드의 핵심적인 특징으로 여긴다. 많은 경우 고객에게 전략적 혜택을 주기 위해서가 아니라 그저 제품을 예쁘게 만들기 위해 디자인을 도입하지만, 트레스파는 진정으로 고객들과 의사소통하며 고객이 자사 제품을 최대한 활용하도록 도왔다.

디자인 스케치

트레스파의 퍼스펙티브 프로그램의 특징 중 하나는 새로운 디자인을 향한 끊임없는 노력이다. 트레스파는 건축 트렌드를 꾸준히 분석하고 디자인 스케치를 만들어나갔다. 그리고 매년 약 10개 정도의 스케치를 선정해 프로토타입으로 만들었다.

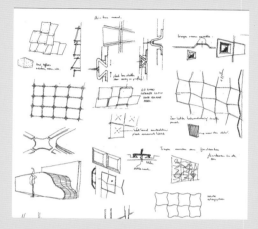

커뮤니케이션

퍼스펙티브 프로그램은 제품, 환경, 커뮤니케이션을 다루며, 이 모두는 트레스파의 브랜드와 프로그램의 디자인 목표에 동일하게 맞춰져 있다.

디자인 콘셉트

건축가들과 대화를 원활히 진행할 수 있도록 디자인 콘셉트의 예시들을 이미지로 만들었다. R&D팀은 이 콘셉트 중 몇 개를 골라 입체로 구현하기 위한 방법을 구상했다.

박람회 부스

선택된 콘셉트를 입체로 구현한 전시 매장은 매년 순회하는 박람회에서 소개되었다. 새로운 영감과 새로운 적용 방식을 기대하는 많은 건축가들이 트레스파 부스를 방문했다.

뉴욕 전시 매장

2008년 트레스파는 건축가들의 미팅 공간을 겸한 전시 매장을 뉴욕에 열었다. 퍼스펙티브의 끊임없는 모험으로 미국 시장을 열게 되었다.

5.7 결론:
브랜드 주도 혁신에서 디자인 전략

이번 장에서 우리는 브랜드 비전을 가치 있고 의미 있는 제품과 서비스로 변화시키기 위해 디자인을 전략적으로 활용하는 사례를 구축하였다. 디자인은 상황에 맞게 적용 가능한 역량이며, 구체적인 목표를 이루기 위해 전략적 도구로 사용될 수 있다는 사실도 알게 되었다. 디자인을 전략적으로 이용할 때 중요한 점은 디자인 목표를 명확하게 설정하는 것이다. 디자인은 다양한 목표를 가지며, 조직 내에서도 다양한 역할을 수행할 수 있다. 브랜드 주도 혁신에서는 브랜드 약속을 풍부하고 가치 있는 방향으로 구현하기 위해 디자인을 다양한 역할로 활용할 수 있어야 한다.

BDI의 디자인 전략 단계에서 소개한 도구와 인사이트를 가지고 디자인을 온전히 다학제적이고 다층적인 방식으로 활용할 수 있다. 그렇게 구축한 사용자 중심의 소비자 여정은 구체적인 경험들을 통해 브랜드의 비전을 이루어줄 것이다.

BDI의 디자인 전략 단계에서 소개한 도구와 인사이트를 가지고
디자인을 온전히 다학제적이고 다층적인 방식으로 활용할 수 있다.
그렇게 구축한 사용자 중심의 소비자 여정은
구체적인 경험들을 통해 브랜드의 비전을 이루어줄 것이다.

5장의 주요 인사이트 요약

1	브랜드 약속을 전달하는 의미 있는 터치포인트를 통해 디자인은 브랜드에 생명력을 전달한다. 디자인은 비전을 가치로 전환하는 능력이 있다.
2	'왜 우리가 디자인을 사용해야 할까?'라고 묻는 질문에 대답하고자 노력하는 것은 결국 디자인의 목표를 찾는 것이다. 디자인의 목표는 겹겹이 층을 이루고 있다. 각 층위에 정의된 목표마다 '왜'라고 새로 물어볼 수 있다. 중요한 것은, 추상화된 단계를 적절하게 선택하는 것이다.
3	브랜드 주도 디자인 전략에서 디자인의 목표는 브랜드 비전에서 기인한 해결책, 인터랙션, 경험 등을 만드는 것, 그리고 브랜드가 추상적으로 약속한 바를 구체적이고 의미 있게 만드는 것에 있다.
4	이 목표 안에는 보다 구체적인 목적이 차곡차곡 포함되어 있는데, 이는 이번 장에서 다룬 디자인의 여러 역할이나 목적과 유사하다. 디자인이 어떤 역할을 할 것인지, 그리고 디자인이 어떤 목적으로 사용될 것인지는 BDI 과정의 첫번째 단계에서 정의한 것처럼 브랜드 약속의 내용에 따라 달라진다.
5	디자인의 분야와 층위는 매우 다양하다. 이러한 분야와 층위는 특정한 목적을 위해 사용되거나 변경될 수 있다.
6	디자인 전략 단계의 중심 뼈대는 사람, 목표, 전략, 도구를 의미하는 POST 구조이다.
7	사람과 목표 단계는 첫번째 단계에서 도출한 인간 중심적 인사이트가 디자인 맥락으로 표현되고, 혁신 전략이 명확한 디자인 목표로 형태를 갖추는 단계이다.
8	내외부적 디자인 전략 단계는 기업 내외부의 디자인 역할을 구조화한다. 그리고 디자인을 어떻게 활용해야 하는지를 선택하도록 촉진한다.
9	디자인 도구 단계는 조직 내 디자인 사용과 관련해 내외부의 전략을 구체적인 활동 계획으로 결합하는 단계이다.
10	디자인 전략은 그 자체가 목적이 될 수는 없다. 조직 내에서 탄탄한 디자인 전략을 실행하고 싶다면, 디자인이 이성적으로, 또한 감성적으로 전략적 목표 달성에 얼마나 유용한지 효과적으로 설명할 수 있어야 한다.

CHAPTER 6
터치포인트 종합·구성하기

Orchestrating touchpoints

6장에서는 각각의 터치포인트가 최적으로 기능하도록 만드는 방법과, 동시에 전체가 단순히 부분의 합이 아닌 그 이상이 될 수 있다는 사실에 주목한다. 이는 각각의 악기들이 제 파트를 완벽하게 연주하면서도 함께 어우러져 교향곡을 만들어내는 오케스트라를 지휘하는 것과 같다.

브랜드 주도 혁신 방법의 4단계는 '터치포인트 종합·구성하기'로, 사용자가 브랜드를 접할 때 경험하게 되는 다양한 접점 개발에 대해 다룬다. 이 접점들, 다른 말로 브랜드 터치포인트는 광고, 웹사이트, 매장, 판매원, 패키지, 사용자 매뉴얼, 상품, 서비스 직원 등에서 각기 다른 기능을 수행한다. 그러나 이들은 함께 모여 하나의 이야기를 전달해야 한다. 터치포인트가 모여 전체적인 경험을 만들고, 그 경험은 사용자의 기억 속에 각인되어 브랜드가 의미하는 바를 전달하게 된다. 4단계에서는 최적의 기능을 수행하는 개별 터치포인트를 만드는 한편, 전체가 단순히 부분의 합이 아닌 그 이상이 될 수 있도록 만들어내는 방법을 다룬다.

2장의 서두에서 살펴보았듯이(50~51쪽), 실행이 필수적이다. 상상할 수 있는 최고의 인간 중심 브랜드를 만들고 혁신과 디자인 전략을 세워 세상에 선보일 수는 있다. 하지만 그 계획을 의미 있고 독창적이며 가치 있는 터치포인트로 전환하지 못한다면, 단순히 종이 위의 사업 구상에 불과하다. 따라서 이 장에서는 실행에 대해 다룬다. 여러 분야의 디자이너들과 영업, 마케팅, 엔지니어링, 제조, 서비스, 경영 부서가 어떻게 협력하여 BDI 계획을 사용자에게 가치 있고 의미 있는 현실로 전환시킬 수 있는지 살펴본다.

6장에서는 우선 브랜드 터치포인트가 무엇이고 이들이 어떻게 작동하는지 탐구한 다음, 다학제적인 디자인 매니지먼트의 성격을 살펴본다. 그리고 터치포인트가 제대로 작동하고 전체가 조화를 이뤄 완벽한 브랜드 경험을 선사할 수 있도록 터치포인트 생성 과정에 사용자를 참여시키는 방법을 다룬다.
그런 다음 BDI 4단계에 대한 단계별 작업 방법의 개발에 대해 논의할 것이다. 마지막으로 특별하고 중요하게 등장하고 있는 서비스 디자인 매니지먼트를 다루고, 기업 안에서 터치포인트를 조직화하는 방법을 살피는 것으로 이 장을 마무리하고자 한다.

6.1 브랜드 터치포인트

브랜드와의 접점

브랜드 터치포인트란 사용자가 브랜드를 접하게 되는 접점을 말한다. 터치포인트는 상품 또는 환경과 같은 유형이거나 서비스 또는 관련 '입소문'과 같은 무형일 수 있고, 광고처럼 브랜드 소유주가 만들어내거나, 블로그에 올린 서비스나 상품에 대한 평가 의견처럼 사용자가 만들어내기도 한다. 터치포인트는 유형에서 무형으로, 상품에서 서비스로, 물리적인 환경에서 이루어지는 서비스에서 온라인상 서비스로 전환되고 있다. 터치포인트 생성 주체도 브랜드 소유주에서 사용자로 바뀌는, 비슷한 변화를 보인다. 그러나 브랜드가 주체적으로 생성한 터치포인트가 없는 브랜드란 존재하지 않는다. 심지어 소셜 네트워킹 플랫폼인 페이스북Facebook 같은 가상 브랜드조차 사용자 스스로 콘텐츠를 생성할 수 있도록 웹사이트와 기반 시설을 제공하고 있다. 온전히 사용자가 만들어내는 브랜드가 있을지 상상해보는 것은 신선하고 실험적인 사고일 것이다.

2002년 스콧 데이비스Scott Davis와 마이클 던Michael Dunn은 자신들의 저서 『브랜드: 비즈니스를 움직이는 힘Building the brand-driven business』에서 브랜드 터치포인트 개념을 이용하여 사용자가 시간의 흐름에 따라 어떻게 브랜드를 경험하는지 묘사한다. 이를 설명하기 위해, 사용자가 브랜드를 경험하는 과정을 3단계(구매 전, 구매, 구매 후)로 구분하는 '브랜드 터치포인트 휠brand touchpoint wheel'이라는 개념을 도입했다. 우리는 구매보다는 브랜드 약속과 전달에 초점을 맞추어 이 모델을 수립할 것이다. 브랜드 터치포인트 휠은 소비자 여정을 원형으로 표현한 것이므로, 모든 조직에는 자체적인 브랜드 터치포인트 휠이 있고, 이는 시간이 지나면서 관계된 특정 제품이나 서비스에 따라 바뀔 수 있다는 점을 명확히 알아야 한다.

터치포인트 디자인하기

조직에 의해 제시된 브랜드 터치포인트는 매우, 그리고 자주 디자인과 관련이 있다. 브랜드 터치포인트가 사용자와 조직 간의 실제 인터랙션이 이루어지는 유일한 지점이기 때문에, 터치포인트는 상당한 임무를 수행해야 한다. 개별적으로는 사용자에게 기능적, 감성적 혜택을 제공하고, 전체적으로는 사용자가 기꺼이 대가를 지불할 수 있도록 그들만의 가치를 제시해야 한다. 5장에서 살펴보았듯이, 소비자 여정에서 각각의 경험은 고유한 디자인 목표를 준비하고 그 경험만의 가치를 전달하며, 임무를 달성하기 위해 디자인을 나름대로 사용하고 있다. 이는 경험을 구성하는 개별 터치포인트에서도 동일하게 적용된다. 터치포인트마다 각각의 목표가 있고, 목표에 따라 터치포인트를 디자인해야 한다.

예를 들어, 의류 매장은 많은 터치포인트로 구성된다. 매장 윈도, 매장명과 로고, 입구, 매장 환경, 배경음악, 매장 내 영상, 옷걸이와 선반, 탈의실, 계산대, 의류 라벨, 의류 상품 자체가 여기에 해당한다. 각 터치포인트는 사용자에게 특정 가치를 전달한다. 예를 들어, 매장 내의 계산대는 그것만의 구체적인 기능이 있다. 계산대는 의류 브랜드의 아이덴티티를 반영하는 한편 돈을 지불하고 정보를 주는 지점으로 매장 내에서 쉽게 눈에 띄어야 한다. 또한 계산과 상품 포장을 최대한 신속하고 편안하게 경험할 수 있어야 한다. 따라서 고객이 타인의 시선을 신경쓰지 않고 계산을 하고, 핸드백을 올려놓을 공간이 있어 상품을 편안하게 건네받을 수 있도록 디자인해야 한다. 또한 매장 직원이 팔을 뻗으면 필요한 물품을 가져올 수 있고, 쇼핑중인 고객을 한눈에 확인할 수 있도록 디자인해야 한다.

---

1 **터치포인트 변화**

브랜드 터치포인트는 점차 무형의 형태를 띤다. 또한 조직이 아닌 사용자가 터치포인트를 만드는 경우가 점점 더 늘어난다.

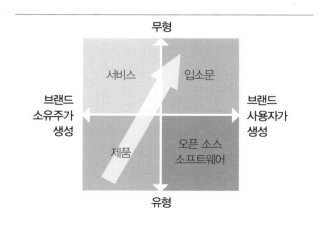

따라서 각 터치포인트는 사용자의 니즈와 욕구를 충족시키고, 조직의 전략적 목표와 정체성에 부합하고, 궁극적으로 브랜드의 약속을 구현하기 위해 최적의 형태로 가치를 전달할 수 있도록 디자인되어야 한다. 하지만 사용자에게 특정 가치를 전달하는 것만이 터치포인트의 유일한 역할은 아니다. 개별 터치포인트는 전체적인 사용자 경험을 구성하는 벽돌 하나에 불과하다. 이를 표현하기 위해 음악적 은유를 활용할 수 있다. 사용자가 경험하고 결과적으로 기억하는 것이 교향곡이라면, 모든 터치포인트를 합한 형태는 교향곡을 연주하는 오케스트라에 해당한다. 각 개별 터치포인트는 오케스트라의 악기 하나하나가 된다. 이때 터치포인트의 두번째 과제는 다른 터치포인트와 조화롭게 제 파트를 연주하여 교향곡에 기여하는 것이다.

의류 매장 계산대의 예를 다시 살펴보자. 사용자의 전체 경험에서 계산대는 사람 간 상호작용이 이루어지는 한곳으로 직원이 브랜드의 얼굴이 되는 곳이다. 그뿐 아니라 돈을 지불하여 의류를 구입하는 실제 거래가 발생하는 장소이다. 거래를 통해 사용자와 의류 브랜드 사이의 관계가 확정된다. 따라서 이런 관계의 본질을 염두에 두고 계산대를 디자인해야 한다.

각 포인트는 사용자에게 브랜드 경험을 형성해주는 터치포인트로서 전체 여정에서 수행해야 할 역할이 있다. 이는 마치 교향곡을 연주하기 위해 각 악기가 오케스트라 안에서 제 역할을 해야 하는 것과 같다. 각 터치포인트에 역할을 배분하고 브랜드 경험 창조를 위해 서로 어울리게 하는 것, 즉 터치포인트를 종합·구성하는 일이 BDI 4단계의 나머지 절반을 차지한다.

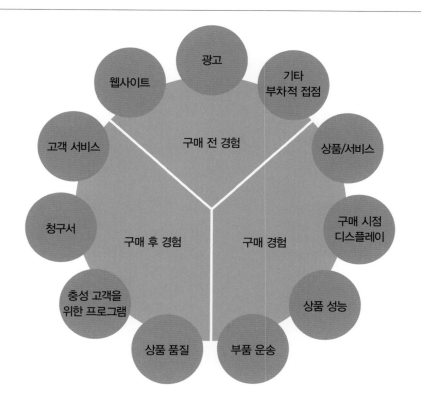

2 브랜드 터치포인트 휠

데이비스와 던이 처음 개발(2002)한 브랜드 터치포인트 휠은 원형의 소비자 여정을 보여준다 (184쪽 참조). 터치포인트 휠은 소비자 여정에 따라 차이가 있을 수 있으므로 이 도표는 하나의 예라고 볼 수 있다.

사례 연구: 버진 애틀랜틱 Virgin Atlantic

목적

이번 사례 연구를 통해 터치포인트 종합·구성이 실제로 작용하는 방식을 알아보고자 한다. 또한 터치포인트에 부여된 고유한 목적을 달성하는 동시에 다른 터치포인트와 조화롭게 전체 경험을 창출하는 방법에 대해 알아보고자 한다.

버진 애틀랜틱

리처드 브랜슨Richard Branson 경은 1984년 버진 애틀랜틱 항공을 설립했다. 이는 팝과 록 음악계를 넘어 그가 설립한 첫 번째 벤처 기업이었다(그는 이전에 오디오 레코드 통신 판매로 시작하여 레코드 가게를 체인점으로 만들고 음반사 '버진레코드'를 설립했다). 그가 3개월 이내에 항공 회사를 설립해 운항을 시작하겠다고 발표했을 때, 회사 이사들은 그가 미쳤다고 생각했다. 버진 애틀랜틱은 신생 기업이 현실에 안주하는 업계의 공룡과 겨룬다는 내용의, 전형적인 버진 성공담의 모든 요소를 담고 있다. 즉, 만인의 챔피언인 리처드 브랜슨 경은 고객을 부품처럼 대하는 듯한 기존 항공사의 컨베이어 벨트식 서비스에 염증을 느껴, 고객을 위해 더 나은 서비스와 저가 정책을 도입하고 우수한 품질과 혁신적인 상품을 개발하는 기업이라는 명성을 쌓았다는 내용이다. 임대한 점보기에 음악과 엔터테인먼트 업계 저명인사를 가득 태우고 뉴어크Newark로 취항한 것이 그 시작으로, 2000년 버진 애틀랜틱의 기업 가치는 12억 파운드(18억 달러)에 도달했다. 2008년에는 전 세계 600만 명이 이용하고 23억 파운드(33억 달러) 매출을 기록하며 영국에서 두번째로 큰 항공사가 되었다.

버진 애틀랜틱의 디자인

버진 애틀랜틱에서 디자인이란 단순히 겉모습을 좋게 보이도록 만드는 것이 아니다. 물론 그것도 디자인이 담당하는 하나의 과제이기는 하다. 디자인은 버진 애틀랜틱의 전략적 목표와 브랜드 가치에 단단하게 뿌리를 내리고 있다. 아래 도표에서 알 수 있듯이, 버진 애틀랜틱의 디자인팀은 다음과 같이 3개 층으로 구성된 조직적 토대를 바탕으로 운영된다.

1 | 기업 선언. 일상적인 기업 활동에서 타협의 여지 없이 엄수하는 요소를 기술한 것으로, 안전과 정시 출항 같은 것을 예로 들 수 있다. 또한 향후 3년간 집중할 사업이 무엇인지 결정한다.

2 | 사업 목표. 기업 선언과 더불어 1년 예산과 한 해 동안 전념해야 하는 신규 시장을 고려하여 연간 목표를 수립한다. 목표에 따라 해당 기간 동안 기업 선언의 방향을 조정한다.

3 | 분야별 계획. 기업 선언과 사업 목표를 바탕으로 사업 계획을 수립한다. 분야별 계획은 사내 각 부서별 프로젝트, 배정된 예산, 기간 및 기업 선언과의 적합성을 상세히 다룬다.

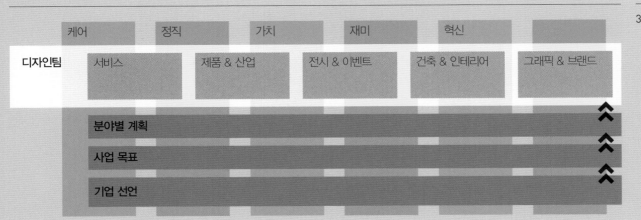

3 버진 애틀랜틱의 디자인 매니지먼트

버진 애틀랜틱의 디자인 매니지먼트는 여러 분야를 아우르는 한편, 회사의 브랜드 선언과 전략적 사업 목표에 기초한다.

디자인팀은 구상하는 혁신의 방향에 따라 변화를 이끌어내기 위해 미션을 가지고 업무를 수행한다. 버진 애틀랜틱 디자인팀에는 다섯 가지 분야, 즉 서비스 디자인, 제품 및 산업디자인, 전시 및 이벤트 디자인, 건축 및 인테리어 디자인, 그래픽디자인이 있다. 디자인팀 운영과 사업 기반 핵심에 내재된 버진 애틀랜틱의 5대 브랜드 가치는 케어, 정직, 가치, 재미, 혁신이다.

버진 애틀랜틱 디자인팀은 조 페리Joe Ferry의 지휘하에 있다. 그는 1996년 런던 왕립미술학교Royal College of Art에서 산업 디자인공학 석사 학위를 받았다. 흥미롭게도 그는 졸업 프로젝트로 버진 애틀랜틱의 고급석인 어퍼 클래스upper class 취침석을 리디자인해 선보였다. 그의 역할은 디자인팀을 이끄는 것으로, 디자인팀은 내부적으로는 기술팀과, 외부적으로는 기타 디자인 전문가, 엔지니어 및 제작 업체와 협력한다. 잡지 《월페이퍼Wallpaper》와의 인터뷰에서 버진 애틀랜틱을 위해 일한 지난 10년 동안 만들어낸 가장 자랑스러운 아이디어나 상품이 무엇이냐는 질문을 받고 그는 이렇게 답했다. "어퍼 클래스 경험 전체에 대한 디자인이야말로 디자인팀이 이루어낸 최고의 성과가 아닐까 싶다. 이는 2001년 고급 스위트석으로 시작해 지난해 터미널 3구간을 개장하는 것으로 마무리되었다. 이렇게 집부터 공항까지 매끄러운 여정을 만든 것이 매우 자랑스럽다."

그렇다면 버진 애틀랜틱 어퍼 클래스 경험을 어떻게 리디자인했는지 자세히 살펴보자.

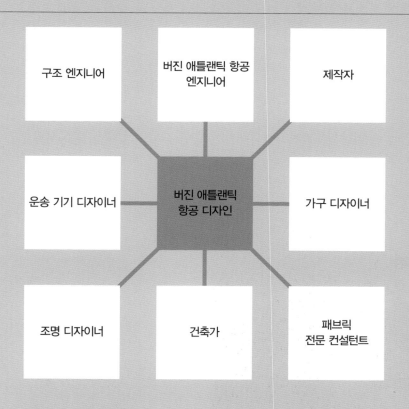

4 디자인과 조직 내 다른 부서

버진 애틀랜틱에서 디자인은 여러 부서와 긴밀하게 연결되어 있다. 다른 부서와의 협업 능력이 성공의 한 축을 결정한다.

버진만의 방식으로 리디자인된 고급스러운 비행 경험

버진은 사용자 관점에서 사업을 다시 디자인하고 인습을 타파하며 부정적인 대답을 받아들이지 않는 태도로 유명하다. 어퍼 클래스 경험을 리디자인할 때에도 바로 이런 자세로 임했다. 지난 6년에 걸쳐 비행기 예약, 공항 도착, 탑승 수속, 비행기 탑승, 실제 비행으로 이루어지는 전체 소비자 여정을 리디자인했다. 전체 경험의 리디자인은 지난 2001년 최고의 편안함을 추구하는 비즈니스 클래스의 좌석과 침대를 겸비한 어퍼 클래스 스위트석의 개발에서부터 시작했고, 해당 좌석은 2003년에 도입되었다. 2005년에는 런던 히스로 공항에 버진 애틀랜틱 클럽하우스를 새롭게 개장했고, 2007년에는 어퍼 클래스 비행을 구성하는 어퍼 클래스 드라이브스루 체크인upper class drive thru check in 시스템 전체를 도입했다.

영국 디자인진흥원Design Council과의 인터뷰에서 조 페리는 어퍼 클래스 스위트석 경험은 단순한 좌석 디자인을 뛰어넘는 전체적인 접근법으로, 좌석의 분위기는 물론 리무진 픽업 서비스와 다양한 식사 메뉴와 같은 관련 서비스 요소도 다룬다고 했다. 이처럼 어퍼 클래스 경험의 리디자인은 터치포인트 종합·구성에 대한 완벽한 사례다. 각 터치포인트는 개별 기능을 수행하는 동시에 사용자 경험 전체에 기여한다.

공항 도착 및 탑승 수속

드라이브 스루 체크인 시스템은 버진 리무진 픽업 서비스를 이용하는 어퍼 클래스 승객을 위해 특별히 개발되었다. 기사가 운전하는 자동차를 탄 어퍼 클래스 승객이 곡선의 경사로

도착

버진 애틀랜틱 디자인팀은 리무진 픽업 서비스를 이용해 어퍼 클래스 고객에게 공항에 도착하는 경험을 완전히 새롭게 만들어주었다.

를 지나 올라가면, 버진 애틀랜틱 사내 디자인팀과 건축 회사 포스터+파트너스Foster+Partners가 공동으로 설계한 커다란 원형 로비에 도착하게 되고, 그곳에서 전담 직원이 환영하며 맞이한다. 전담 직원이 승객의 차량이 도착하기 전에 모든 탑승 수속 절차를 마쳤기 때문에 승객이 해야 할 일은, 운반 직원에게 가방을 맡기고 공항 터미널로 들어가 전담 직원에게 탑승권을 건넨 후 호텔처럼 꾸민 로비를 걸어 통과하는 것뿐이다.

클럽하우스에서 휴식

런던 건축설계 회사 소프트룸SOFTROOM과 버진 애틀랜틱 팀이 공동으로 설계한 클럽하우스는 회원제 사교 클럽같은 인테리어 분위기를 풍긴다. 2,500제곱미터에 달하는 면적에 화려한 수상 경력을 자랑하는 혁신적인 클럽하우스는 규모감을 극대화하기 위해 최대한 열린 공간으로 설계되었으며, 일련의 랜드마크와 뛰어난 조망이 특징적이어서, 승객이 주변을 산책하고 즐기도록 유도한다. 비즈니스 편의 시설, 다양한 스파 서비스와 여러 종류의 식사 메뉴 역시 클럽하우스의 자랑거리다. 클럽하우스는 바쁜 대도시 사람들에게 편히 쉬고, 일하고, 놀고, 먹고 마시며, 마음대로 머물 수 있는 여유를 제공한다.

비행중 즐거움

비행기에 탑승하면 여행자들은 더욱 자유로워질 수 있다. 어퍼 클래스 스위트석에서는 일을 하거나 휴식을 취하거나, 바에서 친구와 술을 마시거나, 완전히 편안하게 잠을 청할 수 있다. 모든 좌석에는 다방향으로 움직이는 10.4인치(26.4센티미터) TV가 장착되어 있어 다양한 종류의 영화, TV 프로그램, 게임을 선택해 시청할 수 있으며, 각 좌석에서 통로 접근이 가능하다. 하지만 무엇보다도 페리와 디자인팀이 최고로 꼽는 점은 버튼을 눌러 6.5피트(약 2미터)로 펼쳐지는 좌석이다. 좌석 양측은 완전히 다른 별개의 기능을 수행한다. 한 면은 가죽으로 덮인 곡선형 좌석인데 반해, 다른 면은 몸을 단단하게 받쳐주는 동시에 통기성 좋은 천으로 싸여 있는 침대로 최대한 편안한 잠자리를 선사한다.

소비자 여정 전체에 버진 브랜드의 태도가 깃들어 있다.
모든 곳에 버진의 로고를 찍는 방식이 아니라 모든 터치포인트에서
'어떻게 하면 뿌리 깊은 인습을 타파하고 사용자에게
더 나은 서비스를 제공할 수 있을까?'라는 동일한 질문을 던지는
방식으로 이루어진다.

경험 전체는 수년에 걸쳐 완성되었다. 그 과정에 여러 디자인 분야가 참여하고 수많은 전문가의 노력이 투입되었음에도 불구하고 전체 여정이 놀라울 정도로 조화를 이루고 있다. 버진 애틀랜틱 항공의 고객 경험 관련 디자인 매니저인 제러미 브라운Jeremy Brown은 다음과 같이 말한다. "항상 고객의 니즈를 확인했다. 우리는 버진 애틀랜틱 브랜드를 통합하는 환경, 제품, 서비스를 디자인하고 전 여정을 통틀어 고객의 니즈를 충족시켜, 잊지 못할 만큼 독창적인 고객 경험을 만들어낸다." 포스터+파트너스의 건축가이자 파트너인 앙투아네트 나소풀로스Antoinette Nassoupoulos 역시 비슷하게 동일한 점을 언급한다. "디자인 전략은 차별적이고 매끄러운 서비스 여정을 만드는 것이었다. 고객들이 공항에서 일반적으로 겪는, 비행기에 오르기 위한 일련의 지루한 과정을 통과해야만 하는 것에서 완전히 탈피하여, 전 여정이 차별성 있고 고급스러우며 매력적인 느낌을 받을 수 있도록 만드는 것이다. 이는 마치 옛 시대의 여행에서 환영받고 특별한 대우를 받았던 것과 비슷하다."

이 언급에서 특히 흥미로운 점은, 소비자 여정 전체에 버진 브랜드의 태도가 깃들어 있다는 것이다. 모든 곳에 버진의 로고를 찍는 방식이 아니라, 여정의 단계마다 '어떻게 하면 뿌리 깊은 인습을 타파하고 사용자에게 더 나은 서비스를 제공할 수 있을까?'라는 질문을 던져 전형적인 버진의 스타일로 처리한다.

버진의 사례에서 배운 결론

1 | 전체적으로 주목할 만한 터치포인트를 종합·구성하기 위해서는 강력한 디자인 매니지먼트 스킬, 여러 다른 전문가들이 함께 협력하는 능력, 경영진을 확신하게 만드는 능력, 계획의 세세한 부분까지 살피고 실행하는 인내가 필요하다.

2 | 여정에서 모든 터치포인트를 연결하는 것은, 국제적 여행자로서 특별한 대접을 받는 사용자의 경험과 그 어떤 것도 당연한 것으로 수용하지 않고 모든 인습에 도전하는 버진 브랜드의 스타일이다.

3 | 특히 버진 애틀랜틱 어퍼 클래스 여정은 특별히 디자인 일관성에 관한 내용은 아니다. 각각의 터치포인트는 최적의 기능을 수행하도록 고유하게 설계되었기 때문이다. 오히려 이는 디자인 종합·구성에 대한 내용에 가깝다. 모든 터치포인트는 조화롭게 어울려 완벽한 서비스 교향곡을 연주해야 한다.

© Richard Davies

클럽하우스

클럽하우스 라운지는 회원제 사교 클럽과 같은 분위기로 디자인되었다.

고급 스위트석

버튼을 누르기만 하면 좌석이 침대가 된다.

사례 연구: 공차 코리아 Gongcha KOREA

Gong cha 貢茶

목적

이번 사례에서는 브랜드의 터치포인트가 어떤 과정으로 설계되는지, 그리고 브랜드가 나아갈 방향과 터치포인트가 어떤 맥락으로 실체화되는지 살펴보고자 한다.

공차 코리아

'차를 바친다'라는 의미의 공차는 2006년 대만 카오슝 1호점을 시작으로 19개 국가에 총 1,400여 개 매장을 갖춘 세계적인 차tea 브랜드이다. 대만 최고 품종 찻잎으로 만든 오리지널 차를 중심으로 소비자가 직접 티 베이스, 당도, 토핑 등을 커스터마이징할 수 있다는 특징이 타 음료 브랜드와의 차별점이라 할 수 있다. 한국에서는 2012년 홍대 1호점을 시작으로 현재 376개의 매장이 있는 공차 코리아는 대만, 일본뿐만 아니라 베트남, 미국 등으로 브랜드를 적극적으로 확장하고 있다. 차는 그동안 카페 시장에서 존재감을 드러내지 못하고, 커피를 대체하는 보조 음료 정도로 자리하고 있었다. 그러던 중 공차에서 선보인 버블티(티 베이스에 타피오카 전분이 들어

간 펄을 토핑으로 한 음료)는 음료시장에 새로운 바람을 몰고 왔고, 그 인기를 실감하듯 한국 진출 3년 만에 300호점까지 확장되었다. 글로벌 브랜드인 스타벅스가 국내 진출 8년 만에 200번째 매장을 오픈한 것과 비교하면 매우 빠른 성장이다.

공차는 버블티를 시작으로 대만의 특별한 차 문화를 전파하고, 궁극적으로는 차 문화를 확산시키는 '차 문화의 플랫폼' 브랜드로 거듭나고자 하는 목표를 가지고 있었다.

공차의 도전

공차가 많은 소비자들에게 알려지고 매장이 늘어나면서 공차 브랜드 내부에서는 한 가지 고민이 생겼다. 공차는 고객의 입맛에 맞는 새로운 음료로 짧은 시간에 버블티 시장 선점에 성공했지만, 시간이 지나면서 차 브랜드로 성장하고자 했던 목표와 달리 '공차=버블티'라는 일반적인 인식이 만들어진 것이다. 게다가 티 베이스로 당도와 토핑을 고르는 커스터마이징 음료를 처음 접하는 고객들에게는 낯선 경험으로 다가왔고, '호불호가 있는 브랜드'로 받아들여지기도 했다. 또한 우후죽순 생겨버린 유사 브랜드들과의 버블티 경쟁 시기에 진입한 것이다.

공차 브랜드는 과거 중국 황실에 진상했던 대만 최고 품질의 아리산阿里山 차를 사용한다. 그러나 국내 고객들은 대만의 차 문화, 대만 차의 품질에 대해 잘 알지 못했고, 공차라는 브랜드에 대해서도 이해도가 낮았다. 게다가 공차의 브랜드 아이덴티티는 10년 세월 동안 노후된 상태였고, 디자인과 서비스 품질 관리는 점차 미흡해지고 있었다.

공차 리브랜딩 프로젝트

브랜드가 직면한 이러한 문제점들은 '세계적으로 사랑받는 티 브랜드'라는 브랜드 지향점과 '차 문화의 플랫폼'이라는 브랜드 약속에 장애가 되고 있었다. 이를 해결하기 위해 공차는 브랜드가 가진 본질적인 정체성부터 브랜드가 고객을 만나는 다양한 터치포인트까지 폭넓게 접근하는 경험 브랜딩 프로젝트를 시작하게 되었다.

대만 카오슝의 공차 1호점

다양한 토핑과 맛으로
인기를 끈 공차의 음료

브랜드가 직면한 문제점들은 '세계적으로 사랑받는 티 브랜드'라는
브랜드 지향점과 '차 문화의 플랫폼'이라는 브랜드 약속에
장애가 되고 있었다.

1. 고객 관점 브랜드 경험 리서치

고객 리서치는 고객의 관점으로 브랜드와의 관계와 터치포인트를 정의하고 문제 해결의 실마리를 파악하는 단계이다. 브랜드를 직접 경험하고 평가하는 고객의 실제 목소리를 통해 브랜드에 대한 이미지, 인식, 잠재 니즈 등을 파악할 수 있었다. 고객이 바라본 공차 브랜드는 커피를 대체하는 최고의 음료임에 틀림없지만 일관성 없는 맛과 서투른 전문성으로 낮은 브랜드 신뢰도를 나타내고 있었다. 그러나 무엇보다도 이 브랜드를 카페가 아닌 '무엇'으로 불러야 하는지 모르고 있었다.

브랜드 경험의 재정립은 현재 고객이 느끼는 문제점에 대해 내부 직원이 정확히 이해하고 공감하는 것에서 시작한다. 샘파트너스는 내부 조직의 다양한 파트, 직급이 함께하는 얼라인 워크숍align workshop을 통해 내부 조직이 바라보는 공차의 문제점을 이야기하고, 브랜드의 지향점과 앞으로 변화할 브랜드의 모습을 그려보게 했다. 이를 통해 공차의 내부 조직은 전문성과 개성을 가진 '사려 깊은 티 마스터'의 이미지로 브랜드 비전을 도출하였다.

2. 소비자 중심으로 전개되는 브랜드 경험 전략

'리브랜딩으로 이전의 것은 모두 버리고 완전히 새로운 이미지를 만들어야 할까'라는 질문에 답을 찾고자 했다. 나아가 기존의 공차가 갖고 있던 문제점, 고객의 경험과 인식을 개선할 방법을 찾기 위해 코크리에이션 워크숍co-creation workshop을 진행했다. 내부 조직, 소비자, 각 분야의 크리에이터, 그리고 서비스 디자이너가 한자리에 모여, 매장 내외에서 일어나는 브랜드 인지-대기-주문과 계산-수령-착석-반납 및 처리-재방문 유도의 전 과정에 대한 개선 방법을 고민했다. 워크숍 참여자들은 기존의 공차가 만들어온 자산에 답이 있다고 생각했고, 공차의 원래 모습, 또는 '공차스러움'에 대해 고민하고자 했다. 이 과정을 통해 공차가 그간 쌓아온 자산이자 핵심 가치이기도 한 세 가지 키워드 'Taiwanese Tea-Origin/Customizing/Active'를 브랜드의 지향점으로 도출하고 앞으로 변화해야 할 공차의 브랜드 콘셉트 'Blended'를 도출했다.

브랜드 슬로건 '차 한 잔에 우려내는 행복한 순간, Blended Happiness With Tea'는 프로젝트가 진행되는 동안 공차라는 브랜드 연상을 돕는 핵심 커뮤니케이션 장치로 활용되었다.

3. 브랜드 경험 터치포인트 디자인과 서비스 아이디어

고객의 두번째 방문은 브랜드와 고객의 관계를 이해하는 중요한 포인트이다. 많은 고객이 한 번쯤 공차를 이용한 경험이 있었지만, 다양한 음료를 시도해보지 않았거나 자주 방문하지 않는 고객이 대부분이었다. 어렵고 복잡해 보이는 음료 주문 방식과 고객의 입맛에 맞는 커스터마이징 서비스는 공차가 풀어야 할 가장 중요한 경험 요소로 다가왔다. 샘파트너스에서는 이러한 고민을 '프리오더존Pre order zone'과 '메뉴판 리뉴얼'을 통해 해결하고자 하였다.

프리오더존은 고객이 주문하기 전에 네 가지 찻잎의 모양과 향을 확인하고 주문법과 추천 메뉴를 쉽게 볼 수 있는 테이블이다. 공차는 차 베이스를 기본으로 하므로 어떤 맛을 베이스로 하느냐에 따라 고소한 맛부터 쌉쌀한 맛까지 다양해지는데, 베이스를 고르고 나서 얼음 양과 당도, 토핑을 쉽게 설명한 메뉴판을 함께 제공해 주문하는 데 소요되는 시간과 주문 과정의 불편한 상황을 줄이고자 했다.

얼라인 워크숍

다양한 내부 직원과 함께 프로젝트의 목표와 방향을 설정하는 워크숍.

코크리에이션 워크숍

경험 개선 아이디어를 나누는 코크리에이션 워크숍.

샘파트너스는 공차를 방문하는 고객이 입장하고 퇴장하기까지, 그리고 재방문까지의 경험을 전반적으로 살펴보며 각 터치포인트의 아이디어를 구체화했다. 브랜드의 약속과 제품, 공간, 서비스를 하나의 목소리로 이야기하기 위해서였다. 특히 매장별로 일관되지 않았던 브랜드 이미지를 하나의 이미지로 정제하는 작업이 필요했다. 다양한 디자인 테스트를 통해 좋은 차를 만드는 조건(찻잎, 물, 사람, 시간)을 공차의 키 비주얼 모티프로 정하고, 매장 내 조명과 벽면 그래픽 등 인테리어뿐만 아니라, 주요 터치포인트인 컵 실링, 홀더 그래픽, 프로모션 티 물병과 시즌에 따라 변화하는 광고 POP까지 다양한 곳에 적용했다.

대면 접점이 있는 브랜드의 경우 직원이 브랜드 이미지를 대표하기도 한다. 새롭게 바뀐 브랜드 콘셉트가 시각적 변화뿐만 아니라 무형적 서비스에도 일관되게 적용될 수 있도록 매장 직원들에게 '티 블렌더Tea Blender'라는 아이덴티티와 태도를 가지도록 했다. 티 블렌더는 공차가 티를 전문으로 다루는 브랜드라는 이미지를 상징하는 역할과 함께 매장을 찾는 고객에게 공차만의 차 문화를 알리는 메신저 역할을 하고 있다.

일관된 브랜드 콘셉트가 다양한 접점에서 전달될 때 브랜드의 가치는 소비자에게 공유된다. 소비자가 바라보는 변화한 공차의 모습은 단순한 버블티 판매점이 아닌, 일상 속에서 친근하게 만날 수 있는 차 문화의 공간, 다양한 맛과 재미를 주는 차 브랜드의 모습이 아닐까. 공차가 이야기하는 브랜드 슬로건 'Blended Happiness With Tea'처럼, 공차는 소비자에게 작은 즐거움을 주는 브랜드로 변화하고 있다.

리뉴얼된 공차의 고객 경험 지도

브랜드 접점 디자인 과정에서 고객 경험 지도는 접점의 역할과 기능을 설계하는 중요한 기준이 된다.

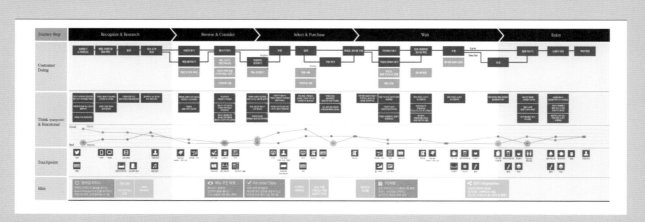

일관된 브랜드 콘셉트가 다양한 접점에서 전달될 때
브랜드의 가치는 소비자에게 공유된다.

공차 브랜드 아이덴티티
디자인(로고, 매장)

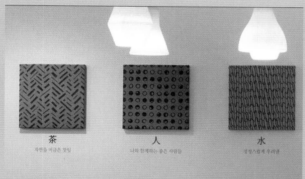

공차의 디자인 모티프를
적용한 디자인
(인테리어, 프로모션 아이템)

서비스 아이디어 1
프리오더존

서비스 아이디어 3
티 블렌더

서비스 아이디어 2
메뉴판 리뉴얼

6.2 다학제적 디자인 매니지먼트

디자이너로 구성된 팀을 관리하는 것은 상당히 어려운 도전이다. 디자이너가 특정 기간과 예산 내에 디자인 과제를 수행하도록 해야 하기 때문이다. 하지만 우리는 버튼을 누르면 디자인이 튀어나오는 기계를 작동시키는 것이 아니다. 디자인에는 섬세한 관리가 필요하다. 이는 이성과 감성이 결합하고, 체계성과 창의성이 요구되는 동시에, 정보와 영감이 필요한 복잡한 과정이다. 따라서 어느 누구도 디자인 과정을 통해 도출되는 결과물을 사전에 정확히 예측할 수는 없다. 이렇게 까다롭게 얽힌 디자인 특성과 더불어, 디자이너들은 제약받기를 싫어하는 다소 까다로운 성향을 보인다. 디자이너들은 자기만의 자유, 진행 과정, 달콤한 시간을 바라고, 일에 대해 긴 설명을 듣는 것과 고객이 어깨너머로 감시하는 것을 몹시 싫어한다.

그러므로 이런 특별한 상황에서 디자이너라는 특별한 부류에게 동기를 부여하고 영감을 불러일으킬 수 있는 특별한 매니지먼트 방식이 필요하다. 이들에게 탐구하고 영감을 얻을 수 있는 자유를 허락해야 하며, 쉽게 '유레카'라고 외칠 수 있는 순간을 만들어내라고 강요할 수 없다는 점을 아는 매니지먼트 방식이어야 한다. 또한 창의성이 발현되고 사람들 사이에 시너지가 발생하도록 올바른 환경을 조성하는 매니지먼트여야 한다. 매니지먼트란 이성과 감성, 체계와 창의성, 정보와 영감 사이를 자유롭게 오갈 수 있도록 독려하는 행위다.

하지만 디자인팀이 유치원은 아니다. 디자이너들 역시 다른 직원들과 마찬가지로 마감 기한을 지키고 예산 내에서 작업한다. 내부적 업무든 외부 고객사를 위한 업무든 상관없이 디자이너들은 여러 제약 속에서 목표를 달성하기 위해 일하고 있으며, 최선을 다해야만 만족을 얻을 수 있다는 사실을 알고 있다. 그렇기 때문에 앞서 언급한 특별한 매니지먼트 방법을 경영대학에서 배운 일반적인 매니지먼트 방법과 접목해야 한다. 예를 들면, 시간과 돈을 관리하는 뛰어난 능력, 기업 전략에 대한 날카로운 이해, 불확실성과 리스크 관리에 대한 뛰어난 지식이 여기에 속한다. 디자인팀을 관리하기 위해서는 양방향성 역량을 갖춘 인물이 필요하다.

하나의 디자인팀 매니지먼트가 쉽지 않았다면, 다학제에 걸친 여러 디자인팀 매니지먼트는 더 어려울 것이다. 버진 애틀랜틱 항공의 어퍼 클래스 경험 디자인과 같은 프로젝트에서 보면, 다른 여러 부서에서 모인 디자이너들, 곧 제품 디자이너, 건축가, 인테리어디자이너, 그래픽디자이너, 서비스 디자이너, 섬유 디자이너, 심지어는 음식 디자이너에 이르는 이들을 관리해야 할 필요가 분명히 있다. 대규모 BDI 프로젝트의 터치포인트 종합·구성 단계에서는 일반적으로 사내 디자이너들은 물론 외부 컨설턴시, 에이전시, 프리랜서들로 팀이 구성될 것이다.

다학제에 걸친 디자인 프로젝트에서 공유된 목표는 다음 두 가지 요소를 자주 포함한다.

1 | 단순히 개별 터치포인트의 합 이상을 뛰어넘는 전체적 경험, 사용자의 니즈, 욕구, 열망을 불러일으키도록 종합·구성된 하나의 전체적인 경험 창조하기.
2 | 위의 내용을 브랜드로 적용해 실행하기. 즉 브랜드의 약속을 실현하고, 브랜드의 고유한 개성에 따라 경험을 완성하기.

이제 위의 '두 가지 방법' 이외에도 다학제에 걸친 디자인팀 매니저는 사용자의 니즈와 요구, 그리고 그 가치를 전달하는 브랜드의 역할을 이해하는 선구자적 리더여야 한다는 점이 명확해졌다. 이는 매우 '넓은' 범주의 역량에 해당한다. 하지만 디자인 매니저는 개별 디자인 분야의 가능성, 고유한 디자인 작업 과정과 도구, 각 영역별 특성, 도움이나 해가 되는 요인들, 그리고 각 분야가 전체 경험에 기여할 수 있는 방법에 대해 매우 예리한 이해력을 갖춰야 한다. 이는 아주 '심도 있는' 역량이라 할 수 있다.

다학제에 걸친 디자인팀 매니저가 갖추어야 할 역량은 도표 5와 같이 요약된다. 이는 도로시 레너드 바턴Dorothy Leonard-Barton이 정의(1995)한 'T자형 역량과 T자형 인재에 대한 연구를 바탕으로 한다.

디자인 매니지먼트란, 창의성이 발현되고 사람들 사이에
시너지가 발생할 수 있는 올바른 환경을 조성하는 것이다.

연습해보기:
다학제적 터치포인트 디자인

목적

이 연습을 통해 다학제에 걸친 디자인을 인식하는 방법과 다각적 터치포인트 경험을 종합·구성하는 방법을 익히게 될 것이다.

준비

앞에서 만들었던 소비자 여정 지도(175쪽)를 살펴보자. 전체 경험을 형성하는 여정을 시간에 따라 온라인 검색, 매장 방문 등 단계별로 나누었다. 이제 선택했던 경험에서 터치포인트를 종합·구성한다는 것이 무엇을 의미하는지 확인할 수 있도록 좀더 상세히 살펴보기로 하자.

1

각 단계에서 사용자가 접하는 터치포인트를 규정한다. 여기에 아주 구체적인 세부 사항을 기재하도록 한다. 소비자 여정을 수립할 때 만들었던 포스터상에 위치를 표시한다.

5 디자인 매니저에게는 T자형 역량이 필요하다

디자인 매니저는 심도 있는 전문성과 더불어 넓은 시각을 갖춰야 하고, 이성적인 경영 방식에서 감성적인 경영 방식으로, 혹은 그 반대로 전환할 수 있어야 한다(레너드 바턴 참조).

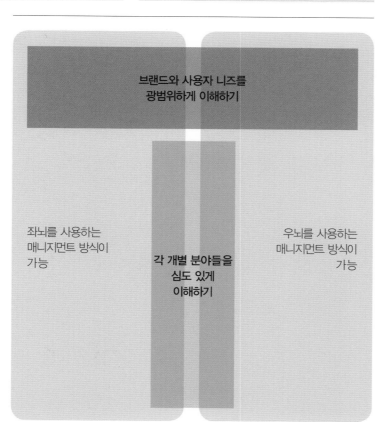

브랜드와 사용자 니즈를
광범위하게 이해하기

좌뇌를 사용하는
매니지먼트 방식이
가능

각 개별 분야들을
심도 있게
이해하기

우뇌를 사용하는
매니지먼트 방식이
가능

2

터치포인트들은 경험의 여러 단계를 형성할 때 서로 어떻게 협력하는가? 한 터치포인트에서 다음 터치포인트로 어떻게 이어지는가? 터치포인트들은 어떻게 서로를 강화하는가? 사용자의 관심을 끌기 위해 터치포인트들이 경쟁하는가? 요약하면, 터치포인트들이 어떻게 종합·구성되었는가?

3

각 터치포인트에 어떤 디자인 분야가 참여하는지 생각해보고(167쪽), 해당 내용을 포스터에 표시하자. 각 디자인 분야들은 어떻게 협력하는가? 이들은 강력해지도록 서로에게 영향을 주는가? 당신이라면 어떻게 달리했을까?

6.3 디자인 매니지먼트 과정에 사용자 참여시키기

혁신에 사용자 참여시키기

새로운 제품과 서비스 개발에 최종 소비자를 참여시켜야 한다는 주장이 많다. 실제 코크리에이션, 크라우드 소싱crowd sourcing, 사용자 생성 콘텐츠user generated contents에 대한 방법들이 지속적으로 시도, 개발되고 있으며, 이는 혁신을 위해 사용자가 적극적으로 참여하는 것이 무시할 수 없는 강한 힘을 지닌다는 점을 보여준다. 아래 세 가지는 사용자 참여를 만드는 원동력이다.

1 | 사회적 원동력: 사용자는 자신들이 구매하고 사용하는 것에 대해 더욱 비판적으로 바뀌었고, 소비자로서 자신의 행동에 더욱 집중하게 되었다.
2 | 경제적 원동력: 특히 혁신을 위해 조직은 비즈니스와 외부 세상 사이를 연결하는 문을 계속 열어두어야 한다는 사실을 발견했다. 실생활에서 도출된 실제 니즈에 기반한 혁신이 더 큰 성공을 거두며 경제적 가치도 더 높은 법이다.
3 | 기술적 원동력: 신기술, 소셜 미디어, 웹 2.0은 조직과 사용자가 인사이트와 아이디어를 공유하고 상호 협력하며 혁신을 탐구할 수 있는 플랫폼을 제공했다.

이러한 개발이 증가하는 것에 대해 더 깊이 들어가기보다는, 149쪽의 사용자 주도 혁신에 대한 비판적인 언급을 참조하면서 브랜드 주도 혁신의 맥락에서, 더 구체적으로는 사용자가 개발한 터치포인트나 코크리에이션을 통한 터치포인트를 종합·구성하는 것에서 이 원동력들이 무엇을 의미하는지 살펴보는 것은 가치가 있다.

브랜드 주도 혁신에서 브랜드는 조직과 사용자 사이의 관계로 간주된다. 이 관계로 인해 혁신 수행 과정이 작동하고, 따라서 관계에 속한 파트너들은 혁신에 대해 동등한 이해관계를 갖는다. 더 실제적으로 말하면, 관계에 기반한 브랜드와 혁신은 둘 다 조직의 비전, 믿음, 가치, 자원이라는 한 측면과 사용자의 니즈, 욕구, 열망이라는 또다른 측면을 결합하는 것에서 기인한다는 의미이다. 따라서 우리는 BDI의 브랜드 개발, 혁신, 디자인 전략에 관해 논의할 때 항상 사용자측을 동등하게 포함시켜왔다. 또한 우리는 BDI에서 혁신을 지휘하는 것은 사용자가 아니라 사용자에 대한 조직의 비전이라는 점을 명확히 해왔다. 이런 관점에서 볼 때, 최대한 많은 사용자를 브랜딩, 혁신, 디자인 개발에 참여하도록 하는 것이 논리적이다. 그래서 참여한 이들이 사용자와의 상호작용을 통해 인사이트를 도출하고 영감을 받는 동시에 일에 대한 비전을 개발할 수 있도록 해야 한다.

내려놓기

하지만 브랜드 터치포인트를 만드는 과정에 사용자가 적극적으로 참여하면 상황이 다소 복잡해진다. 브랜드가 터치포인트로 디자인될 때 어떻게 해석되어야 하는지 규정하는 엄격한 규칙을 내려놓아야 하기 때문이다. 이는 사용자가 자신들이 원하는 대로 브랜드를 해석할 자유가 있는 개방성이 기존의 규칙을 대신한다는 뜻이다. 따라서 당신은 '내려놓아야' 한다. 내려놓기 위해서는 용기, 열린 마음, 공유하고자 하는 의지, 사용자가 브랜드를 어떻게 해석하지는 실제로 확인하고 싶은 호기심이 있어야 한다. '내려놓기'는 세 단계로 나뉜다.

1 | 코크리에이션: 이것은 사용자가 사내 팀들과 함께 아이디어를 내고 시제품을 제작하고 시험하는 등 새로운 제품과 서비스 개발에 사용자가 적극적으로 참여하는 것을 말한다. 코크리에이션은 흥미롭지만, 한편으로는 대립 상황이 발생할 수도 있다. 하지만 좀더 규정된 조건에서 실시하여 내려놓기의 분량을 제한할 수 있다

2 | 크라우드 소싱: 이것은 '대중의 지혜'(슈로위키Surowiecki, 2005)에 기반하여 어떤 질문, 과제나 도전적인 문제를 일반 대중에 제시하는 방식이다. 일반적으로 참여자가 다른 사람의 글에 대한 의견을 올릴 수 있는 온라인 환경에서 이루어진다. 하지만 접속할 수 있는 사람의 수, 플랫폼의 개방성뿐만 아니라 참여자들 간의 토론 모두 상당한 분량의 내려놓기를 요구한다(www.electroluxdesignlab.com과 같은 디자인 공모전은 좋은 사례라 할 수 있다).

3 | 사용자 생성 콘텐츠: 사용자가 브랜드에 기초해 자기만의 내용을 만들어 이를 공유하고, 이 내용을 공개적으로 논의하는 것을 허락하는 것이다. 이 단계에서는 진정의 의미에서 내려놓기가 필요하며, 사용자가 자기만의 창의성을 발휘하도록 허용해야 한다. 여기서 할 일이란 모든 과정이 용이하게 진행되도록 돕는 것뿐이다(designbyme.lego.com이 좋은 사례이다).

다시금 세 가지 방식의 사용자 참여를 통해 진화한 새로운 브랜드 터치포인트는 브랜드를 둘러싼 사용자 경험을 형성하는 역할을 한다. 따라서 이번에도 역시 이들 터치포인트들은 제

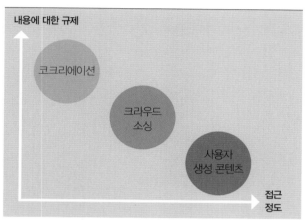

6 **사용자와 함께 디자인하기**

디자인 과정에 사용자를 참여시키는 것은 내용에 대한 접근과 규제 사이에서 이루어지는 일종의 거래다. 더 많은 사람들이 접근하기를 원한다면, 더 많은 부분을 내려놓아야 한다.

대로 종합·구성되어야 한다. 일반적으로 코크리에이션을 통해 만들어진 터치포인트가 사용자에 의해 생성된 터치포인트에 비해 종합·구성하기가 쉽다. 또한 코크리에이션에 참여한 사용자에게는 설명하거나 특정 방향으로 유도하기가 더 쉽다. 그에 반해 사용자에 의해 생성된 터치포인트는 더 광범위한 접근성을 갖는다. 이는 타깃 내 훨씬 많은 대표자들에게 접근하는 것이며, 마케팅 활동의 부산물도 상당히 많을 것이라는 의미이다.

앞서 살펴본 고려 사항이 재차 암시하는 것은 터치포인트 종합·구성 과정에서 사용자 참여 방법에 대한 어떤 결정을 하기 전에 다시 한번 디자인 목표를 살펴봐야 한다는 점이다. 해결해야 하는 특수하고 복잡한 문제가 있는가? 그렇다면 수차례에 걸친 코크리에이션 세션을 개최할 것을 고려하거나 아니면 사용자에게 도움을 청할 수 있는 코크리에이션 환경을 조성해보자. 사용자에게 창의성을 불어넣고 싶은가? 사용자에게 어떤 아이디어가 있는지 궁금한가? 그렇다면 크라우드 소싱 계획을 수립해보자. 브랜드가 사용자의 일상 생활에서 제 역할을 하기를 바라고 사용자에게 그들만의 내용을 창조할 수 있는 플랫폼을 제공하고 싶은가? 그렇다면 사용자가 생성하는 콘텐츠 플랫폼을 개발하거나 기존 플랫폼을 사용하도록 하자. 예를 들어, 카메라 제조 업체라면 사진 웹사이트 flickr.com을 플랫폼으로 활용할 수 있다. 터치포인트 종합·구성을 규정하는 것이 바로 디자인의 목표이다.

6.4 터치포인트 종합·구성하기

터치포인트 종합·구성 단계는 BDI 방법론의 네번째 단계로, 1, 2, 3단계인 인간 중심 브랜딩 단계, 혁신 전략 단계, 디자인 전략 단계를 기반으로 한다. 터치포인트 종합·구성 단계는 상당히 실질적인 실행에 대한 부분이다. 즉 이상적인 경험을 함께 형성하는 터치포인트들을 디자인하는 것이다. 이러한 디자인은 각 터치포인트들이 최적으로 기능하도록, 이들이 만드는 전체 경험을 통해 브랜드 약속을 함께 실현할 수 있도록 소비자 여정을 상세히 다루는 것을 포함한다.

터치포인트 종합·구성이란 3단계 디자인 전략 단계에서 나온 결과를 다루는 것이며, 그 전략을 구체적이고 실제적으로 만들기 위해 개별 터치포인트가 어떻게 기능해야 하는지 탐색하는 것이다. 또한 이는 소비자 여정을 상세히 분석함으로써 디자인 전략에 어떤 내용을 넣어야 하는지 살펴보는 것이다. 이 단계에서는 디자인 영역별로 임무를 나누고, 디자인 층위를 개별 터치포인트에 할당한다. 또한 이는 혁신 전략 단계의 결과를 기반으로 사용자에게 혁신을 기능적이고 이해하기 쉽고 유쾌한 방식으로 전달하는 터치포인트를 만든다. 혁신이 약속했던 가치를 실제로 어느 정도 전달하느냐는 사용자가 혁신과 상호작용하는 방식에 따라 크게 좌우된다. 이런 상호작용을 디자인하기 위해서는 터치포인트를 세심하게 종합·구성하는 것이 필요하다. 그리고 터치포인트 종합·구성 단계에서는 1단계였던 인간 중심 브랜딩 단계의 결과를 토대로 터치포인트 인터랙션을 통해 브랜드 경험을 창조하고, 이러한 실제 경험을 통해 브랜드 약속을 수행한다.

1, 2, 3단계였던 인간 중심 브랜딩 단계, 혁신 전략 단계, 디자인 전략 단계의 기반이 되는 원칙들은 4단계인 터치포인트 종합·구성 단계에서도 적용할 수 있다. 다만 몇 가지 구체적인 규칙이 적용된다.

1 | 큰 그림 보기. 건축가 루트비히 미스 판 데르 로에Ludwig Mies van der Rohe가 "신은 디테일에 있다"라고 언급한 적이 있지만, 전체적인 경험을 주목하여 보는 일 역시 똑같이 중요하다. 디자인 해결 방안들을 각각 별개로 판단하지 말라. 그러기보다 이들이 어떻게 함께 작동하는지를 점검해보자.

2 | 외부적 관점에서 내부를 구성하기. 사용자는 디자인 원칙, 부서 간 협업의 한계, 기업 문화에 대해 관심이 없다. 그들은 결과만을 본다. 조직의 외부에 적용되지 않는 모든 규칙은 취소하자.

3 | 스케치와 프로토타입. 거의 실행 단계에 가까이 왔다 해도 디자인을 계속하자. 성급하게 결론짓지 않도록 한다. 하나의 뛰어난 아이디어보다는 수백 가지 평범한 스케치를 더 중요하게 여기자. 그 하나의 아이디어가 결국 성공하지 못할 수도 있기 때문이다.

4 | 함께 일하기. 모든 디자이너를 한자리로 불러모으자. 함께 공유한 비전을 토대로 공동의 목표를 향해 나아갈 수 있게 함께 작업하도록 독려한다.

5 | 선로 벗어나지 않기. 디자인 해결 방안이 디자인 목표에 부합하는지 확인하기 위해 지속적으로 점검해야 한다. 디자인 자체를 위한 디자인은 하지 않는다.

터치포인트 종합·구성에 대한 단계적 방법은 199~203쪽에서 간략하게 다룬다. 199쪽 도표 7은 그 과정을 모델 형태로 정리한 것이다.

터치포인트는 개별적으로 특정 디자인 목표를 충족시키는 한편
전체적으로는 사용자 니즈와 조직의 자원을 반영하여
브랜드 소비자 여정 개발이라는 큰 목표를 실현한다.

A 단계: 상세한 소비자 여정 구축하기

이 단계는 디자인 전략 단계에서 처음 만들었던 것처럼, 각
터치포인트와 여정의 역할을 파악할 수 있는 수준까지 상세
화하는 단계이다. 디자인 목표와 기능이 디자인 전략 단계에
서 수립되었기 때문에 이 첫 단계에서 발생하는 문제는 소비
자 여정의 세세한 단계를 디자인 목표와 기능에 맞춰야 한다
는 것이다.

내외부 전문가들을 한자리로 불러모으라

다학제적인 디자인팀을 구성한다. T자형 전문가들을 한자리
로 불러모은다(195쪽에서 논의한 것과 같이). 모든 디자인 분
야에서 디자이너들이 참여하도록 하는 한편, 신뢰할 수 있는
외부 디자인 연계 파트너들 또한 적극적으로 초대한다. 조직
의 성격에 따라 마케팅 전문가, 인간 공학 전문가, 엔지니어,
심리학자, 매장 전문가 등의 참여가 필요할 것이다.

1, 2, 3 단계에 몰입하라

인간 중심 브랜딩, 혁신 전략, 디자인 전략 단계의 결과를 수
용하고, 팀원 전체가 결과를 파악할 수 있도록 한다. 팀원이
이 과정에 참여하지 못했다면 어떤 작업을 거쳐 그 결과가 나
왔는지 설명해준다. 모두가 과정에 포함되었는지 확인하고,
현재까지 축적해온 인사이트와 지식에 집중하자.

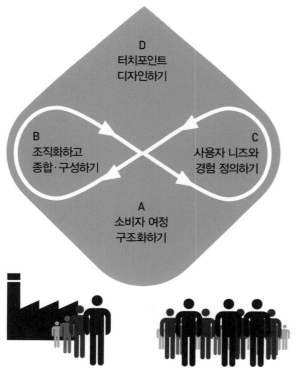

터치포인트 조직화 터치포인트 경험

7 터치포인트
   종합·구성

터치포인트 종합·구성
단계는 4단계, 즉 소비자
여정 구조화하기,
조직화하고
종합·구성하기, 사용자
니즈와 경험 정의하기,
터치포인트
디자인하기로 구성된다.

소비자 여정을 세분화하라

디자인 전략 단계의 B 단계에서 사용자가 브랜드와 상호작용하여 얻은 다양한 경험을 토대로 대략적인 소비자 여정 프레임워크를 마련했다(예를 들어, 186쪽의 버진 애틀랜틱 사례 연구에서 소비자 여정 3단계 참조). 이제 개별 터치포인트로 해당 경험을 상세히 살펴볼 차례이다. 앞 장에서 우리는 '매장 방문' 경험을 이루는 브랜드 사례를 다루었다. 이제 우리는 이 경험을 개별 터치포인트로 자세히 나눌 것이다. 이는 매장 파사드, 브랜드 로고, 상점 입구, 매장 구조, 디스플레이와 선반, 상점 내 커뮤니케이션, 진열 상품, 라벨, 판매원, 가구 등이다.

터치포인트에 디자인 특성을 부여하라

우리는 이제 소비자 여정의 각 터치포인트를 구조화했고, 이전 단계(디자인 전략 세우기)에서 각 경험에 디자인 목표, 기능, 분야를 배정했다. 이전 단계에서 수립한 전체적인 목표를 고려하면서, 이제 이 경험을 개별 터치포인트 수준으로 세분화할 시점이다. 예를 들어, 184쪽에서 예로 들었던 의류 매장으로 돌아가, 의류 라벨과 같은 하나의 터치포인트에 구체적인 디자인 특성을 부여할 수 있다. 가령 라벨의 주요 디자인 목표는 의류 품질을 사용자에게 알리는 것이라고 할 수 있다. 따라서 여기에 필요한 주요 디자인 기능은 정보의 명확성이다. 이후에는 이것을 실현하기 위해 뛰어난 그래픽디자이너와 협의해야 할 것이다. 물론 이것은 실제로 더 간단할 수 있고, 이러한 디자인 특성을 개별 터치포인트에 할당하기 위해 수차례 반복해야 할 수도 있다.

B 단계: 사용자의 니즈와 경험 정의하기

B 단계와 C 단계는 동시에 실행할 수 있다. B 단계는 A 단계에서 정의한 상세한 디자인 특성을, 터치포인트마다 존재하는 사용자의 정확한 니즈 및 모든 터치포인트가 함께 형성하는 바람직한 경험과 결합하는 것에 집중한다.

터치포인트마다 사용자 니즈를 규정한다

모든 디자인 개요 설명에는 디자인이 충족시켜야 하는 사용자의 니즈가 무엇인지 구체적으로 명시하는 부분이 있어야 한다. 디자인이 사용자를 위해 해야 할 일은 정확히 무엇인가? 첫번째 단계에서 해야 할 일은 각 터치포인트를 면밀히 살펴보고 사용자의 관점에서 필요 사항을 규정하는 것이다. 필요 사항에 대한 소위 프로그램, 즉 계획을 만드는 것은 터치포인트가 제 역할을 할 수 있도록 디자인하는 데 있어 중요한 단계이다.

바람직한 사용자 경험을 기술한다

사용자가 한 터치포인트 또는 여러 터치포인트들과의 인터랙션을 통해 얻고자 하는 경험을 적어보자. 이 단계를 완료하는 데 있어 사용자에 대한 인사이트가 부족하다면, 몇 단계 뒤로 되돌아가 인사이트를 다시 모은다. 사용자에 대한 인사이트가 없다면 계속 진행할 수 없다. 작업에 영감을 불어넣을 수 있는 형식으로 바람직한 사용자 경험을 기술한다. 예를 들어 이야기 형식, 시각적 스토리보드 형식 또는 이미지 콜라주 형식을 활용할 수 있다.

터치포인트마다 경험을 형성할 수 있는 역할을 부여한다

소비자 여정에서 만나게 되는 각 터치포인트에서, 바람직한 사용자 경험을 형성하는 데 터치포인트가 어떤 역할을 하는지 살펴본다. 예를 들어, 버진 애틀랜틱 사례 연구(186~189쪽)를 살펴보면, 탑승 수속 과정에서 어퍼 클래스 승객을 맞는 직원은 효율적이고 편안하고 능숙한 태도로 전체 경험에 일조한다. 그리고 클럽하우스 직원은 느긋하고 유쾌한 태도로 승객을 접대하고 경험에 일조한다.

C 단계: 디자인 자원을 종합·구성하고 조직하기

이 단계에서는 내부 디자인 요구 사항을 판단하는 것, 디자인 과업을 정하는 것, 디자인 프로젝트를 기획하는 것에 초점을 맞춘다.

터치포인트마다 내부의 니즈를 정의한다

B 단계에서 사용자가 각 터치포인트에서 원하는 것이 무엇인지 살펴보았다면, 이제 내부 요구와 상세 규정 안에서 터치포인트별 요구 사항 프로그램, 즉 계획을 완성해야 할 시점이다. 여기에는 목표 원가, 필요한 제조 장비, 관련 규범과 법률, 기업 아이덴티티 가이드라인, 지속 가능성 이슈부터 선견지명을 요하는 사항, 즉 브랜드 비전이 다양한 터치포인트에 내재되는 방식과 같은 것까지 모든 사항이 언급될 수 있다.

터치포인트마다 디자인 과제를 배정하라

터치포인트마다 내부 및 외부 요건에 기초하여 어디에 어떤 디자인이 필요한지 규정하자. 각각 다른 터치포인트에는 다른 디자인 분야가 필요할 수 있다. 내부와 외부의 요구 사항을 표로 작성한다. 여기에 각 터치포인트별로 어떤 종류의 디자이너, 디자인 에이전시, 컨설턴시 또는 전문가가 필요한지 기재한다. 디자인 전략 단계의 C 단계에서 수립한 계획을 활용한다.

디자인 프로젝트를 계획하라

모든 터치포인트를 창조하기 위해 필요한 다양한 디자인과 개발 프로젝트를 규정한다. 유사한 디자인 접근법이 적용되는 터치포인트들을 묶어 이에 대한 설명을 한번에 실시할 수 있도록 한다. 필요한 자원(예산, 시간, 인력, 전문 지식)과 예상되는 결과에 맞춰 여러 디자인 프로젝트 계획을 수립하자. 가능하다면 디자인이 해당 요건을 충족했는지 여부를 결정하는 체크리스트를 정리한다. 예를 들어, 버진 애틀랜틱 어퍼 클래스 승객의 경우 탑승 수속에 걸리는 시간이 10분 미만이어야 한다.

프로젝트 개요 설명서를 만들자

수집한 모든 정보를 디자인 프로젝트 개요 설명서에 담아 내부 및 외부에서 사용할 수 있도록 하라. 개요 설명서는 적어도 다음과 같은 사항을 포함해야 한다.

1 | BDI의 1, 2, 3단계 요약
2 | 디자인할 터치포인트 설명
3 | 터치포인트에 적용할 디자인 가이드라인
4 | 터치포인트와 상호작용할 사용자 그룹 설명: 사용자 리서치에서 도출한 내용과 시각화된 것
5 | 해당 터치포인트의 디자인 목표 및 기능 설명
6 | 전체 경험에서 각 터치포인트의 역할 설명: 시각적 또는 서사적 형식
7 | 터치포인트에 적용할 사용자 요구 사항 목록
8 | 터치포인트에 적용할 내부 요구 사항 목록
9 | 시간, 예산, 업무량, 법적 문제와 관련한 프로젝트 제약 사항

개요 설명서를 읽을 때에는 설명을 원한 디자이너가 함께 참여하고 있는지 확인해야 한다. 필요한 경우 사용자에게서 도출한 인사이트, 디자인 가이드라인, 디자인 콜라주, 페르소나 등의 자료를 활용한다.

D 단계: 터치포인트 디자인하기

이 단계는 디자인 매니지먼트에서 실행과 관련된 내용이다. 실제 터치포인트를 디자인하는 것을 감독하고, 여러 부서와 에이전시, 전문가 및 사내 디자인팀을 조율한다.

내부와 외부 디자이너를 선정하고 개요 설명하기

개요 설명 자료와 진행된 터치포인트 평가를 기반으로, 이제 터치포인트 개발에 적합한 파트너를 선정할 수 있어야 한다. 적합한 디자인 파트너를 선정하고 개요를 설명하는 과정은 프로젝트마다 조직마다 차이가 있다. 하지만 다음과 같은 일반적인 규칙을 적용할 수 있다.

1 | 비용을 지불하지 않고 진행하는 경쟁입찰에 비판적인 태도를 취하라. 디자인 에이전시와 협력하는 관계의 바탕에는 에이전시가 거의 무상으로 디자인 문제 해결을 한 번 시도해주는 것보다 더 중요한 것들이 있다. 에이전시와 관계를 구축하려면 양측 모두에게 시간이 걸리며, 여기서 무상 경쟁은 정당하지 못하다.

2 | 외부 디자이너와 함께 작업하는 경우 내부 디자이너를 포함시켜라. 진영을 두 개 만들지 않도록 한다. 자동차 업계에서 가끔 사용하는 방식처럼 명확한 경쟁 요인이 있지 않는 한 그래야 한다.

3 | 개요 설명 자료를 계약서로 사용하지 말라. 오히려 개요 설명의 마무리에 제삼자를 포함시키고, 그들의 제안에 개방적인 자세를 취하며, 심지어 개요 설명 마무리에는 제삼자의 적극적인 참여를 권하자. 그러면 여기까지 오느라 쏟아온 모든 노력에 많은 관심과 지지를 받을 수 있을 것이다.

4 | 개요 설명 자료를 프로젝트 과정 내내 적합하게 수정할 수 있고 구체적으로 심화시킬 수 있는, 살아 있는 문서로 만들라. 실제에서 요구 사항이 바뀌면 해당 요구 사항을 변경하고 당면한 상황에 맞게 일정과 예산을 조정한다.

프로젝트 진행 과정에서 확인된 인사이트를 개요 설명서에 포함시켜 질을 높인다. 개요 설명서가 일주일 후에는 무용지물이 되지 않도록 유의하며 프로젝트 관리 정보의 핵심 자원으로 유지되도록 한다.

5 | 에이전시와 대화를 시작하기 전에 선정 기준 목록을 작성하라. 원하는 것이 정확히 무엇인가? 무엇이 중요하다고 생각하는가? 그들의 포트폴리오, 에이전시의 프로젝트 진행 방법론, 문제에 대한 공감 능력, 타인의 말을 주의깊게 듣는 능력, 또는 리더십 태도 등이 선정 기준이 될 수 있다.

개요 설명 자료를 프로젝트 동안 적합하게 수정할 수 있고
구체적으로 심화시킬 수 있는, 살아 있는 문서로 만들라.

다양한 디자인 프로젝트를 관리하라

다양한 프로젝트 제안들이 승인받고 내부 팀이 일을 시작하게 되었다면, 이제는 정말 이전 단계에서 모든 노력을 들인 것이 가치 있도록 터치포인트를 만드는 시점에 있는 것이다. 이제는 디자인 진행 과정을 따르고, 중간 디자인 결과를 이전 BDI 단계에서 수립했던 원래 계획과 전략에 끊임없이 비교하는 일이 중요하다. 여기서 또다시 195쪽에서 다루었던 T자형 역량이 필요하다. 디자인 매니저는 한편으로 T자형 역량을 발휘해 진행중인 디자인 과정에 온전히 참여하고, 다른 한편으로는 더 큰 그림을 볼 수 있어야 한다.

측정하라

노력한 결과를 측정하거나 그 결과를 처음 설정했던 목표와 비교하고 싶지 않다면, 확고한 전략을 마련하고 명확한 디자인 목표를 설정하는 것이 의미가 없다. 첫번째 터치포인트가 적용될 때 매우 진지한 태도로 결과를 평가해야 하지만, 창의적인 측정 방법을 꺼릴 필요는 없다. 디자인 측정 기준에는 투자 수익률ROI, Return On Investment뿐만 아니라 기대 수익률ROEx, Return On Expectation이 있다(빌라다스Viladàs, 2009). 하지만 디자인에 관해 구체적인 수익 결과 수치를 측정하기란 쉽지 않다. 그러나 가능하다면 수치를 측정하도록 한다. 불가능하다면, 목표를 되돌아보고 목표 성취를 평가할 수 있다. 매장을 리디자인하는 목표가 더 많은 고객을 유치하기 위해서였다면, 일일 매장 방문 고객 수를 측정하여 리디자인하기 전과 비교한다. 좀더 긍정적인 쇼핑 경험을 만드는 것이 목표였다면, 고객에게 어떻게 생각하는지 물어본다.

반복하라

이제 BDI 과정을 끝마쳤다. 즉, 인간 중심 브랜드를 개발하고, 그 브랜드에 기초한 혁신 전략을 수립하고, 이를 실행에 옮길 디자인 전략을 세우고, 마침내 이 모든 것을 사용자에게 전달하기 위한 터치포인트를 종합·구성해서, 현실에서 브랜드 제안이 소비자 경험이 되도록 만들었다. 여기까지 도달하는 과정이 쉽지 않았을 것이다. 앞뒤로 왔다갔다하고, 몇몇 단계는 생략했다가 다시 몇 단계 뒤로 되돌아가고, 이전 단계에서 얻은 인사이트를 연마하여 이후 단계에서 재사용하기도 했을 것이고, 잘못된 인사이트에 대해 다시 논의하기도 했을 것이다. 이것이 디자인 작업이고, 이러한 과정은 계속된다. 따라서 완전한 브랜드 여정을 만드는 데 일련의 터치포인트를 적용한 후 첫 단계로 되돌아가 브랜드가 어떻게 성장했는지 확인하자. 사용자가 어떻게 변했는지, 당신은 어떤 아이디어와 비전을 개발했는지 살펴보자. 새로운 터치포인트가 브랜드의 본질에도 영향을 미쳤는지 살피자. 그런 다음 혁신 전략을 다시 논의하고 다음 기회에 알맞도록 전략을 조정한다. 브랜딩, 혁신, 디자인은 끊임없이 변화하고 있다. 그 끝은 단지 새로운 시작에 불과하다. 운동량 보존이 어떻게 이루어지는지 보여주는 장치인 뉴턴의 진자처럼, 브랜드와 그 터치포인트도 서로 끊임없이 영향을 주고받는다. 작용과 반작용의 흐름에서는 시작도 없고 끝도 없다.

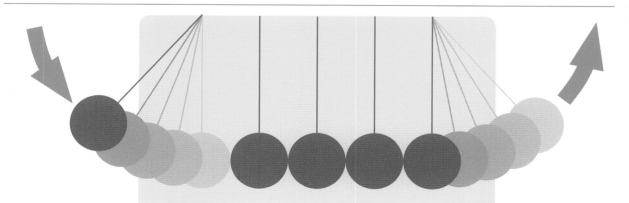

8 뉴턴의 진자

뉴턴의 진자가 보여주는 운동처럼, 브랜드는 터치포인트를 만들어내고, 터치포인트는 다시 자신의 기반이 되는 브랜드에 영향을 미친다.

6.5 서비스 디자인 매니지먼트

서비스 디자인은 167쪽에서 다룬 디자인의 다섯 분야 중 하나에 불과하지만, 브랜드 주도 혁신을 위한 터치포인트 종합·구성 관련 논의에서 별도로 다룰 만한 가치가 있다. 이는 단순히 서비스 디자인이 화두로 떠오르기 시작한 분야이기 때문이 아니다. 오히려 서비스 디자인이 다른 디자인 분야를 아울러 하나의 조화로운 이야기를 만들기 때문이다.

브랜드 주도 혁신이라는 맥락에서 제품 또는 환경을 디자인할 때, 디자인 수행 과정은 추상적인 브랜드 비전을 사물 또는 공간과 같은 유형의 형상으로 유형화하는 과정이라 볼 수 있다. 디자인 층위 모델(169쪽)에서 살펴보았듯이, 그 과정은 여러 디자인 층위에서 이루어진다. 즉 브랜드는 미적 디자인(벤틀리 판매자는 BMW 판매자와 다르게 보일 것이다)뿐만 아니라 인터랙션 디자인(BMW 변속기어는 벤틀리 변속기어와 다른 느낌을 줄 것이다) 또는 성능 디자인(벤틀리의 성능은 BMW의 성능과는 다르다)이라는 디자인 언어로 해석될 수 있다. 모든 디자인 층위는 사용자에게 직접적이고 물리적인 영향을 미치고, 이런 디자인 신호를 디자인의 가치와 비전으로 해석하는 '의미적 특성semantic attribution(66쪽)'에 도움을 준다.

서비스 디자인하기

제품 디자인이나 환경디자인과는 달리 서비스 디자인에는 하나의 만질 수 있는 형태로 물질화하는 과정이 없다. 서비스는 일련의 물리적 터치포인트의 도움을 받는 경우가 대부분이지만, 우리가 실제로 구매하는 것은 무형의 서비스다. 예를 들어, 생일을 맞아 벤틀리를 빌린다고 상상해보자. 친구가 말해준 고급 자동차 임대 서비스는 웹사이트를 운영하고 있어, 그곳에서 차종, 요금, 조건, 임대 가능 여부를 확인할 수 있다. 웹사이트에서 원하는 것을 선택하고, 생일이 되어 임대 사무실을 방문한다. 자신의 차례를 기다리면서 브로슈어를 뒤적거리거나 비디오 영상을 시청하거나 뒤편의 주차장에 대기하고 있는 자동차를 몰래 들여다본다.

당신 차례가 왔을 때 상담 창구 뒤의 친절한 여성이 예약을 확인해주고, 절차를 밟게 도와주며, 즐거운 하루가 되라고 말한다. 다른 직원이 당신을 주차장으로 안내하고, 빛나는 벤틀리 자동차 문을 열어준 다음 당신에게 자동차 키를 건넨다. 상쾌한 새 가죽 시트에 몸을 맡긴 채 자동차 작동법 설명에 집중하려고 노력한다. 하지만 당신의 눈은 무광 알루미늄과 빛나는 나무 재질을 탐색하고, 손은 손잡이와 변속기어를 살피고 있다. 마침내 출발할 시간이 다가와 당신은 시동을 걸고 선루프를 연 다음 속도를 올린다. 엔진 소리가 등줄기를 타고 올라오는 동안 천천히 주차장을 나와 해변 도로를 달린다. 밤늦도록 돌아오지 않을 것이다. 당신은 일생일대의 생일을 맞게 된다.

---

9 터치포인트와 관계된 서비스 디자인

터치포인트는 개별적으로 구분이 가능한 디자인 대상들이며, 사용자의 경험은 이들 터치포인트를 통한 여정이다.

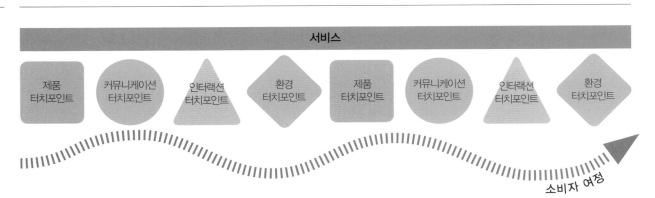

브랜드 약속을 수행하는 데 있어 서비스는
제품, 환경, 커뮤니케이션 각각이 역할하는 것보다 나을 수 있다.

서비스 디자인의 터치포인트 종합·구성

이 이야기는 자동차 임대 서비스가 수많은 터치포인트의 지원을 받는다는 사실을 보여준다. 모든 터치포인트는 구체적으로 서비스를 이루기 위해 디자인되었고, 각각 그리고 모두가 목적을 달성하기 위해 특정 디자인 분야와 디자인 층위를 사용한다. 그러나 당신이 구매하는 것은 터치포인트가 아니다. 실제로 구매한 것은 차량 유지나 비용, 보험, 주차 공간에 대한 어떤 추가적인 의무 없이 하루 동안 꿈에 그리던 자동차를 운전할 수 있는 기회이다. 당신은 무형의 것, 다시 말해 그 기분을 구매한 것이다. 그 기분이 당신에게 중요하기 때문에 기꺼이 상당한 금액을 지불할 용의가 있다. 이것이 바로 서비스 디자인이다. 다시 말해, 의미에 대한 디자인은 터치포인트를 통해 이루어지지만, 결국에는 개별 터치포인트의 합보다 더 큰 가치가 있다(204쪽 도표 9참조).

이는 BDI의 터치포인트 종합·구성 단계에 두 가지 함축적인 의미가 있다는 점을 시사한다. 서비스 디자인은 상당히 섬세한 터치포인트 종합·구성을 필요로 하며, 이는 의미 있는 브랜드 경험을 구축하는 뛰어난 방법이다. 서비스를 디자인하면서 서비스를 뒷받침할 수 있도록 개별 터치포인트 디자인에 각별한 주의를 기울여야 한다. 이는 터치포인트 종합·구성 과정에 추가적인 의미가 부가된다는 뜻이다. 다시 말해, 터치포인트를 디자인해서 개별적으로 제 기능을 다하고 전체가 모여 경험을 구축하도록 하는 것은 물론, 터치포인트들이 모여 실제로 하나의 서비스를 형성하도록 디자인해야 한다는 것이다. 이제 서비스가 가치 제안의 중심에 있게 될 것이다. 이를 위해 개별 터치포인트를 섬세하게 구성하고, 서비스를 통해 만들어진 가치를 뒷받침하는 각 터치포인트의 역할을 확실히 이해하는 것이 필요하다.

터치포인트 종합·구성 전략의 실제 목표는 의미 있고 가치 있는 인터랙션을 통해 브랜드 약속을 실현하는 것이다. 개별 터치포인트에는 고유한 목표가 있지만, 모두가 함께 모여 하나의 경험을 창출한다. 브랜드 비전의 구체화와 가장 유사한 것이 바로 이 경험이다. 서비스 디자인이야말로 경험을 창출하는 매우 좋은 방법이다. 왜냐하면 서비스 디자인은 개별 터치포인트를 엮어 의미 있고 일관된 전체를 형성하기 때문이다. 이러한 논리에 따라, 모든 개별 터치포인트를 일관성 있는 전체로 엮는 경험 안에서 브랜드 비전을 담아내는 방법을 찾고 있다면, 서비스 디자인이 바로 그 해답일 수 있다.

나이키와 애플이 나이키 플러스 시스템Nike+system(러닝화에 장착된 센서가 달린 거리와 속도를 측정하여 아이팟iPod으로 데이터를 보내는 방식)을 개발했을 때, 이들 회사는 이 서비스 관련 온라인 서비스 생태계도 함께 개발했다. 이 서비스를 통해 자신의 데이터를 다른 사람의 수치와 비교하거나, 1년간의 진전을 지속적으로 추적하고, 기부를 위한 국제 달리기 행사에 참여하거나, 달리면서 들을 수 있는 특별한 훈련 프로그램을 구입할 수 있다. 모든 터치포인트, 즉 휴대전화, 아이팟 소프트웨어, 러닝화, 포장, 웹사이트 등은 구체적인 목표를 충족하도록 디자인되었다. 그러나 전체적으로 터치포인트들은 하나의 서비스를 뒷받침하고, 결국 이 서비스 안에서 두 브랜드는 사용자의 생활 속으로 들어가며, 전 세계의 달리는 사람들에게 가치와 의미, 즐거움을 제공한다.

만일 서비스가 개별 브랜드 터치포인트를 엮어 사용자의 니즈, 욕구, 열망에 공명하는 의미 있는 브랜드 경험을 만들어내는 놀라운 방법이라고 생각한다면, 제품을 생산하는 기업들이 제품 서비스 시스템을 탐구하고, 유통 회사들이 배송 서비스와 온라인 판매를 연구하고, 광고대행사가 경험과 이벤트를 조직하는 모습은 놀랍지 않다. 브랜드 약속을 실현하는 데 있어 서비스는 제품, 환경, 커뮤니케이션 각각이 역할을 맡는 것보다 나을 수 있다.

사례 연구:
NLISIS 크로마토그래피 NLISIS chromatography

목적

이번 사례 연구는 네번째 단계를 포함하여 BDI 방법론 전체가 실무에서 어떻게 활용되는지 개괄적인 방법을 보여준다. 또한 다양한 BDI 도구가 소규모 스타트업 기업에서 사용되는 방식을 익힐 수 있다.

NLISIS

NLISIS('어낼리시스analysis'라고 읽는다)는 화학 분석 기법인 기체 크로마토그래피 분야에서 네덜란드의 최첨단 스타트업이다. 기체 크로마토그래피는 실험실이나 현장에서 물질의 화학 성분을 측정하기 위해 사용된다. 식품 산업, 석유화학 업계 및 제약 회사에서 일상적으로 기체 크로마토그래피를 이용해 화학물질을 분석한다. NLISIS는 기체 크로마토그래피의 가능성을 조사하기 위해 네덜란드 정부가 전담팀을 창설한 결과로 2007년 설립되었다. 기체 크로마토그래피에 대한 조사는 수많은 신상품에 대한 아이디어로 이어졌고, 그 결과 새로운 비즈니스의 스타트업이 탄생한 것이다. NLISIS는 특화된 기업으로, 국제적인 B2B 환경에서 사업을 이어나가고 있다. 이 분야의 전문가인 윌 판 에흐몬트Wil van Egmond와 기업가이자 각 분야의 전문가인 6명의 파트너가 이 회사를 설립했다.

도전

2007년 NLISIS는 매우 전통적이고 기술 중심인 화학 분석의 세계에서 사용자 중심의 혁신이라는 그들의 이야기를 전달하는 데 도움을 주면서, 사용성 높고 감동을 주는 브랜드를 창조하고자 했다. 시작부터 강력한 브랜드를 만들겠다는 결심과 관련하여 윌 판 에흐몬트는 다음과 같이 말한다. "우리가 제공하는 제품과 기술은 기존 시장의 수많은 관습에 도전하는 것이다. 우리는 대기업과 경쟁하며, 우리의 고객사는 국제적인 기업들이다. 따라서 소규모 기업이라는 점을 인식하는 것은 매우 중요하다. 우리는 처음 시작부터 기존의 대형 경쟁사들에 대항하는 업체로 확실히 자리매김하기 위해 강력한 브랜드가 필요하다고 판단했다. 고객들에게 우리는 기존의 업체들과 다르다는 것을 인식하게 하는 동시에, 충분히 신뢰할 수 있는 기업이라는 점을 보여줄 필요가 있었다."

그러나 신규 사업 수립에 도움을 얻기 위해 고용한 컨설팅 회사인 질버 이노베이션과 논의한 결과, 판 에흐몬트는 대규모 브랜드 커뮤니케이션 캠페인을 진행할 만한 충분한 예산이 없다는 사실을 깨달았다. 대신 브랜드 비전을 기업이 하는 모든 활동에 포함시킬 필요가 있었다. 그래서 브랜드를 발판 삼아 혁신 전략을 수립하고, 이를 바탕으로 향후 5년 동안의 디자인 전략을 세우기로 결정했다. 최종 단계에서는 브랜드를 전 세계 사람들에게 알리고자 하는 터치포인트 디자인 창출과 관련해 다양한 개인과 에이전시가 협력하도록 노력하였다.

수행 과정

이 프로젝트에서 사용한 작업 방식은 아래와 같이 4단계로 구성된 BDI 방식에서 가장 초반의 반복 중 하나이다.

- 인간 중심 브랜딩
- 혁신 전략 수립
- 디자인 전략 수립
- 터치포인트 종합·구성

전 과정에 걸쳐 의사 결정 과정에 기체 크로마토그래피 분야의 이해관계자(실험 분석자, 구매자, 실험실 매니저)를 지속적으로 참여시키는 것이 필수적이었다. 즉, 기체 크로마토그래피 분야는 엄격한 규제 대상이기 때문에 관례에서 크게 벗어난 공급 업체는 신뢰받지 못한다. NLISIS는 관례와 작업 패턴, 고객의 사고 시스템에 결합할 수 있도록 혁신을 도모해야 했다.

제너레이티브 워크숍 세션

제너레이티브 세션(115쪽)은
기업가들과 제품의 주요
사용자들의 동기, 필요 및
열망에 대해 심도 깊게
이해하기 위해 열린다.

리서치 일지

리서치 일지는 기업가와
사용자가 품는 동기에서
인사이트를 얻기 위해
사용된다. 일지는 또한
'문화적 프로브'(115쪽)라고도
부른다.

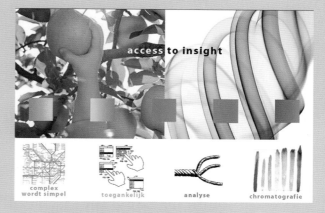

브랜드 약속

리서치는 브랜드 약속으로
이어진다. 브랜드 약속은
시각적인 형식으로 표현되고,
회사의 모든 이해관계자와
공유한다.

디자인 가이드라인

리서치, 브랜드 약속,
디자이너와의 논의를 기초로,
여러 디자인 분야와 층위를
위한 디자인 가이드라인의
초안이 마련된다
(167~169쪽). 가이드라인은
지켜야 할 사례와 피해야 할
사례를 모두 담고 있다.

1단계: 인간 중심 브랜딩

브랜드 이해관계자(기업의 설립자 및 주요 고객사)를 심도 있게 이해하기 위해 질버는 맥락 구조화(116쪽) 기법을 도입했다. 이번 조사는 실험실 방문, 파트너들과 주요 고객사가 작성한 작은 일지, 크리에이티브 워크숍이 포함된 여러 세션으로 이루어졌다. 이 실험적 노력의 결과는 NLISIS와 함께 공유하여 해석하였고, 일련의 크리에이티브 세션을 통해 더욱 발전시켰다. 그 결과 조직의 아이덴티티와 비전, 그리고 최종 사용자의 정체성과 비전이 하나의 브랜드 비전과 브랜드 약속으로 융합되었다. 이후 해당 내용을 전체 팀과 공유하고 개선하는 과정을 거쳤다.

2단계: 혁신 전략

이 단계에서 질버는 놀라울 정도로 잘 개발된 NLISIS의 기존 혁신 전략을 새로운 브랜드 인사이트와 융합하는 데 초점을 맞추었다. NLISIS와의 비공식 세션을 통해 브랜드의 관점에서 고객사 시장의 미래를 탐구했다. 브랜드에 관해 우리가 선택한 것들과 시장에서 예상되는 변화를 고려할 때, 어떻게 하면 최종 사용자와 의미 있고 진정성 있는 관계를 꾸준히 형성할 수 있는가? 또한 파트너십의 관점에서 혁신을 조직하는 방법, 기존 기반 시설을 사용하는 것, 그리고 다른 시장에서 어떻게 타깃을 탐색할지를 탐구했다.

3단계: 디자인 전략

이 단계에서 질버는 디자인 층위 모델(169쪽)을 바탕으로, 조직이 브랜드와 혁신에 대해 발견한 인사이트를 디자인 언어로 해석하였다. 디자인 언어는 분야별 디자인 비전과 층위별 가이드라인으로 구성되었다. 이 가이드라인은 다학제적 디자인 프로젝트를 수행한 질버가 경험을 토대로 개발하고, 각 분야 디자이너들의 점검을 거쳤다. 점검을 거친 부분은 가이드라인이 디자이너의 창의력을 훼손하지 않으면서 방향을 제시하는지, 이해하고 적용하기 쉬운지 여부이다.

4단계: 터치포인트 종합·구성

이 단계는 디자인팀에 개요를 설명하고, 디자인팀을 종합·구성하는 것이다. 즉 기업의 대표 제품, 기업 아이덴티티(로고, 서식류, 발표 템플릿, 포스터, 브로슈어, 제품 사양서, 문체 등), 웹사이트, 홍보 영상, 박람회 부스, 유니폼 디자인을 담당하는 디자인팀을 위한 설명과 팀 조직화이다. 디자인팀 전체는 수차례 회의를 통해 의견을 교환하고 아이디어를 공유하며 브랜드와 설명 개요에 대해 논의했다.

결과

새로운 브랜드와 터치포인트를 도입한 것은 여러 주요 측면에서 성공을 거두었다.

1 | NLISIS는 최고의 디자인 기업과 혁신에 수여하는 상인 네덜란드 디자인 어워드Dutch Design Award에서 유럽 디자인 매니지먼트 상을 수상했다.

2 | NLISIS는 전체 제안에서 느껴지는 조화롭고 대담하며 매력적인 브랜드 시각언어에 대해 잠재 고객과 업계로부터 찬사를 받았다.

3 | 신제품에 대한 주문은 누구도 감히 예상하지 못할 정도로 가파르게 증가했다.

4 | 그러나 가장 중요한 것은, NLISIS 설립자들이 자신감과 함께 고려 대상 중 하나가 되었다는 인식을 통해 회사를 시장에 성공적으로 진출시켰다는 점이다. 또한 기존의 회사들과 다르지만 신뢰할 수 있다는, 적절하게 혼합된 이미지를 발산한 것도 성공적인 시장 진출에 중요한 점이었다.

NLISIS 사례에서 얻은 결론

1 | BDI는 다국적 회사나 B2C 기업들에만 적용할 수 있는 방법이 아니다. 스타트업과 B2B 기업 역시 이 방법을 도입하여 혜택을 누릴 수 있다.

2 | BDI 방법은 가이드라인을 제공하지만 이를 정확한 공식으로 생각해서는 안 된다. 구체적인 수행 과정별 단계는 특정 조직의 맥락에 맞춰 조정해야 한다.

3 | BDI는 조직에 큰 영향을 줄 수 있다. 조직이 성공적으로 본연의 모습을 찾도록 도와준다.

* 2009년 NLISIS는 네덜란드의 대형 화학 회사인 DSM에 합병되었다. DSM은 NLISIS의 기존 브랜드와 디자인 언어를 그대로 유지할 계획이다. 이는 최첨단 B2B 환경에서 브랜딩과 디자인이 어떤 역할을 담당할 수 있는지 보여주는 표본이기 때문이다—옮긴이.

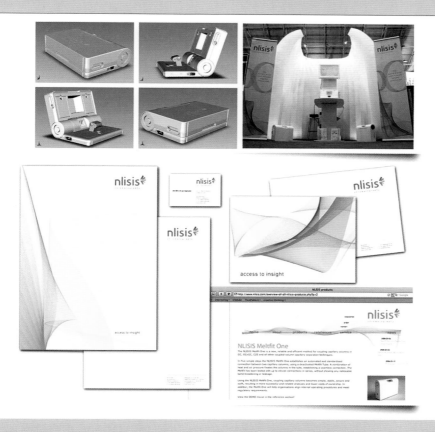

터치포인트

NLISIS 브랜드에서 진화한 다양한 터치포인트들. 제품 디자인, 기업 아이덴티티, 서식류, 웹사이트, 애니메이션. 그리고 페스Faes, 토탈 서포트Total Support, 난두 Nandooh, 디자이니스트 Designest, 프레드 몬틴Fred Montijn, 엑시트 170Exit 170, 터널 비전Tunnel-Vizion, 가우디 회다야Gaudi Hoedaya가 디자인한 박람회 부스.

6.6 터치포인트 종합·구성하는 방법을 조직에 정착시키기

조직의 입장에서 보면 터치포인트 종합·구성은 균형을 잡기 위한 활동이다. 터치포인트 종합·구성을 담당한 디자인 매니저는 다음 사항 사이에서 균형을 맞춰야 한다.

1 | 개별 터치포인트에서 이해관계자의 관심사 vs 경험 전체에서 이해관계자의 관심사
2 | 내부 디자인 제약 vs 외부 디자인 요건

이제 터치포인트 종합·구성의 균형을 신중하게 달성할 수 있는 방법을 살펴볼 차례이다.

이해관계자의 관심사

앞서 개별 터치포인트가 소비자 여정을 만드는 역할을 한다는 것을 확인했다. 각 터치포인트는 경험 전체에 기여하는 방식으로 각자 기능을 수행해야 한다. 소비자 여정을 만들 때 디자인 매니저는 각 터치포인트에 임무를 신중하게 배정하고, 터치포인트 전체가 함께 '교향곡'을 연주하도록 해야 한다. 앞에서 다룬 의류 매장 사례에 따르면, 의상 라벨은 섬유와 가격에 대한 사실적인 정보를 제공하고, 매장 입구는 열려 있어 고객을 환영하며, 배경음악은 기분을 좋게 하고, 매장 계산대는 편안함을 제공해야 한다는 말이다.

그러나 터치포인트가 정확히 어떤 기능을 수행해야 하는가를 한 사람이 결정하는 경우는 많지 않다. 특히 대규모 조직의 경우 책임이 수많은 개인들에게 분산되어 있고, 각 개인은 자신이 맡은 터치포인트가 어떤 일을 하는지, 어떤 기준으로 수준이 규정되는지 구체적인 아이디어를 갖고 있다. 라벨을 담당한 사람은 라벨의 실질적인 정보에 대해 신경쓰지 않은 채 '자신'의 라벨에 담긴 엄청난 브랜딩 기회에만 매달릴 수 있다. 매장 입구를 담당하는 사람은 소비자 여정에서 제시하는 큰 그림과는 동떨어진 스타일을 염두에 둘 수 있다.

간단히 말하면, 개별 터치포인트의 모든 이해관계자가 당신이 원하는 방식으로 큰 그림을 보지 못한다는 것이다. 이 문제를 해결하기 위해서는 큰 그림을 스케치하고 매력적으로 보이게 하는 능력이 있어야 한다. 이와 동시에, 이해관계자가 맡은 터치포인트에 대한 아이디어를 존중하고 해당 터치포인트가 그들의 책임이라는 사실을 깨달아야 한다. 디자인 매니저로서 당신은 말 그대로 다른 사람의 영역을 침해하는 경우가 빈번히 발생한다. 이런 문제를 해소하는 유일한 방법은 존중하는 태도로 임하는 것뿐이다. 그렇게 한다면 더 큰 그림을 완성하는 데 도움이 될 것이다.

터치포인트를 종합·구성하는 것은 개별적 이익과 큰 그림 사이에,
외부의 사용자 니즈와 내부의 제약 사이에 발생하는
역설을 해결하는 것이다. 해결책은 가장 세련되고 창의적이어야 한다.

디자인 제약

터치포인트를 종합·구성할 때 디자인 매니저가 두번째로 균형을 맞춰야 하는 사항은, 내부의 제약과 외부의 디자인 필요에 대한 것이다. 이제 우리는 BDI 과정에서 전달하는 지점에 도달했다. 디자인 매니저는 사용자가 기업에서 제공하는 것을 경험하고 사용할 수 있도록 사용자를 위한 터치포인트를 만든다. 하지만 이는 터치포인트를 디자인할 때 사용자의 니즈만 중요하다는 의미가 된다. 터치포인트의 디자인 목표를 사용자의 니즈 충족에 두는 것이 하나의 도전이라고 한다면, 해당 터치포인트에서 내부적 필요 요건도 모두 만족시키는 것은 또다른 일이다.

이런 경우를 잘 보여주는 예가 버진 애틀랜틱의 개인 보안 통로이다. 이 통로는 186~189쪽 사례 연구에서 다룬 어퍼 클래스 경험의 일부이다. 버진은 가능하면 세련되고 범세계적인 방식으로 어퍼 클래스 승객을 접대하기로 방침을 정했고, 이는 승객들에게 매우 특별한 사람이라는 기분이 들게 한다. 오늘날 우리가 접하는 엄격한 공항 안전 규정과 얼마나 상반되는가. 탑승 수속 전 과정을 거치고 어떤 대우를 받는지 상상해보자. 신발을 벗고 허리띠를 푼 채 무심한 안전요원에게 괴롭힘당하는 자신이 보인다. 버진은 보안 검색을 실행하는 것을 완벽하게 관리하고 제어하고, 모든 안전 규정을 준수하며 보안대를 버진의 디자인 환경에 포함시켜 이 문제를 해결했다. 그러나 이러한 우아한 해결책을 마련하기 위해 얼마나 많은 작업이 이루어졌으며 얼마나 많은 조직적 능력이 필요했을지 상상해보자.

터치포인트를 종합·구성하는 것은 개별적 이익과 큰 그림 사이에, 그리고 외부의 사용자 니즈와 내부의 제약 사이에 발생하는 역설을 해결하는 것이다. 해결하기 어려운 난제임에는 분명하지만, 다행스럽게도 디자이너들이 천부적인 해결사라는 사실을 확인했다(58~59쪽). 진실은 항상 정중앙에 있어야 하는 것이 아니라, 세련되고 창의적이며 공감할 수 있는 해결책이 자랄 수 있는 비옥한 땅에 있다. 조직 안에 터치포인트 종합·구성을 정착시키기 위해 디자인 매니저는 개별 터치포인트에 대한 지식을 가진 사람들, 터치포인트가 어떻게 기능하고, 그 목적이 무엇인지, 어떤 기술적, 경제적, 법적 제약이 있는지 아는 사람들과 협력해야 한다. 여러 분야 사람들과 그들의 관심사를 사용자와 공명하는 하나의 교향곡으로 조율하기 위해, 디자인 매니저는 그들의 개별 관심사에 공감하는 능력과 큰 그림을 파악할 수 있는 비전이 있어야 한다. 그리고 제약 사항을 다루는 데 있어 실용적이고 실천적인 태도와 더불어, 브랜드에 활기를 불어넣을 수 있도록 사용자 중심의 열정을 다분히 갖추어야 한다.

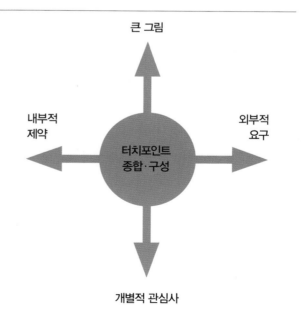

10 균형 맞추기

터치포인트를 종합·구성해야 하는 매니저는 두 가지 균형 작업을 수행해야 한다. 하나는 내부적 제약과 외부적 요구 사이의 균형이고, 다른 하나는 큰 그림과 개별적 관심사 사이의 균형이다.

전문가 대담:
브랜드와 디자인 효과를 강화하기 위한
터치포인트 종합·구성

6장에서는 우수한 다학제적 디자인 매니지먼트가 디자인이 사용되는 목적을 이루도록 도와, 더욱 강력한 브랜드와 의미 있는 사용자 경험을 창출하는 것을 다루었다. 마지막 게르트 코츠트라Gert Kootstra와 해리 리치Harry Rich의 대담을 통해, 그 이유는 무엇이고 실행을 위해 어떤 조건이 있어야 하는지 살펴보며 이 가정을 면밀히 조사하고자 한다.

게르트 코츠트라는 네덜란드 헤이그에 위치한 센서스 디자인 매니지먼트Census design management 설립자이다. 로테르담 인홀랜드 대학Inholland University의 브랜드, 명성과 디자인 매니지먼트 응용 연구센터Centre for Applied Research in Brand, Reputation and Design Management의 연구원으로 근무하고 있다. 또한 EURIB의 디자인 매니지먼트 석사 과정 프로그램 디렉터를 맡고 있으며, 디자인 효과와 매니지먼트 분야에서 활발한 연구 활동을 펼치고 있다.

해리 리치는 법을 전공했으며 몇몇 기업에서 상무 이사로 재직했다. 1999~2007년 영국 디자인진흥원UK Design Council의 수석 부회장을 역임했다. 현재 왕립 영국건축가협회Royal Institute of British Architects 회장을 맡고 있다. 또한 영국 창의예술대학University of Creative Arts의 운영 이사이자 미국 디자인매니지먼트협회Design Management Institute 위원으로 활동하고 있다.

다학제적 멀티 터치포인트에 대한 디자인과 그로 인한 효과 사이에 어떤 상관관계가 있다고 알려진 바가 있는가?

해리 영국 디자인진흥원에서 다루는 많은 프로젝트가 이 주제를 중심으로 이루어진다. 디자인진흥원은 디자인을 효과적으로 사용하면 치열한 시장에서 경쟁력을 높이는 효과가 있다는 점을 기업들에게 이해시키기 위해 노력했다. 지난 수년 동안 우리가 수집한 상당량의 데이터에 따르면, 디자인을 잘 경영하고 목표에 따라 제대로 사용했을 때 훌륭한 비즈니스 성과를 거둘 수 있다.

게르트 제대로 운영된 다학제적 디자인이 사용자 경험에 유익한 효과가 있다는 주장에 대한 학계 의견을 살펴보기 위해 번 슈미트Bernd Schmitt를 언급하고 싶다. 그는 경험의 효과를 측정하기 위한 척도를 개발했는데, 여기서 브랜드 경험을 네 가지 요소, 즉 감각, 정서, 행동, 지식으로 구분했다. 디자인이 감각에 긍정적인 영향을 미친다는 주장도 있다(브라쿠스Brakus, 슈미트Schmitt, 자란토넬로Zarantonello, 2009). 파인과 길모어 역시 디자인을 의미 있는 경험의 핵심 요소로 꼽는다.

그런 경험들을
살펴보려면, 병원 또는
애플 매장 등을
언급해야 하는가?
이것은 어떤 종류의
경험과 관련 있는가?
이런 접근법은 어떤
디자인 목표에 중요한가?

해리　터치포인트를 디자인해야 한다는 생각을 지지하지만, 터치포인트를 개별적으로 고립된 실체로 간주하지 않도록 주의해야 한다. 전체에 주목해야 한다는 뜻인데, 이는 사용자 경험에 주목하는 것을 의미한다. 병원 대기실 환경을 살짝 좋게 만드는 것은 점진적인 개선인 반면, 개별 터치포인트만을 취급하지 않고 전체 경험으로 바라본다면 훨씬 급진적인 개선으로 이어질 것이다. 전체 경험을 중요시하는 맥락에서 디자인에 대한 전체적인 접근이 가장 유익하다.

게르트　브랜드 목표와 관련해 디자인에 두 가지 목표가 있을 수 있다. 하나는 감각적이거나 미적인 브랜드 경험을 창출하는 것이고, 다른 하나는 특정 브랜드 개성을 창조하는 것이다. 특히 두번째 목표는 소비자가 진정성 있고 의미 깊은 통합적 경험을 추구하는, 소위 경험 경제에서 그 중요성이 커지고 있다. 그래서 터치포인트를 종합·구성하는 것은 무형적, 감성적이거나 상징적인 의미를 전달하기를 원하는 브랜드와 특히 연관이 있다는 사실을 언급하고 싶다.

이 다학제적,
멀티 터치포인트 디자인
접근에는 어떤 어려움이
있는가?

게르트　디자이너가 이런 역할을 수행한다는 것은 막중한 과제이다. 나는 디자인을 소극적인 디자인(구조, 인식, 카테고리 유사성, 계층화)과 적극적인 디자인(의미와 브랜드 개성 전달)으로 나눈다. 전통적인 디자인 매니지먼트가 모든 터치포인트에 걸쳐 소극적으로 디자인을 관리하는 것이었다면, 현대의 디자인 매니지먼트는 훨씬 복잡한 도전에 직면해 있다. 즉 적극적 디자인이 수행되도록 관리하는 것이다. 그 도전이 복잡한 이유는 추상적인 브랜드 비전과 개성을, 디자인을 적극적으로 활용해 구체적이고 물리적인 경험으로 해석해야 하기 때문이다.

해리　동의한다. 이 일은 디자이너에게는 물론 기업에게도 큰 요구이다. 그뿐 아니라 고객에게 완전히 집중하고 그들에 맞춰 조직을 조정하고 디자인에 관한 노력을 다하는 것을 의미한다.

게르트　이노센트 스무디가 좋은 사례이다. 이들이 수행하는 디자인은 병이나 라벨 디자인 자체에 제한된 것이 아니기 때문이다. 그것은 그 브랜드 세상의 일부가 되게 하는 경험으로, 모든 터치포인트를 통해 진정성, 개방성, 접근성이라 할 수 있는 그들만의 브랜드 개성을 성공적으로 전달했다. 이런 디자인을 훌륭하게 수행한 기업 사례는 많으며 중소기업의 사례도 있다.

해리　중소기업의 경우 고객이 그들을 인식하는 방식은 창업자나 사업주의 태도에서 비롯된다는 사실을 확인했다. 이 경우 브랜드 개성은 창업자의 개성이기에, 브랜드 개성을 전달하기 위해 특정한 구조를 도입할 필요가 없다. 하지만 회사가 성장하면 문제가 생긴다. 그때가 되면 철학 또는 핵심 비전을 잘 지키는 것이 중요해진다.

게르트　이 핵심 비전은 다학제에 걸친 디자인팀을 한자리로 불러모으는 것에도 중요한 역할을 한다. 이를 위해서는 모든 디자인 분야를 포괄하는 디자인 전략을 명확하게 정의하고, 상세히 설명하고, 의사소통을 해야 한다. 나는 이것을 전제 조건으로 본다. 그다음으로는 디자인 리더십, 좋은 디자인 프로그램과 적절한 프로그램 관리가 필요하다.

해리　다음으로 우리가 논의한 경험을 실제로 전달하는 데 핵심적인 역할을 하는 조직 내부 사람들이 있다. 우리는 원하는 것을 모두 디자인할 수 있지만, 만약 접수대에 있는 한 직원이 불친절하다면 그 효과는 사라지고 만다.

게르트　여기서 직원이 브랜드 개성을 전달하는 자신의 역할을 이해하고 중요하게 생각하는 문화를 창조하는 일에 디자인이 기여할 수 있다. 디자인은 브랜드 개성을 명료하게 드러낼 수 있다.

6.7 결론: 브랜드 주도 혁신에서 터치포인트 종합·구성하기

마지막 장에서 우리는 잘 디자인된 브랜드의 터치포인트가 실제로 어떻게 작용하는지 살펴보았다. 여기까지 이끌었던 전략적 사고와 디자인 리서치는 브랜드 약속을 실현하는, 의미 있고 유용하며 연관성 있는 터치포인트를 만드는 토대가 되어주었다는 점에서 가치가 있다.

터치포인트는 개별적으로 특정 디자인 목표를 충족시키는 한편, 전체적으로는 사용자 니즈와 조직의 자원을 동원하여 브랜드로 인식할 수 있는 소비자 여정을 만드는, 더 큰 목표를 이루는 것을 확인했다. 이를 위해서는 '사용자를 터치포인트 디자인에 참여시켜 다각적인 디자인 매니지먼트에서 야기되는 난관과 서비스 디자인 분야를 헤쳐나갈 수 있는 T자형 인재'가 필요하다.

생각 고르기: 책 내용 돌아보기

목적

이 책에서 배운 내용을 비판적 시각으로 되돌아 보는 한편, 새롭게 얻은 지식을 앞으로 어떻게 적용할 수 있을지 생각해보자.

1

각 장을 마무리하는 '주요 인사이트 요약'으로 되돌아가 꼼꼼하게 읽어보자.

2

이 책에서 진심으로 공감한 부분, 마음속에 새겨진 부분은 무엇인가?

3

가장 유용한 내용은 무엇이고, 덜 유용한 내용은 무엇인가?

4

이론을 다룬 부분이 더 흥미로웠는가 아니면 실무에 적용하는 부분이 더 좋았는가?

5

이 책에서 살펴본 사고방식, 방법, 도구들을 앞으로 어떻게 적용할 수 있는가?

6

브랜드 주도 혁신이 자신의 조직에, 연구에, 또는 컨설팅에 어떻게 도움이 된다고 생각하는가?

7

www.branddriven innovation.com/book/ reflections에 의견을 올려보자.

6장의 주요 인사이트 요약

---

1   BDI 네번째 단계는 각각의 터치포인트가 최적으로 기능하게 만드는 방법을 다루는 동시에, 이들이 전체적으로 결합된 것은 단순한 부분의 합보다 더 크다는 사실에 주목한다.

---

2   유형적인 터치포인트에서 좀더 무형적인 터치포인트로 전환되고 있다. 이와 유사하게, 터치포인트를 만들어내는 주체도 브랜드 소유주에서 사용자로 바뀌고 있다.

---

3   각 터치포인트가 최적의 형태로 가치를 전달할 수 있도록, 사용자의 니즈와 욕구에 부합하며 조직의 전략적 목표와 아이덴티티에 적합하고, 궁극적으로 브랜드의 약속을 실현할 수 있도록 디자인되어야 한다.

---

4   각 터치포인트에 해당하는 디자인 과업 또한 사용자의 브랜드 경험을 창출하는 소비자 여정 형성에 역할을 할 수 있도록 디자인되어야 한다.

---

5   다학제적 디자인 매니지먼트는 좌뇌/우뇌 경영 스타일의 결합으로 T자형 역량을 요구한다. 이는 깊이 있는 전문 지식과 큰 그림을 볼 수 있는 능력의 결합이다.

---

6   터치포인트 종합·구성에 사용자를 참여시키는 것은 브랜드에 활기를 불어넣는 좋은 방법이다. 어떤 사용자의 참여를 선택할지는 디자인 목표에 따라 다르다. 사용자 참여는 접근성과 규제 정도의 사이에서 일종의 균형을 잡는다.

---

7   터치포인트 종합·구성 과정은 소비자 여정 구조화, 사용자 필요와 경험 정의, 터치포인트의 종합·구성과 조직화, 그리고 실제적인 터치포인트 디자인 작업으로 이루어진다.

---

8   브랜드와 터치포인트는 끊임없이 서로에게 영향을 주고받는다. 즉 새로운 브랜드 인사이트로 인해 새로운 터치포인트가 탄생한다. 또한 새로운 터치포인트는 다시 브랜드에 영향을 미칠 것이다.

---

9   서비스 디자인을 할 때에는 각각의 터치포인트가 서비스를 지원할 수 있도록 개별 터치포인트 디자인에 각별히 주의를 기울여야 한다.

---

10   서비스 디자인은 개별 터치포인트를 엮어 의미 있고 일관성 있는 전체를 형성하기 때문에, 브랜드 경험을 창출하는 아주 좋은 방법이다.

---

11   터치포인트를 종합·구성하는 것은 개별적 관심사와 전체 사이의 역설, 그리고 외부 사용자의 필요와 내부적 제약 사이의 역설을 해결하는 것이다.

부록

평가 체크리스트

혁신 전략 기준 정의

아래 표 1에서 반대되는 의미의 두 항목 중 자신의 조직은 어디에 속한다고 생각하는지 표시해보자. 각 항목마다 현재 자신의 조직은 어디에 있는지, 미래에는 어디에 있기를 바라는지, 또는 어디에 있어야만 하는지 체크 박스에 표시해보자. 이 항목들에 표시하는 동안 이루어지는 토의 내용에 주의를 기울이자. 왜 그 체크 박스에 표시하고, 왜 다른 위치로 옮기고 싶어하는가? 어떻게 옮길 수 있을까? 대부분의 체크리스트와 도구들이 그렇듯, 항목에 표시하는 과정이 결과보다 더 중요하다.

현재 브랜드 평가를 위한 체크리스트

표 2의 체크리스트를 이용해 팀원들과 브랜드의 상태를 면밀히 검토하자. 각 평가 기준을 보고 브랜드가 어느 수준에 속하는지 표시하라. 과정 중 토의한 내용을 적어두자. 특정 항목의 점수는 다른 항목에 비해 왜 높을까? 팀원들은 모두 같은 기준에 같은 점수를 주고 있는가? 차이가 나는 이유는 무엇일까? 점수를 높이기 위해서는 무엇을 할 수 있을까?

1 혁신을 위한 전략의
  기준 정의

	현재	미래		현재	미래
우리는 리더이다	☐	☐	우리는 후속 주자이다	☐	☐
주도적인 혁신 실천가이다	☐	☐	수동적인 혁신 실천가이다	☐	☐
급진적인 혁신 실천가이다	☐	☐	점진적인 혁신 실천가이다	☐	☐
우리의 시장에 주력한다	☐	☐	새로운 시장에서 혁신을 추구한다	☐	☐
우리의 핵심 비즈니스에 주력한다	☐	☐	가치가 있다고 생각하는 곳이 있다면 어디든 혁신을 추구한다	☐	☐
지식재산권을 중요시한다	☐	☐	오픈 소스 혁신을 선호한다	☐	☐
독립적으로 혁신을 추구한다	☐	☐	파트너십 형태로 혁신을 추구한다	☐	☐
첨단 기술 회사이다	☐	☐	저차원 기술low-tech 회사이다	☐	☐
제품을 판매한다	☐	☐	서비스를 판매한다	☐	☐
사용자 중심이다	☐	☐	제품/기술 중심이다	☐	☐
B2B 조직이다	☐	☐	B2C 조직이다	☐	☐

	평가 기준	기준에 대한 설명	아니다	별로 그렇지 않다	약간 그렇다	그렇다
콘텐츠	브랜드가 영감을 주는가?	다수의 예시를 시각적으로 제공하고 있는가?	☐	☐	☐	☐
	브랜드가 이해할 만한가?	구체적이고, 이해하기 쉬우며, 너무 추상적이지 않은가?	☐	☐	☐	☐
	브랜드가 최종 사용자와 관련이 있는가?	실제 니즈와 욕구에 연결되어 있나?	☐	☐	☐	☐
	브랜드에 진정성이 있는가?	진실, 가치, 유산(역사성)을 기반으로 하는가?	☐	☐	☐	☐
역할	브랜드는 공유된 비전인가?	조직 내 대부분의 사람들이 이에 동의하는가?	☐	☐	☐	☐
	브랜드가 기업 전략에 연결되어 있는가?	브랜드가 장기적인 목표를 실현하기 위한 전략적 도구로 인식되는가?	☐	☐	☐	☐
	브랜드가 방향을 제시하는 원칙인가?	대부분의 사람들은 복잡한 결정시 브랜드를 지침으로 이용하는가?	☐	☐	☐	☐
	브랜드가 일상적인 결정에서 이용되는가?	대부분의 사람들이 일상적인 선택에서 브랜드를 지침으로 이용하는가?	☐	☐	☐	☐
프로세스	브랜드가 내부적인 여러 프로세스에서 사용되는가?	단순히 마케팅 프로세스의 일부인가, 다른 여러 프로세스의 일부인가?	☐	☐	☐	☐
	브랜드가 프로세스 시작의 일부인가?	최종 단계에서 점검용으로 사용되는가, 초반에 투입 자료input로 사용되는가?	☐	☐	☐	☐
	브랜드가 프로세스 계획, 모델 등에 분명하게 언급되는가?	투입 자료 또는 가이드 원칙처럼 어떤 형태로든 언급되는가?	☐	☐	☐	☐
	브랜드는 내부 훈련의 일부인가?	예를 들어, 신입 직원들이 브랜드의 의미에 대해 교육을 받는가?	☐	☐	☐	☐
사람	R&D팀에서 브랜드를 사용하는가?	명시적으로, 암묵적으로 모두에서 사용하는가?	☐	☐	☐	☐
	디자인팀에서 브랜드를 사용하는가?	명시적으로, 암묵적으로 모두에서 사용하는가?	☐	☐	☐	☐
	전략 매니지먼트팀에서 브랜드를 사용하는가?	명시적으로, 암묵적으로 모두에서 사용하는가?	☐	☐	☐	☐
	여러 층위에서 브랜드를 사용하는가?	고위 경영 층위와 하부 운영 층위 모두에서 사용하는가?	☐	☐	☐	☐
점수			최고점 17	최고점 17	최고점 17	최고점 17

2 현재의 브랜드를
　　평가하기 위한
　　체크리스트

참고 문헌

BRAKUS, J.J., SCHMITT, B.H., AND ZARANTONELLO, L.
Brand Experience: What Is It? How Is It Measured? Does It Affect Loyalty?
American Marketing Association Journal of Marketing, volume 73, issue 3, 2009

BUIJS, J. AND VALKENBURG, R.
Integrale Productontwikkeling
Lemma, 2005

COLLOPY, F. AND BOLAND, R.
Managing as Designing
Stanford University Press, 2004

CONVENT, V.
'Which Touchpoints for Whom Constitute the Brand Image of Océ'
Graduation report for Océ technologies and Industrial Design Engineering, TU Delft, 2008

DAVIS, S. AND DUNN, M.
Building the Brand-driven Business
Jossey Bass, 2002

DRUCKER, P.F.
Innovation and Entrepreneurship
HarperCollins Publishers, 1993

FORREST, J.E.
'Models of the Process of Technological Innovation'
Technology Analysis and Strategic Management, 1991

GAVER, W., DUNNE, T., AND PACENTI, E.
'Cultural Probes'.
ACM Interactions, volume 6, 21–29, 1999

GRANT, R.M.
Contemporary Strategy Analysis
Blackwell Publishing, 2002

HREBINIAK, L.G.
Making Strategy Work: Leading effective execution and change
Wharton School Publishing, 2005

IND, N.
Living the Brand
Kogan Page, 2002

KAPFERER, J.
The New Strategic Brand Management
Kogan Page, 2004

KARJALAINEN, T.M.
Semantic Transformation in Design
University of Art and Design Helsinki, 2003

KEUS. M.R.
'Developing Brand-driven Innovation Strategies'
Graduation report for Zilver innovation bv and Industrial Design Engineering, TU Delft, 2008

KIM, W.C. AND MAUBORGNE, R.
'Value Innovation: The strategic logic of high growth'
Harvard Business Review, 1997

KOEN, P.A., AJAMIAN, G., BOYCE, S., CLAMEN, A., FISHER, E., FOUNTOULAKIS, S., JOHNSON A., PURI. P., SEIBERT, R.
Fuzzy-Front End: Effective methods, tools and techniques.
PDMA tool book for new product development
John Wiley and Sons, 2002

KOOTSTRA, G.
Design Management
Pearson Education Benelux B.V., 2006

LASSITER, J.B.
Icebreaker: The China entry decision
Harvard Business School Press case study and teaching notes, 2006

LAUREL, B.
Design Research: Methods and Perspectives
The MIT Press, 2003

LEONARD-BARTON, D.A.
Wellsprings of Knowledge: Building and sustaining the sources of innovation
Harvard Business School Press, 1995

LI, C., BERNOFF, J.
Groundswell: Winning in a World Transformed by Social Technologies.
Harvard Business School Press, 2008

MARCH, J.G.
'Exploration and Exploitation in Organizational Learning'
Organization Science, Vol. 2, No. 1
Special Issue: Organizational Learning: Papers in Honor of (and by) James G. March, pp. 71–87, 1991

MARTIN, R.
The Opposable Mind: How successful leaders win through integrative thinking
Harvard Business School Press, 2007

MORAVEC, J.
in conversation with the author, May 2010.

NEUMEIER, M.
The Designful Company: How to build a culture of nonstop innovation
New Riders, 2009

OLINS, W.
On Brand
Thames & Hudson, 2005

OSTERWALDER, A. AND PIGNEUR, Y.
Business Model Generation
John Wiley & Sons, 2009

PINE, B.J. AND GILMORE, J.H.
The Experience Economy
Harvard Business School Press, 1999

PORTER, M. AND STERN, S.
'National Innovative Capacity'
The World Economic Forum Global
Competitiveness Report, 2002

PRAHALAD, C.K. AND KRISHNAN M.S.
The New Age of Innovation: Driving
Co-created Value through global networks
McGraw Hill, 2008

PRAHALAD, C.K. AND RAMASWAMY, V.
The Future of Competition: Co-creating
unique value with customers
Harvard Business Press, 2004

RAVASI, D., AND LOJACONO, G.
Managing Design and Designers for Strategic
Renewal
Long Range Planning, 38: 51–77.

RICH, H.
'Proving the Practical Power of Design'
Design Manangement Review volume 15,
number 4, 2004

ROOZENBURG N.F.M. AND EEKELS J.
Productontwerpen, Structuur en
Methoden
Lemma, 1995

ROOZENBURG N.F.M. AND EEKELS J.
Product Design, Fundamentals and Methods
John Wiley & Sons, 1995

ROSCAM ABBING, E.
'Brand Driven Innovation'
Masters of Design Management dissertation,
Nyenrode University/InHolland, 2005

ROSCAM ABBING, E. AND VAN GESSEL, C.
'Brand Driven Innovation: A practical approach
to fulfil brand promise through product innovation'
International DMI Education Conference: Design Thinking:
Challenges for Designers, Managers and Organizations 14–15
April 2008, ESSEC Business School, Cergy-Pontoise, France

SCHEIN, E.
Organisational culture and leadership, 3rd ed.
John Wiley & Sons, 2004

SIMON, H.A.
The Sciences of the Artificial.
The MIT Press, 1996

STOMPFF, G.
'Embedded Brand: The soul of product development'
Design Management Review, vol. 19 no. 2 2008

SUCHARITKUL, A.
'Creating a Design Philosophy for a Southeast Asian Fashion
Brand'
Paper for the D2B2: Tsinghua International
Design Management Symposium, Beijing, 2009

SUROWIECKI, J.
The Wisdom of Crowds
Anchor Books, 2005

SWAMIDASS, P.M.
Encyclopedia of Production and
Manufacturing Management
Springer, 2000

TASSOUL, M.
Creative Facilitation
VSSD Delft, 2009

THE ECONOMIC EFFECTS OF DESIGN
The Danish Design Centre in collaboration with Advice Analyse,
I&A Research, and Anders Holm and Bella Markmann of
Copenhagen University, September 2003

VERGANTI, R.
Design Driven Innovation: Changing
the Rules of Competition by Radically
Innovating What Things Mean
Harvard Business Press, August 3, 2009

VON HIPPEL, E.
Democratizing Innovation
MIT Press, 2005

VON STAMM, B.
Managing Innovation, Design and Creativity
John Wiley & Sons, 2003

VILADÀS, X.
Design that Pays
DMI Review, volume 20, No. 3, Summer 2009

참고 웹사이트

공차 코리아
http://www.gong-cha.co.kr/

교보문고
http://www.kyobobook.co.kr

대퍼Dapper
http://www.dapper.com

델프트 공과대학교 ID 스튜디오 랩ID studio lab
http://studiolab.io.tudelft.nl/contextmapping

디자인 매니지먼트 유럽Design management Europe
http://www.designmanagementeurope.com

디자인 매니지먼트 인스티튜트The Design Management Institute
http://www.dmi.org/dmi/html/index.htm

발틱 현대미술센터Baltic Centre for Contemporary Art, UK
http://baltic.art

버진 애틀랜틱Virgin Atlantic
http://www.virginatlantic.com

브라이언 핍스의 '차세대 브랜드next-generation brands: 새로운 브랜드
모델, 플랫폼, 애플리케이션'
http://tenayagroup.com/blog/value-based-brands-
innovation/

아이스브레이커Icebreaker
http://icebreaker.co.nz/

에릭 로스캠 애빙의 블로그
www.branddriveninnovation.com

에트나ETNA
http://www.ETNA.nl/

오세Océ
http://www.oce.co.uk/

이노센트 드링크Innocent drinks
http://www.innocentdrinks.co.uk/

클라이브 그리니어의 웹사이트
http://www.clivegrinyer.com/

프리바Priva
http://www.priva.nl

한국민속촌
http://www.koreanfolk.co.kr

핫트랙스
http://www.hottracks.co.kr

용어 풀이

기업-소비자 상거래(또는 B2C)business to consumer 최종 소비자가 사용 또는 소비하기 위한 제품이나 서비스를 개발하고 판매하는 조직을 가리킨다. 예를 들어 필립스의 소비자 라이프 스타일 사업부는 모든 종류의 소비재 가전제품으로 B2C 사업을 운영하고 있다.

기업 아이덴티티corporate identity 브랜드의 정체성이 시각적으로 전달되는 로고, 색상, 서체, 사진, 어조 등을 뜻한다. 흔히 그래픽디자인을 지칭할 때 사용되지만 점점 제품, 환경, 서비스 디자인을 가리키기 위해 사용되기도 한다.

기업간 상거래(또는 B2B)business to business 다른 조직에서 사용 또는 소비하기 위한 제품이나 서비스를 개발하고 판매하는 조직을 가리킨다. 예를 들어 필립스의 의료 사업부는 MRI 스캐너 및 기타 병원 기기로 B2B 사업을 운영하고 있다.

기업의 사회적 책임corporate social responsibility 조직이 인류와 관련된 사회 및 안전 문제와 지구 환경 문제에 대해 지고 있는 책임을 말한다.

내구재durable goods 자동차, 전자 기기, 가구, 주방용품 등과 같이 오랜 시간에 걸쳐 사용되는 제품이다. 이 시장의 대표적인 회사로는 이케아Ikea, 소니 Sony, 애플Apple, 옥소Oxo, 나이키Nike가 있다.

내부 브랜딩internal branding 조직의 직원을 대상으로 하는 브랜딩의 측면이다. 내부 브랜딩은 직원들과 공유할 비전을 만들어 그들이 의미 있는 브랜드 제품, 서비스, 경험을 제공하는 데 힘을 더할 수 있게 만든다.

내부 혁신internal innovation 조직을 운영하고 가치를 생산하는 방법을 변화시키나 최적화하는 새로운 과정을 만드는 것이다.

마컴Marcom 마케팅 커뮤니케이션의 약자이다. 마케팅 커뮤니케이션은 광고, 기업 커뮤니케이션, 행사, 스폰서 사업, 소셜 미디어 등을 통해 브랜드 약속을 실현하기 위해 노력하는 것이다.

맥락적 맵핑(맥락 구조화)contextmapping 사용자들과 함께 리서치를 진행하는 절차로 제품과 서비스 이용의 맥락에서의 암묵적인 정보를 얻을 수 있다. 디자인팀에게 정보를 전달하고 영감을 주며, 사용자와 이해관계자들을 디자인 프로세스에 적극적으로 참여시키는 것이 목적이다.

브랜드 내러티브brand narrative 브랜드 뒤에 있는 이야기. 주로 나이키나 애플같이 오랜 역사를 가진 감성적인 브랜드들은 강력한 브랜드 내러티브를 갖고 있다. 그러나 이노센트 스무디와 같은 젊은 브랜드도 '벤처 뒤의 모험adventures behind the venture'과 같이 분명하고 친근하게 매우 강력한 브랜드 내러티브를 가질 수 있다.

브랜드 이미지brand image 사용자의 마음속에 있는 브랜드의 일부. 전통적으로 브랜드는 아이덴티티가 있으며, 특정 조직에 의해 만들어지고, 사용자가 인지하는 이미지로 여겨진다. 이 책에서는 조직과 사용자 사이의 관계에 기반하여 브랜드를 구축하였다. 따라서 양쪽 모두의 입장에서 이야기한다.

비즈니스 모델business model 조직이 가치를 창조하고, 전달하며, 획득하는 근거를 설명한다(오스터왈더Osterwalder와 피그누어Pigneur, 2009).

사일로silo 디자인 매니지먼트 맥락에서 '사일로'라는 단어는 다른 관련 매니지먼트 시스템과 왕복이 불가능한 매니지먼트 시스템을 설명하기 위해 쓰인다.

성과 지표performance indicators 정량적 또는 정성적으로 측정될 수 있으면서, 특정 프로세스, 조직, 제품, 또는 서비스가 목표한 바를 수행하고 있는지를 나타내주는 것이다. 서비스의 새로운 성과 지표는 헬프 데스크에 전달되는 불평의 양이며 이러한 불평의 양은 적어야만 한다.

이해관계자stakeholders 조직과 이해관계에 있는 개인과 조직들을 말한다. 공급자, 구매자, 주주, 동업자, 유통업자, 딜러, 소매업자 또는 사용자 모두가 될 수 있다.

일용소비재fast-moving consumer goods(FMCG) 빠르게 소비되도록 포장된 음식, 세제, 가정용품과 같이 슈퍼마켓에서 구입할 수 있는 상품이다. 이 시장의 대표적인 회사로는 사라 리Sara Lee, 프록터 앤드 갬블Procter & Gamble, 유니레버Unilever, 콜게이트-팜올리브Colgate-Palmolive가 있다.

제너레이티브 테크닉generative techniques 직접적으로 표현하기 어려운 동기에 대해 생각하고 공유하도록 만드는 수단으로, 리서치의 대상자에게 콜라주, 일지 또는 가공물을 만들게 하는 리서치 기법이다.

참여적 디자인participatory design 디자인 프로세스에 사용자를 참여시킴으로써 더욱 효과적인 결과를 얻고, 사용자에 대한 더욱 깊은 인사이트와 이해를 얻는 방식이다.

터치포인트touchpoint 유형적인 브랜드의 접점을 말한다. 사물, 환경, 커뮤니케이션, 상호작용 또는 인간이 터치포인트가 될 수 있다.

퍼지 프런트 엔드fuzzy front end 혁신 프로세스의 시작 단계로 아직 구체적인 프로세스나 프로젝트 그룹이 구성되기 전이지만 혁신 방향의 주요 부분이 암묵적으로 정의되는 시기이다. 문헌에 따르면 대부분 혁신 프로세스는 아이디어로 시작한다. 퍼지 프런트 엔드는 그 아이디어가 시작되는 곳을 다룬다.

찾아보기

이미지 출처

브랜드, 디자인, 혁신

1판 1쇄 인쇄 2018년 5월 14일
2판 1쇄 발행 2020년 9월 1일
    2쇄 발행 2022년 7월 22일

지은이 에릭 로스캠 애빙 ㅣ 옮긴이 샘파트너스 이연준 윤주현

편집 신정민 박민주 이희연 ㅣ 디자인 신선아 ㅣ 마케팅 김선진 배희주
저작권 박지영 형소진 이영은 김하림
브랜딩 함유지 함근아 김희숙 안나연 박민재 박진희 정승민
제작 강신은 김동욱 임현식 ㅣ 제작처 영신사

펴낸곳 (주)교유당 ㅣ 펴낸이 신정민
출판등록 2019년 5월 24일 제406-2019-000052호

주소 10881 경기도 파주시 회동길 210
전화 031.955.8891(마케팅) ㅣ 031.955.3583(편집) ㅣ 031.955.8855(팩스)
전자우편 gyoyudang@munhak.com

인스타그램 @thinkgoods ㅣ 트위터 @thinkgoods ㅣ 페이스북 @thinkgoods

ISBN 979-11-90277-72-3   93320